见识城邦

更新知识地图　拓展认知边界

刘刚 李冬君
- 著 -

文化的江山

08

近代化与中国大航海

中信出版集团 | 北京

图书在版编目（CIP）数据

文化的江山 . 08, 近代化与中国大航海 / 刘刚，李冬君著 . -- 北京 : 中信出版社，2023.3
ISBN 978-7-5217-4975-5

Ⅰ . ①文… Ⅱ . ①刘… ②李… Ⅲ . ①文化史—中国②航海—交通运输史—中国 Ⅳ . ① K203 ② F552.9

中国版本图书馆 CIP 数据核字 (2022) 第 218998 号

本书仅限中国大陆地区发行销售

文化的江山 08：近代化与中国大航海

著　　者：刘　刚　李冬君
出版发行：中信出版集团股份有限公司
（北京市朝阳区东三环北路 27 号嘉铭中心　邮编　100020）
承 印 者：保定市中画美凯印刷有限公司

开　　本：787mm × 1092mm　1/16　　印　　张：20.75　　字　　数：210 千字
版　　次：2023 年 3 月第 1 版　　印　　次：2023 年 3 月第 1 次印刷
书　　号：ISBN 978-7-5217-4975-5
定　　价：78.00 元

目　录

第2章 王朝中国海通

一 海通唐人时代

二 海通举国体制

引　言

发现文化的江山

历史上，其实有两种中国史观。

一个是二十五史里的中国，叫作王朝中国。

一个是贯穿了所有王朝的中国，叫作文化中国。

所有王朝，都在兴亡交替中，短则数十年，长则二三百年，都难逃一亡；唯有文化中国越千年，历百世，还在发展，凝然而成文化的江山。

江山自然生成，人居其中，文而化之，而成国家。

英雄行走大地，人与山川相映发，而使文明开化。

英雄从远古走来，从神话走向历史，留下一个传说时代，被结集在《山海经》里，无论成书于何时，它都留下了初民用文明初曙之眼看到的世界。

《山海经》之所在，是个自由的世界，而非大一统的世界，是英雄的世界，而非神的世界，其主体为人，是表现为形形色色的文明图式的万物之灵，而非神。

《山海经》的世界，不仅在传说中存在，还通过考古发掘出来。

在考古学的框架里，它被归纳为几个相互作用的文化区系，每一区系，都拥有一大批文化遗址，这些遗址，如满天星斗，覆盖天南地北，不仅存在于大河上下，按流域分布，还从山到海，从昆仑到蓬莱。文明的存在，对应了那个《山海经》世界。

初民都相信，文明的种子来自天上，所以，先要在高山上生长。昆仑是最高的山，不光是天下水源地，更是文明起源地。然后，文明还要顺着河流下山去，流域所至，择其要处，或为村落，或为城市，或为国家，唯有国家，才能使文明长大。

文明在全新世大暖期里生长，度过了人类最美好的一段时光。

在江南河姆渡文化里，我们看到了有别于《圣经·创世记》伊甸园的中国式天道伊甸园，我们相信，《庄子》里说的那些比炎黄还要古老的人物，就应该在这里出现，不能像史官文化那样将它们当作荒诞的寓言。还有仰韶文化，分布在黄河中上游，从那天真烂漫的彩陶上，我们看到了文化中国的起源。而良渚文化则在“从东南往西北”的历史运势线上，开辟了一条玉石之路，贯穿了长江与黄河两大流域，用玉文化融合了两大文化区系，就在以玉为标志的制度文明——礼制的产床上，一个“审美的国度”——文化中国诞生。

人类在全新世开启了一个新时代，那就是考古学上的新石器时代。从新石器时代走向青铜时代，这是世界文明史的通例。但中国却有一个例外，那就是，当西方文明正走向青铜时代时，中国文明则顺着新石器文明的惯性，进入一个审美的玉器时代。西方文明史视野下的古代国家起源于青铜时代，而中国文明史视野下的古代国家则起源于玉器时代，这是我们在研究中的一个重要发现，以此而有了不同于西方文明的国家观念。青铜文化的国家与玉文化的国家有不同的文明属性：青铜国家的本质，有着明显的暴力认同的特征；而玉制的国家，就如同玉本身，不具有青铜那样的暴力属性，呈现出文化认同的特性。

《山海经》的世界，就包含了青铜时代和玉器时代。考古学认为，《山海经》反映的世界，处于金石并用时期，还把玉器当作新石器的一部分。这显然是不够的，因为，玉器与石器的差异不在于材质，而在于功能。玉虽被称作“美石”，但其材质显然已不重要，重要的是那个“美”字，它强调了玉器的审美功能，以区别于石器的实用性。所以，我们更倾向于用审美的方式来称呼那个时代，不是称作“金石并用”，而是称为“金声玉振”。

相比之下，在《山海经》里，是“金声”初起，而“玉振”已大作，明显有一个玉文化的体系存在，叶舒宪在《山海经的文化寻踪》中谈到，在夏商周还没有开始，汉字也还没有出现的时候，在中国境内已经有八个文化是崇拜玉礼器的，中国在四千年前已经被玉文化先统一了。我们举双手同意他的这一说法，但他接着又说了一句，就是那时中国还没有，整个东亚这块已经被玉文化统一了。为什么要说“中国还没有”呢？那时，没有王朝中国，还有文化中国呀，那被玉文化统一了的不就是文化中国？好在还有我们认领。

用王朝中国的史官文化来看，《山海经》无非“怪力乱神”而已；从文化中国的角度来看，《山海经》的世界则是一座史前文化的江山，是文化中国赖以成长的摇篮。我们重读中国历史，尤其是文化中国的历史，要从《山海经》开始，《山海经》可以说是一部玉器时代流传下来的文化中国图志，虽为历代王朝所屏蔽，却被文化中国不断重启。

王朝中国是青铜时代的产物，代表着“金”，文化中国是玉器时代的产物，其本为“玉”，可以说，文化中国是礼玉文明的一个政治成果。以良渚文化遗址所反映的国家样式为例，我们似可确认，那是一个信仰与审美的国度，也有权威，但基于文化认同。

这样“文化中国”与“王朝中国”，就从根本上区分开了。因为，王朝中国是由文化中国“西化”而成的文明古国的改良版，所以，青铜时代的世界体系，终于在“金玉良缘”的王朝中国画上了完满的句号。四大文明古国中的三大古国相继消亡以后，继之而起的王朝中国，在与文化中国的互动中，又将文明古国的国脉延长了约三千年。

作为四大文明古国之一，中国的历史应该有五千年。可甲骨文的发现和殷墟考古，证明了孔子引用的“惟殷先人有册有典”（《尚书·周书·多士》），有文字记载的历史只有三千多年。但殷墟不是起点，而是高峰。那么，起点在哪里？孔子还说过“祖述尧舜”和“殷因于夏礼”，说明殷的前面还有个夏，说殷人继承了夏的礼仪制度，那就是已经把夏当作一个世袭制的王朝国家。夏的前面，还有尧和舜，他们的国家有可能是个尚贤与禅让的方国联盟。孔子追溯历史的起点到此为止，他不像古希腊人那样用神话作为历史开头，而是正相反——“不语怪力乱神”。到了太史公写《史记》时，其眼光超越孔子，将历史的起点追溯到炎黄，以黄帝为首，为炎黄子孙的历史开了个头，形成了帝王世系的历史和王朝史观的叙述方式。

夏在哪里？良渚文化用礼器——玉琮、玉璧、玉钺等所代表的一整套用玉制度为夏提供了中国最早的礼制文明的样式和古代国家起源的原型，而龙山文化则代表了正在发生的技术革命和文化转型，使文化中国向着青铜时代迈进。传说中，禹铸九鼎定九州，就标志着文化转型的完成，将良渚文化的陶鼎转变为二里头文化——夏墟的铜鼎，从此开始了问“鼎”中原。《易传》曰“革物者莫若鼎，故受之以鼎”，“革去故，鼎取新”。

二里头三期出土了青铜鼎，它是青铜时代到来的文化革命的象征，而最早将“鼎革”用于改朝换代的政治革命的，便是《易传》“汤武革命”里的那个“汤”。

就在夏墟不远处，距二里头遗址约六公里，又出土了一座偃师商城，属于商早期的二里岗文化，是“汤”以革命取代夏墟的硕果。有人说，它就是商都西亳，也可以这么说，它的地位，就像周人的东都，东都是克商以后建的。如果《尚书》所言不虚，那么《汤诰》有可能就是汤在偃师商城发布的革命宣言和战争动员令。与偃师商城同时，还有一座更大的郑州商城，相比之下，偃师商城更加军事化，实用性较强，神圣性和庄严感不足，缺少国之重器，尤其是缺了古代国家政权象征的鼎，如何“率民以事神”成为政治中心？

而郑州商城，不仅规模更大、规格更高，而且出土的国之重器多而配套，能充分满足首都对于神圣性和庄严感的要求，这是首都之所以成为首都的一个必要条件。我们假设一下，汤革命成功以后，要举行一次盛大的国家庆典，祭祀他的祖先和“帝”，当时有郑州商城和偃师商城两地可供选择，他会选择哪里？是在作为前线的偃师商城、原来的夏墟附近，还是在殷人发祥地、作为礼制文明中心的郑州商城——亳墟？回答无疑是后者。

为什么说郑州商城是礼制文明的中心呢？以文物论，这里出土了青铜礼器二百余件，尤其是那两只巨型方鼎，大的高达一米，它们成双成对，不言自威，有冲天霸气，不是一般贵族能用的，非王莫属！这样两只鼎，出现在约三千五百年前，别说在中国，就是放到全世界，也是罕见。这是两只见证过汤的开国典礼并且承担过“率民以事神”历史使命的鼎，或许我们能从它们身上听到早已凝固的庆典的欢呼声和“神化革命”的历史回音。这声音，从后来安阳殷墟的“后母戊”大鼎里消失了，尽管“后母戊”鼎看起来更有分量、更为辉煌，更加显示了帝国的气魄和力量，但革命精神却已荡然无存，我们从中再也听不到革命庆典的欢呼声，它早已丢失了杜岭方鼎的灵魂，因为那时一个王朝中国已经形成。

殷墟，形成了一个标准的王朝国家，那是一个与世界文明古国接轨的国家，它的出现，标志着青铜时代的世界体系的完成。这一历史进程，就如同近代以来的工业革命，当其在英国出现以后，就开足了工业革命的世界化马力，两次世界大战以后，美国接力而起，继以工业革命的全球化体系，而当下中国工业革命，又从美国那里传承全球化的工业革命的火炬，预告着工业革命的世界体系就要在中国完成。它使我们又联想起殷墟时期在中国发生的青铜时代的那一次金石革命，那也是先在西亚兴起，在中亚，从黑海到里海之间的南俄罗斯草原，经由雅利安人接力，以国家与革命的方式传递，世界三大文明古国古巴比伦、古埃及、古印度随之解体，文化中国亦随之“西化”，从玉器时代转向青铜时代。这么一转，不仅催生了王朝中国，而且使得随着青铜时代到来的世界体系最后也在中国完成。

从殷墟开始，中国历史便走上了王朝中国之路，且与文化中国互动，治乱循环，双轨同运。儒以道统与政统划分：道统出自文化中国，以孔孟之道为代表，政统出自王朝中国，以周秦之制为代表。又有“阳儒阴法”一说，以为道统反映儒家思想，而政统则基于法家思想，这也就是所谓“霸王道杂之”。还有两家——墨子与杨朱，一个主张兼爱，一个主张为我，不与王朝中国合作，孟子骂他们“无君无父”，但他们却影响了文化中国。

儒家道统只是文化中国的一条线索，还有墨子一线，以侠义精神和会党政治贯穿，成为民本与民间运动的源泉；有杨朱一线，他那“为我”一声吼，便是中国最早的“个人权利”的宣言；有庄禅一线，以回归自然的审美和思辨开拓着中国艺术的空间，这一线，从山海图到桃花源，从东篱到东坡，从山阴道上人与山川相映发到山水诗到山水画……

王朝虽然赫赫，不过历史表象，江山何其默默，实乃历史本体。表象如波易逝，一代王朝，不过命运的一出戏，帝王将相跑龙套，跑完了就要下台去，天命如此，他们不过刍狗而已。改朝换代，但江山不改，家国兴衰，还有文化主宰，文化的江山还在。

“秦时明月汉时关”，秦汉两朝已去，可关山依旧，明月依然。这关山啊，就是文化的江山！命运诗意地栖居于江山，我们知天命以诗。重读中国历史，要把历史放到江山中读，不要放在王朝里读。要用诗性的眼光读，不要用“资治”的眼光读，以诗性之眼，能读取文化的江山，用“资治”的眼光，只能围绕王朝打转，把历史读成阴谋诡计。

“春风又绿江南岸，明月何时照我还”，王安石用了诗性的眼来创作，诗中有“我”，“我”在选择，选择了“还”，他放下王朝，抱住江南——那诗性的江山。陈寅恪“以诗证史”，一部《柳如是别传》，还是在江南——那“独立之精神，自由之思想”的江南。

“臣心一片磁针石，不指南方不肯休”，那“南方”，就是文天祥魂归之、魄寓之、命托之的江南，宋朝不在了，可江南还在，他的乡愁还在。中原与江南，一个是王朝中国的地理根据，一个是文化中国的人文始基，北宋亡时，中原成为南宋的乡愁，南宋亡时，江南成为他的乡愁，那是他为之披肝沥胆、为之刻骨铭心的来自文化中国的乡愁。

我们再来看看盛唐，盛唐气象，并非那些帝王将相，而是唐诗的江山。

试问有唐一代，有多少帝王？翻一下二十五史里的《唐书》就知道了。

他们从字里行间，列队而出，向我们走来，除了李世民、武则天，我们还认识谁？还有一位李隆基。对不起，我们知道他是因为杨贵妃，一首《长恨歌》便盖过了他的本纪。他是王朝的太阳，光芒万丈，可在《长恨歌》里，美是太阳，集中在杨贵妃身上，留一点落日余晖，让他来分享。还有滕王阁的滕王，谁知道他的名字？而一篇《滕王阁序》，都知道是王勃作的，久而久之，滕王消失了，一提起滕王阁，人们就说王勃，这是为什么？放大了说，那就是滕王属于王朝中国，王勃属于文化中国，套用歌德的话来说：王朝总是灰色的，文化中国之树常青。而王勃，就是文化中国之树盛开不败的诗性的花朵。

文化的江山里，没有统治者的位置，要坐文化的江山，帝王也要写诗。

然而，诗性是天命和灵魂的吟唱，诗的灵感，并不特别钟情于帝王。

据说，乾隆皇帝爱写诗，一生写了四万多首，他一个人写的诗的数量快赶上《全唐诗》了，可有哪一首诗能流传至今？大鱼大肉的四万多首诗，还抵不过李白清清淡淡的一首。

月光下，摇篮旁，母亲在吟唱：“床前明月光，疑是地上霜。举头望明月，低头思故乡。”就这样，唱了一千多年，至今还在唱，那一缕缕诗性的光芒，照亮了婴儿的脸庞，温暖了孩子们的心房，文化中国的公民们就这样成长，我们从中看到了希望。

中国是诗性的国度，唐诗的江山虽然灿烂，但再怎么辉煌，也还是不及先秦时代的诸子诗性在天。当诗性，以天命和天道的意味呈现在我们眼前，我们怎么还敢说中国不曾有过哲学的诗篇？老子的《道德经》，难道不是一首最好的形而上学之诗？还有《孙子兵法》，岂非世上最美的兵法？天地人总体战，生与死的美学，当以诗性表达。

当年，王国维作《人间词话》，以诗话体行文，却写了一篇关于唐宋词的论著，我们自问，能否也诗意地栖居于历史，去写一部诗性的文化中国的通史呢？我们这样想了，也这样做了，做的成果，就在我们的《文化的江山》里。历史的精神，追随陈寅恪，其美学形式，则取之于王国维，加上我们的思想与文字，形成本书的风格与宗旨。

历来写史，都以王朝为本位，以帝王为中心，写王朝史，表达王权主义，即以宫廷政治和帝王权谋为主线，写来写去，也都是些改朝换代和开国皇帝的故事，那根线，历史的主线，还捏在王权的手心里，被王朝史观牵引着，进入王朝中国的历史。

然而，还在20世纪初期时，不就有新文化运动，开始“反封建”了吗？反了近一个世纪，为什么还反不出王朝史观呢？中国的思想者们，究竟在哪里失足了呢？

如今反思，这才发现，“反封建”在反到“人民”与“革命”这两个最为神圣的观念时，就停下了，连鲁迅面对黄包车夫尚且要“榨出皮袍下面藏着的‘小’来”，他对“国民性”的批判，也就停留在“文化人民性”的重建上，未有“文化个体性”的自觉。

马克思说过，他是在批判旧世界中发现新世界。他在批判中，发现了什么呢？他发现了“人”，发现了近代意义的自由平等的“社会性的人”，他的“剩余价值论”，就是强调社会人的价值，不光是社会人的经济学价值，更是社会人的政治哲学价值。但这还不够，还要发现“我”，去发现具有现代意义的独立自主的“文化个体性”的“我”。

反封建，还要反王权；要对封建主义做社会形态的批判，以确立人的社会性；还要对王权主义做文化性质的批判，以确立人的文化个体性。这是基于人性三段论。

我们认为，人性的发展，经历了三个阶段：第一阶段是人对于自然的自觉，而有类意识，我们称之为“人类性”阶段；第二阶段是人对于他人的自觉，而有群意识，我们称之为“社会性”阶段；第三阶段是人对于自我的自觉，而有自我意识，我们称之为“个体性”阶段。个体性之道德一维，我们称之为“个体人格”；个体性之政治一维，我们称之为“个人权利”；对于“个体性”的文化认同，亦即文化一维，我们称之为“文化个体性”。

坚持“文化个体性”，要自觉而非启蒙，要自律而非规定，要自由而非强制；以自觉认识自我，以自律规定自我，以自由确立自我；自觉是自我意识觉醒，自律是自我本质确定，自由是自我价值实现，以此确认“文化个体性”原则：自觉、自律、自由。

个体的内在性为自我，自我以法权形式转化为自由的公民，自我意识、自我本质、自我价值，也以法权形式确立其存在的合法性，使自我意识转化为公民意识，自我本质转化为社会本质，自我价值转化为文化价值，而我们，就在转化中。通过对王权主义的批判，转向文化个体性；以“文化个体性”走出王朝，转向历史是自我的选择。

从“文化个体性”出发，我们走向文化中国，重读中国历史，就是以自我意识对历史做选择。历史上有两种中国史观，王朝中国和文化中国，我们选择了文化中国。

文化中国，不一定非要呈现某种既定的国家形态，在与王朝中国互动中，它以文化的江山表现出来，即便在当下民族国家的世界之林里，它依然漂洋过海，以全球化的天下观的方式存在，就像《山海经》世界那样。文化的江山，开启了“海外经”时代。

有人问，若用一句话表述，“文化的江山”该怎么说？

我们这样说：三种文化形态，在五条历史地理线上展开。

三种文化形态，指江河农耕文化、草原游牧文化和沿海商贸文化。五条历史地理线，此处不再赘言，另有专著去谈，本书概言处于不同历史时期的沿海文化。

在古代的王朝中国里，以耕战和耕读为代表的江河农耕文化占据了主导地位，以军马同体及牧战合一为代表的草原游牧文化与之互动交替，而沿海文化则处于边缘，未入主流，更别说为主导了，所以，就有了作为贬官文化一部分的“天涯海角”之说。至近代，随着欧帆西来，西学东渐，沿海一带海洋文化入主，造就了新的中国。

第1章

古越中国海通

引子　海角苏东坡

两千年前，孔子一声叹曰："道不行，乘桴浮于海。"

他也就一叹而已，并没有真下海去，要是真下海了，他的"道"能形成海洋文化吗？或者说，在海洋文化里，他的"道"行得通吗？没人这样问过。

可那一声叹息，却提醒了后人，惹得诗仙李白游山玩水之余，要"直挂云帆济沧海"，而文豪苏轼被一贬再贬之后，欲"小舟从此逝，江海寄余生"了。

李白游仙，来到海边，只是"半壁见海日，空中闻天鸡"，也没有真正下海去访蓬莱，但苏轼被贬，却真的去了一趟海南，在岛上留下一堆诗文而归。当其时也，衣冠人物，缤纷中原，唯独他被贬到了海南岛。垂老投荒，无复生还之望，便来安排后事：今到海南，首当作棺，次便作墓；并立遗言曰："死则葬海外，生不契棺，死不扶柩，此亦乃东坡之家风也。"

本以为在惠州可以终老，没想到一贬再贬。他还没从朝云之死的悲痛中解脱出来，刚在朝云墓上，六如亭中，那"不合时宜，惟有朝云能识我；独弹古调，每逢暮雨倍思卿"的墨迹犹新，他就又一次从惠州被贬往儋州去了。途中，他耳畔尚有朝云游吟《蝶恋花》余音缭绕，每吟至"枝上柳绵吹又少，天涯何处无芳草"时，就有那伤心人的泣声，一路将他伴随，"天涯何处"？他正往"天涯"去，但愿那是他的"芳草地"。

他是个洒脱之人，既来之，则安之，权当自己就是个海南人。路过广州时，他作诗曰“他年谁作舆地志，海南万里真吾乡”。看来，他还真是乐天知命，尽管前程堪忧，他还是相信有“芳草地”等他来临。待到孤岛一看，他便总结出“六无”。在给友人程全父的信中，他说“此间食无肉，病无药，居无室，出无友，冬无炭，夏无寒泉，然亦未易悉数，大率皆无耳”。“六无”之中，第一便是“食无肉”，民以食为天，食以肉为先，他的美好生活是食有肉，居有竹，二者已缺一，他当年就说过“宁可食无肉，不可居无竹”，这回便应验了。

那时，弟弟苏辙也随他一道被贬到雷州半岛。兄弟俩隔海相望，互致问候，他听说弟弟瘦了，写了一首诗《闻子由瘦》，“子由”是弟字，在诗中提起土人食物——“土人顿顿食薯芋，荐以熏鼠烧蝙蝠”，看着土人的吃法，他真是站在地狱的门槛上，无语了，让他不由得想起“十年京国厌肥羜，日日烝花压红玉”的那些好日子。

“我是玉堂仙，谪来海南村。”被朝廷这样贬来贬去，有什么意思？他为什么不学陶渊明辞官归田去？他在孤岛上，写了一百多首诗，和陶渊明的诗一样多，他把陶渊明当作古今最伟大的诗人，伟大，不但在作诗，更在做人，陶公“不为五斗米折腰”，一下就把官身弃了，而他历尽万苦，也从未放弃自己的官身，似乎连这样的念头也从未有过。

苏辙为他作《追和陶渊明诗引》，其中就提到了“渊明不肯为五斗米，一束带见乡里小儿”，而他“出仕三十余年，为狱吏所折困”，终其一生都未能悔改，以此而陷大难，到晚年则“欲以桑榆之末景”，将自我寄托于陶渊明，但“谁肯信之”？

知兄莫若弟。子由说他好陶公有如叶公好龙，好的是形影，而非真身。尽管他也像陶公一样务农，看起来惟妙惟肖，实则大相径庭，因为陶公已是真农民，而他则以官身，陶公说走就走，走出官场，走向农村，而他身在农家，却依然是官场中人。

他身后，永远有个政敌的阴影，可他一直就没搞清楚政敌的成因，为什么他的政敌都是他的友人？王安石，还有章惇，哪一个不曾与他惺惺相惜，何以一入朝廷便成敌人？其实，朝廷有一条政治潜规则，那就是朝廷没有朋友，只有君臣，在朝为友即为朋党，为避朋党嫌疑，那就必须效忠，忠不忠看行动，最好的行动，就是向朋友下手。

苏轼不是个能向朋友下手的人，但他却成为被朋友下手用来表忠心的一块好料。他朋友多，所以，对他下手的人也多。他在政治上，也是一块“东坡肉”，不但味道好，而且油水足，能咬而不咬一口，就如同妖怪碰到了唐僧肉，哪能忍得住！

这样看来，性情中的“东坡肉”，不光反映“民以食为天”的民生指数，还反映了官场上的政治人格指数。他的朋友中，但凡咬了他一口的人，都能当大官，而一直跟他做朋友的人，做得无怨无悔的，如黄庭坚……都被官场边缘化了，终生为一小吏。

朋友是朝廷的政敌，独立人格也是。苏轼好交友，且持独立人格，这就犯了朝廷的逆鳞，逆行了官场潜规则。他不懂得一个朝廷里面其实也包含了两个体系，一个是法家操持的政统，那是王朝中国的实体，另一个便是儒家主张的道统，那是文化中国同王朝中国相结合的部分。士人入仕，分两步走，先以内圣之道登道统，然后再以外王之术入政统，比如一屋之中，道统为大堂，为客厅，招徕天下，广纳四方，政统为内室，乃帝王起居处，非以财与兵不得入其内。有宋一代，能据道统而执政统者，仅王安石一人。

苏轼为官，虽登道统，未入政统，立于朝廷大堂之上，侃侃而谈，足以语惊四座，然其所言，但为政论，未及政柄，须入内室密议，如财与兵者，则无其话份，故其从政，皇皇政论有余，实际政治能力不足，能据道统以立政论，却未入政统而执政柄。

王安石的抱负有两手，一手抓道统，以阳儒立己立人，一手抓政统，以阴法参政议政，成为有宋一代乃至于唐宋以来唯一手握二统敢称“三不”之人，然其欲以道统摄政统而维新国家主义求变法之初心，则至终未改，其时，亦唯有神宗能用此人，其后学，如蔡京等，则饰以道统，纯为阴法，以至于机关算尽，功利用尽，而亡国亡君。

苏轼则不然，他不入阴法之中，不做阴谋之人，此乃出于天性。他能据儒学道统之基，却不为道统所拘，自由自在，我行我素。

朱熹看他不惯，说他好谈兵论政，有纵横家习气，难免人品有缺，为学不纯，但人们都喜欢他，尤其是心学流行时期的明代人，如徐渭和李贽，哪一个不把他当作审美的标准——天人？他不但是人生艺术的审美标准，还是政治文化的审美标准。以政治得失论，他本是个失败者；从政治审美来看，他却“大江东去，浪淘尽，千古风流人物”。

宋代政治文化中，有一种亚文化叫作“贬官文化”，其“风流”有几分《诗经》“忧雅”，或曰“辞官文化”先知为陶令，“贬官文化”明星即为苏轼。

他从海南归来，来到长江边上，路过镇江，重游金山寺故地，见有好友李公麟给他画的像，便《自题金山画像》一首，云：心似已灰之木，身如不系之舟，问汝平生功业，黄州惠州儋州。他总结自己的一生，没提杭州，却道“黄州惠州儋州”，那就是他把自己当作贬官文化的代表，他那一时期的诗文也因之而成为贬官文化的极品。

子由《追和陶渊明诗引》中说道，我“少而无师”，哥哥苏轼学成，父亲让哥哥来教我，哥哥说我的诗“有古人之风”，而且自以为不如我。可是，自从苏轼贬官黄州，自称“苏东坡”以后，他就开始“其学日进”，如大江奔流，滔滔不绝，日日不已，“其诗比李太白、杜子美有余，遂与渊明比”，这时，子由说自己跟在后面赶也赶不上了。

为什么这样说呢？因为苏东坡已不再是原来那个苏轼，原来那个苏轼自认为诗文不如弟弟，而到了苏东坡，弟弟就只能跟在他后面追赶，难以望其项背。

由此看来，苏东坡是有其自我文化样式——“宁做我”的新苏轼。在官本位里，有三种文化样式：一是做官样式，诗人之中，以杜甫为代表，因其一句“致君尧舜上”，表达了做官文化的最高理想，被奉为诗圣；一为辞官样式，陶渊明以一句“不为五斗米折腰”，做了辞官文化的代表；两者之间，还有贬官样式，而其代表就是苏轼。

在杜甫与陶渊明之间，苏轼更倾向于陶渊明，在做圣人还是做真人之中，苏轼虽然选择像陶渊明那样做真人，但他最终还是没有迈出陶渊明那一步。

在杜诗与陶诗之间，苏轼也偏好陶诗一路，以至于我们很难分清，苏轼之爱屋及乌，是因人而诗，还是由诗及人？在给子由的信中，他先提到陶诗，说“吾于诗人，无所甚好，独好渊明之诗”，再言及其人，说“然吾于渊明，岂独好其诗也哉？如其为人，实有感焉”，而他对自己所作诗的最高评价，则是“至其得意，自谓不甚愧渊明”。

人在贬官文化里，“身如不系之舟”，充满了不确定性，若其不愿被人牵着往做官上走，那就只好以自由漂泊的姿态在官场边缘流行，虽无奈何，却也感受着自由漂泊带来的不确定性的美，但美的代价则是苦难和死亡。他总结自己的一生——“问汝平生功业”，用了三个不起眼的地名来概括——“黄州惠州儋州”，哪一州不是血泪流！

人在“黄州”时，“吾年四十九，羁旅失幼子”，受难中，留下一首哭子诗：“我泪犹可拭，日远当日忘。母哭不可闻，欲与汝俱亡。”诗是好诗，血肉熬之。

及至惠州，能有几天“日啖荔枝三百颗”那样的好日子？爱妾朝云疫亡，又使他太息梅边，发出椎心泣血一问：“玉骨那愁瘴雾？”他自信，美人非疫死，而是“冰肌自有仙风”，她扶摇而上，凌云而去，那在天之灵啊，还在眷顾他内心的芳草地。

老天为何要留下苏东坡？是为人间留一点心灵的喜悦，留一点思想的快乐？也许吧！但对于他本人来说，则未免残酷，若非抱住了“我不下地狱谁下地狱”的信念，谁能忍受烙千层饼般翻来覆去的煎熬呢？面对所有苦难，他以一人承担，人间一切恩怨，都被他以审美化解，他的诗文，留给世人的，哪有怨天尤人？有的是“爱鼠常留饭，怜蛾不点灯”。如此诗句，也就只有他能写了，受尽苦难，而能宽容苦难，渡尽劫波，唯美飘零。

到了儋州，他已年过六旬，抱定了必死的心。其贬官之旅，从江南到岭南，从岭南到海南，人在孤岛，四顾汪洋，能不凄然神伤？长叹“何时得出此岛也”！又一想：天地不也在积水中，九州不也在大瀛海中，又有谁不在孤岛上呢？

他在儋州受苦，却道“年来万事足，所欠唯一死”。他在等死呀！但死，也要带着美去死！“寂寂东坡一病翁，白须萧散满霜风。”这哪是“病翁”？分明是粒神仙种，在海南开花，开出“白须萧散”。也许，这就是所谓“回光返照”吧？三儿子苏过见父亲气色红润了，便高兴起来，“小儿误喜朱颜在”——真以为他返老还童。他笑了，没遮拦地笑了，笑出了谜底，“一笑那知是酒红”！他又喝醉了，站在“溪边古路三叉口，独立斜阳数过人”。

诗里面，有那样一种寂寞的美！他写海南，胜于他当年写西湖、写庐山，那时，他总有几分得意，忍不住心头马蹄急，奔放到他的诗里，踏出一片诗意的青春气息，而他在海南写诗，则已“天涯海角都是水”，比“大江东去”的长叹更为凄美。

当年，好友王巩因“乌台诗案”受他牵连，被贬岭南宾州，歌妓柔奴随行。当其北归，苏轼见他“瘴烟窟里五年，面如红玉”，尤胜往昔，便问缘故。王巩唤出柔奴与苏轼叙话，苏轼问道：“岭南应是不好？”柔奴顺口回答：“此心安处是吾乡。”

歌妓一句话，胜读十年书。后来，苏轼身临其境，从岭南到海南，就应验了这句话。当然，也有人替这句话找了个出处，找到白居易《种桃杏》诗，其中就有“无论海角与天涯，大抵心安即是家”。歌妓身世与贬官相似，已贬入人世谷底，故其对于贬官心情多有同感，当其自我意识觉醒，便与贬官文化共鸣。柔奴如此，朝云亦如此。

那白居易宛如预言苏轼命运的先知，不但预告了他最后的去处——贬到天涯海角，而且告诉他安顿自我身心的办法，就如同在西湖，白堤做了苏堤的先驱。

苏轼与白居易同属贬官之人，白虽未称“东坡”，但“东坡”却因他而起。据说，白居易从江州司马改任忠州（今重庆忠县）刺史后，“持钱买花树，城东坡上栽”，从此，“朝上东坡步，夕上东坡步。东坡何所爱？爱此新成树”，“东坡”成了口头禅。苏轼谪居黄州，已知白有“东坡”一说，虽说“不敢自比”，但他觉得自己与之相似，便拿来用，自称“东坡居士”，曰“出处依稀似乐天，敢将衰朽较前贤”。

此前，他并不看好白诗，他在《祭柳子玉文》中说“元轻白俗”，“元轻”，是说元稹轻浮，“白俗”，是说白居易俗气。那时他在杭州，胸中一股子“欲把西湖比西子”，有了“西子”做底子，哪里还看得惯元白风流一展其轻俗的红巾翠袖？

自居黄州以后，便以“东坡”鸣，他被喊醒，从此，以其之于黄州来比白在忠州。他说，乐天自“东坡”归去，官运转佳，一路升迁，晚年，已然闲居洛阳，称“香山居士”，以“儒教饰其身，佛教治其心，道教养其寿”。他也如此，自认为“我甚似乐天”，亦从“东坡”归去，亦曾一度官运发紫，亦曾儒道佛并举，自谓“出处老少”，与之“大略相似”，仅差两点：一是“但无素与蛮”——素与蛮，两位美女，那是乐天的标配，其实他身边已有朝云，远胜素与蛮；其二，便是养老，他希望自己能“复享此翁晚节闲适之乐焉”。

他的身体羡慕白居易，追求闲适之乐，像白居易那样，将贬官文化画一句号，“我似乐天君记取，华颠赏遍洛阳春”，但其精神却欲超越，向往陶渊明。他号称“东坡”，观其初心，非欲师法陶渊明，而是要从贬官文化里觅峰回路转一向导，一路径。那向导，就是白居易，那回转之路，便从“东坡”起步。白居易在贬官文化里适可而止，可谓善终，他本亦能如法炮制，得其善终，可他心里还有个陶渊明，使他停不下来，还得往前走。

如果说追求闲适之乐是他的生理需求，那么发现苦难之美则是他的心理需求。他本就有着比白居易更为强烈的独立之精神与自由之思想，不可能在做官文化里隐居，他还要走向陶渊明。这符合宋人审美，从来就不肯在唐人那里停留，正如宋人书法，直奔“二王”，超越颜柳。虽然“东坡”起点在白居易，但终点却定位于陶渊明，白居易只是他的向导，陶渊明才是他的先知，虽未能至，但心向往之。

他从白居易走向陶渊明，从江南走到海南，终于走出了一个“诗意栖居于大地”的自我——“苏东坡”。这个“苏东坡”甚似白居易，却向着陶渊明的诗意飞去。那白居易是他命里的“浙江潮”，他们可是托命于西湖，跨越了唐宋两代的忘年交！而陶渊明则是他宿命里的“庐山烟雨”。他在庐山时，不识庐山，到了海南，就懂了，那陶渊明才是他人格里“独立之精神”的庐山，才是他心头上“自由之思想”的烟雨。

从海南回归江南，他已奄奄一息，临终前，他留下诗偈《观潮》：

庐山烟雨浙江潮，
未至千般恨不消。
到得还来别无事，
庐山烟雨浙江潮。

他总结自己的一生——“问汝平生功业”，本有“黄州惠州儋州”，其中一以贯之的，便是他心中那一段永远挥之不去的“庐山烟雨浙江潮”，那是自然至美之境，也是人格至美之境，他要紧紧地抱住它们，将它们永驻已然沧桑的心头。

他带着它们，展开了“诗与远方”的追求，“未至千般恨不消”！他从江南到岭南，再从岭南到海南，从追求闲适之乐，到走向苦难之美……在黄州，他使苏轼变成了“苏东坡”；在惠州，他重启“浙江潮”，欲再造西湖安乐窝；在儋州，他的安乐窝梦想破灭了，浮士德式的“千般”追求，被天涯海角画上句号。

他没能，也不敢真的下海去。浩瀚的海洋不是他的诗与远方，一生追求到此为止，“此心安处是吾乡”，于是，那蛮荒孤岛变成了他心中的“芳草地”。在《别海南黎民表》诗中，他干脆就说“我本儋耳民，寄生西蜀州”。这里有玫瑰花，就在这里跳舞吧！这里是罗陀斯，就在这里跳跃吧！

正是在这里，“庐山烟雨浙江潮”的人格化特征开显了，陶渊明的苦难之美与白居易的闲适之乐被他统一起来。他用苦难之美救赎闲适之乐，使他能从白居易的俗气里走出来；他用闲适之乐拥抱苦难之美，使他不必放弃官身跟着陶渊明去做农民。当他从海南返回江南时，他已然“到得还来别无事”，又回到了“庐山烟雨浙江潮”里。

如果说“庐山烟雨”的人格化为陶渊明，“浙江潮”的人格化为白居易，那么他本人就是“庐山烟雨”与“浙江潮”的统一体，将陶渊明与白居易合二为一。这是他的成功处，也是他的失败处。他以人格完成了对贬官文化的救赎，却未能成为中国大航海时代到来的弄潮儿。人在海南，心在江南，由此上溯至孔子，孔子若真的“乘桴浮于海”，未必就能开辟中国的海洋文化，其结局很可能同苏轼差不多，充其量做个观潮者。

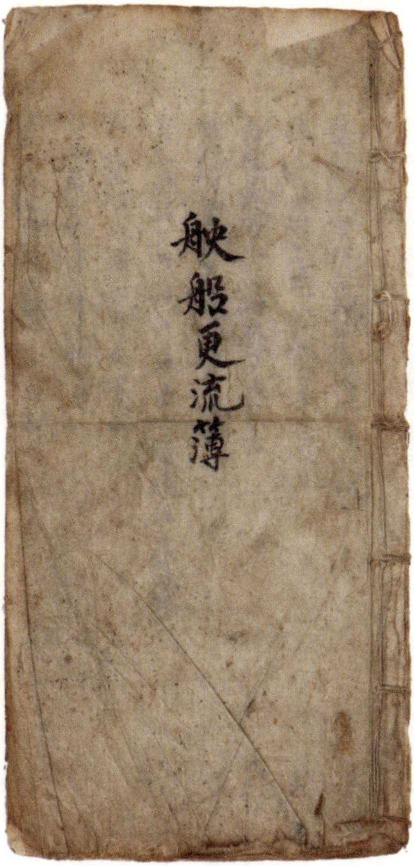

《驶船更流簿》，纵 26.5cm，横 12.5cm，绵纸，七眼装订手抄本，黄家礼处征集，手抄于清道光年间，后世不断补充，中国（海南）南海博物馆提供

苏东坡被流放到海南儋州时，海南岛已经是中国海上丝绸之路的出口。若从秦汉算起，外越人在此耕海也已历经上千年了。苏子是王朝流放的士人，无论到哪儿，都是士人的情怀。他一边时刻做好应召回朝的准备，他还要报效君王，一边沉潜于乡土，代圣人行教化。他可以将中原文化引流入海南风土，却未投身海岛本土的海洋文化。中原文化的中心意识限制了他对海洋意义的想象，比如航海或海洋贸易，以及海洋之于海南岛

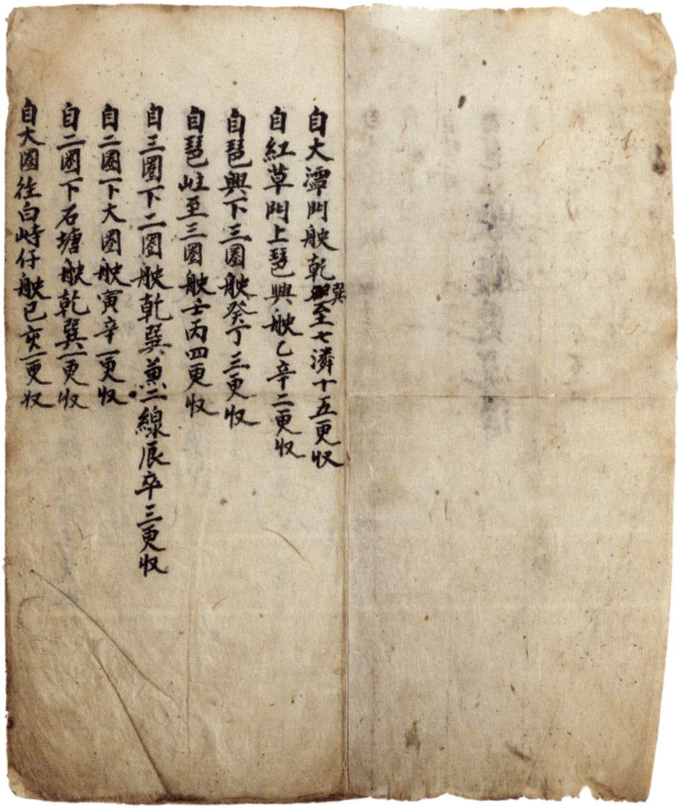

《驶船更流簿》

一方水土的民生观照等。《驶船更流簿》正是海南人耕海、航海、逐海移民的航海图。

《驶船更流簿》又称"南海航道更路经"，俗称"更路簿"。"更"，指计算航程的单位，六十里为一更；"路"，指航行路线图。"更路簿"最早出现在海南岛文昌、琼海一带，主要用于记录商船、渔船或移民的航线，包括给新发现的岛屿命名等，是有关岛屿、潮汐、航道、水文、海产、风向等十多种海况的"录簿"，是每位船长必备的航海图，手抄相传，千年不断。

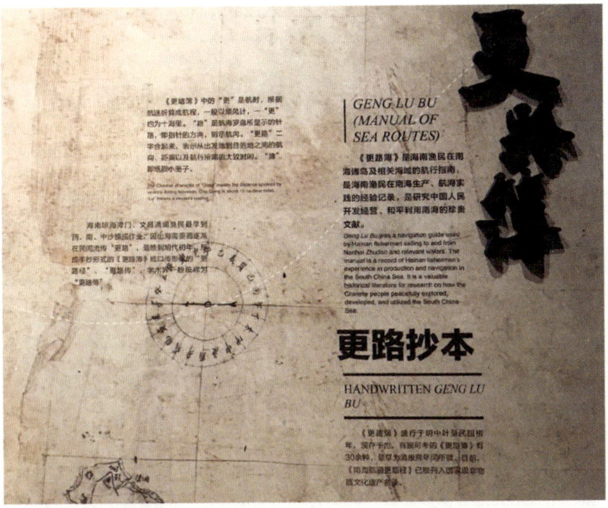

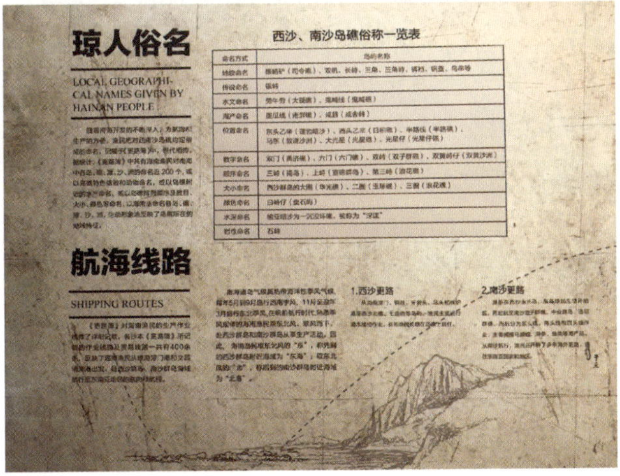

“更路簿”图例说明，中国（海南）南海博物馆制作提供

从三亚市落笔洞古人类遗址来看，一万年前，海南岛上已经有人类居住，人类居住就意味着开发。之后很可能是古越人的一支“外越”，又被称作“骆越人”，跨海迁移到岛上生活，就是后来岛上的黎族。秦汉以后，大量外越人迁入，开发海南岛。唐宋时期，海南岛成为海上丝绸之路的中转站。“更路簿”记载并见证了海南岛人海上生活的历史。

“华光礁Ⅰ号”沉船，中国（海南）南海博物馆提供

“华光礁Ⅰ号”沉船：

1996年，南海渔民在西沙群岛华光礁礁盘内发现一艘沉船遗址。1998—1999年，西沙水下考古队对沉船遗址进行试掘，定名“华光礁Ⅰ号”沉船，出水文物1800多件。2001—2008年，中国国家博物馆水下考古研究中心和海南省文体厅会集众多省市的水下考古专业人员，采取逐层拆卸，分解出水的方法对沉船进行整体发掘，出水船板511块，出水文物

“华光礁Ⅰ号”沉船考古潜水作业，中国（海南）南海博物馆提供

8000余件。文物以民用青瓷陶器为主，兼有铁器和铜镜片，大致为南宋中晚期。华光礁位于西沙群岛中部靠南，沉船地点在礁盘里面，据推测，很可能是“船只在靠近礁盘处航行时被巨浪托起推进礁盘内浅水珊瑚丛中搁浅，造成船体破碎沉没”。[引自中国（海南）南海博物馆展板]

东坡笠屐图，（明）孙克弘 绘

后世造东坡像颇多，南宋周少隐根据东坡先生在海南岛儋州向农家借“笠屐”的传说，绘《东坡笠屐图》，为后来画家所趋题材。先生笠屐拓片有两个本版，一苦一甘，一窘一嘲，颇显先生生活常态，美自苦难，美自平淡，难以取舍，皆具东坡范式，立此存照。

一　夷越海通时代

01

沿海夷越文化

——《轻重篇》与计然术

若苏轼非观潮者，而是弄潮儿，那么他在海南会看到什么？

他应该会看到海上丝路那一幕，因为，在他来海南之前，中国就已进入了海通时代。秦汉时期，海上丝路已经开幕，那时，北部湾是东西方海上贸易活跃区域，自然成为海上丝路的贸易中心，而位于北部湾东端与南端出海口的海南岛，岂能置身事外？

中国的航海活动，自先秦以来，略分东、南二途，以东夷、百越为海洋文化主体，形成“海王之国”，北有齐、燕，南有吴、越。夷越时代，以齐、越为代表，“历心于山海而国家富”，亦曾西进和北上，一度称霸中原，在追求统一的兼并战争中，终为秦、楚所灭，内陆型耕战文化战胜沿海型商战文化，此举决定了王朝中国的文化取舍。

岭南与南洋交通，先秦已然。殷周之时，东夷、百越之人贡南海龟甲用于占卜，贡海贝以为货币，殷墟妇好墓里就出土了许多海贝，还有鲸鱼大胛骨。

到了春秋战国时期，诸子中，孔子就有过“浮于海”的念头。我们知道，孔子在鲁国是“吾从周”的。鲁为周公遗产，自然要从周，若欲“浮于海”，则非“吾从周”，而是要像齐太公吕尚那样“吾从夷”了。周初封建，立齐、鲁于海岱之间，居夷土，治夷人，要定国策根本——“从周”还是“从夷”。周公旦之子伯禽封国于鲁，三年后才回镐京向周公复命。周公问：何以如此慢？伯禽回答：我在当地行周礼——从周。而吕尚受封于齐，为齐太公，仅五个月后就回来向周公报政。周公问：何以如此快？齐太公说“因其俗，简其礼”——从夷。听了两人报政，周公叹曰：鲁国后世要北面为臣事奉齐国了！

孔子眼见齐国因海而富，从夷而霸，也曾一度想要“浮于海”，但他终于还是收住脚步，停在了一声叹息上，并未真的下海去。他像伯禽那样，其道难行，也要“吾从周”。不过，吴、越之间还真就出了个“浮于海”的商旅人物，那人就是范蠡。

范蠡下海，初非经商，而是为了兴越灭吴。清代钱中谐《论吴淞江》中言及范蠡在吴淞江入海口率军民“围田”，即以军垦围海造田，以军屯产粮备战。因此，有人称他是有史以来开发上海浦东第一人。除了史前马桥人，他早于楚国的春申君。

他再次下海，见于《国语·吴语》之“吴晋争长未成勾践袭吴”，其时，吴军北伐，至黄池，大会诸侯，与晋争霸，称霸而归，越趁其不备而偷袭之，故范蠡率水师从长江口起航，“沿海溯淮”，进入淮河流域，阻击吴军主力，断其回援归路。

范蠡第三次下海，是在越灭吴以后。他挥师北渡淮河，兵临齐、晋之地，号令中国。勾践称霸，范蠡称上将军。可范蠡以为，大名之下，难以久居，况且勾践为人，可与同患，难与处安，遂辞去，收拾轻宝珠玉等细软，浮海入齐，耕于海畔，向商人转变。

范蠡当年由楚入越，已然“吾从越”，又由越入齐，便如管仲效法齐太公，跟着“吾从夷”了。管仲以“轻重法”治齐而霸，范蠡亦以“计然术”兴越发家。如果说，春秋时期，管仲是从夷文化的代表，那么范蠡从越又从夷，则代表了夷越文化。

夷越文化是海洋文化，也是商业文化。为经商而下海，非始于范蠡，但载入史册者，范蠡当为第一人。正因其模范效应，“下海”方才成为经商的别名。《史记·货殖列传》说，“计然之策”有七条，越用了五条就称霸了，范蠡“既已施于国”，亦欲“用之家”，自称“鸱夷子皮”，以“计然术”通江达海，十九年中，“三致千金”。

“计然术”可以说是两千多年前中国的《国富论》，虽被国家用于商战，但其根本却在市场，其于国体与个体，用之两便，既能富国强兵，亦能发家致富。

据《史记·货殖列传》载，“计然七策”，一曰知天时，以岁星占年，预知经济周期。“六岁穰，六岁旱，十二岁一大饥”，根据经济周期，安排好国家用度需求。

二曰以粮价为纲，调控市场，给粮价一个浮盈空间。“二十病农，九十病末”，“病农”——损害农民利益，就没有人去从事农业生产，“病末”——损害商人利益，就没有商人去购买农产品。合理的空间是“上不过八十，下不减三十，则农末俱利”。用“三八原则”调控粮价，以之“平粜齐物”，则“关市不乏”，此乃以市场化治理国家。

三曰币之轻重。以粮价为准，就如同石油美元一般，搞粮食货币，国家储备，要“务完物”，多备粮食，还要“无息币”，让货币都流通起来，进入实体经济。

四曰贸易之道。要以下取之，“无敢居贵”，以低价位使货畅其流。

五曰物之贵贱。要看供求关系，遵从价值规律，“论其有馀不足”。

六曰贵贱之变。以“极”为关键，为转折点，“贵上极则反贱，贱下极则反贵”，在“上极”与“下极”之间，有一个获利区域，执此两极，使利益最大化之。

七曰让资金周转于贵贱两极，“财币欲其行如流水”。贵卖时，不要惜物，要“贵出如粪土”，盖因物已“贵极”，上行动力消失，故以“粪土”

视之。贱买则相反，物已贱极，购之非物，所取者，乃蓬勃的盈利能力，故以宝贝视之——“贱取如珠玉”。

以此七策，用于国际贸易，能损人之国于无形，用于商战，则伤敌之兵以刀币。惜无“科学技术为第一生产力”这一条，尚未能找到市场经济发展的根本动力。

或曰计然为人名，濮上人也，博学无所不通，尤善计算，尝游南越，范蠡师事之。或以计然为书名，乃范蠡所作，晋人已有此说，蔡谟说，“计然者，范蠡所著书篇名耳，非人也”，之所以称之为“计然”，盖因“所计而然也”。又说，越国贤佐，并无计然其人，若越用其策而霸，何以“书籍不见其名，史迁不述其传乎”？他显然没有注意到，班固《汉书·古今人表》中，已将范蠡、计然二人，列名于第三、第四等，故而有此一问。

钱穆《先秦诸子系年考辨》三四“计然乃范蠡著书篇名非人名辨”认为“蔡说是也”，还说，他从《史记·货殖列传》中能确认“蔡氏《计然》乃书名，非人名之说，确不可易”，而其所据则为太史公引《计然》言，以为“即撮引书中语”。又说，“《汉志》兵权谋家有《范蠡》二篇，盖《计然》在其内”。此说亦当存疑。班固《古今人表》将范蠡、计然都列入其中，怎会将《计然》一书纳入《范蠡》二篇呢？人为两人，书则合一，《古今人表》与《艺文志》岂非矛与盾？钱氏失察，曰“范子之书，别名《计然》”。

为此，他一再强调，“自班氏《古今人表》计然列第四等，后人乃始以计然为人名，非书名矣”，且认定，“《货殖列传》所引《计然》语论之，大抵言农事，言财币贸易”，还进一步指出，“此乃中原自李悝、白圭以后人语耳。范蠡当春秋世，又居越，何由作此论”？由此一问，得出这样的结论：“则《汉志·范蠡》二篇，殆亦出后人假托也。”

钱氏之于诸子学统，考辨甚深，各家脉络条理，无不分明，但亦自有短板，其于诸子思想本身，或囿于考据，难免作茧，或为史观所限，难以有真切的体验。

他这短板碰到了范蠡的头上，我们就看到了他的思想在此搁浅。他居然对春秋吴越文化是思想发达的文化表示怀疑，连个“大抵言农事，言财币贸易”的主张，也要等到战国时代的中原人来表达，仍沿着中原中心论的思维惯性。考据过度，思想没跟上，是《先秦诸子系年考辨》一书的缺点。所以，钱穆没能看出李悝的“尽地力之教”与范蠡的“计然术”的不同，一以国家为本位，一以市场为本位，一属于重农主义的基本国策，一趋于重商主义的贸易原则，一为内陆型耕战文化，一为沿海型商战文化，明显有所不同，岂能混为一谈？

有了思想隔阂，钱穆对“计然”是人名还是书名，就纠缠不清。

我们认为，“计然”是人名，也是书名。想象一下，若范蠡向越王建言，面对一个失败君王的自尊心，他会采取什么方式？他会用自己的口吻，来指教勾践吗？当然不会。他会说，我的老师“计然”如何如何说，而“计然”其人，其实也就是他本人，以“计然”作为代言人，他说的话就更容易被倾听，君臣之间对此已然心知肚明。

因此，我们可以说，范蠡为皮，计然为毛，“皮之不存，毛将焉附”？无论作为人名还是作为书名，“计然”都只是范蠡投映在君臣关系中的一个神秘身影，有了范蠡，“计然”才成为一个历史性的话题，若无范蠡其人其事，“计然”又从何谈起？太史公在《货殖列传》中，仅把“计然”和范蠡放在一起，没有说“计然”究竟是人还是书，故见人者，谓之人名，见书者，谓之书名。班固见人，故列“计然”于《古今人表》，钱穆见书，以《汉志》范蠡二篇为“计然”，又因其论及财货农事，如战国李悝、白圭语，便以为非春秋末越人所能言，确定为后人所作。就这样，钱穆不仅否定“计然”为人名，且将书名《计然》也与范蠡脱钩了，考证至此，难免坠入历史虚无主义。

计然术是夷越文化的一种，与李悝变法那一套有点貌合的样子，但实质上却以神离，若一定要说有影响，那也应该是前面的范蠡对后来的李悝有影响，而不能反过来。后来者可以居上，却不能逆行，从后面跑到前面去，说后面的人影响了前面。

于是，钱穆换个说法，说范蠡人在李悝之前，书在李悝之后，据书而言，不是范蠡影响了李悝，而是李悝影响了范蠡，以此断定《汉志》范蠡二篇其中包括《计然》，并非范蠡本人作品，而是后人所托，这是考据学里的老套路，钱穆未能免俗。沿此套路考证下去，先将“计然”作为人名考没了，再将史载范蠡所作之书与范蠡本人脱钩，若再考证下去，范蠡本人是否存在都是个问题。在这里，我们没看到钱穆“对于历史的温情与敬意”，所见不是对历史的重建，而是对历史的拆迁。

说“计然术”受李悝变法影响，显然说不通，若说其也“从吏”，受了管仲“轻重术”的影响，倒有可能。或曰《管子》一书，尤其“轻重篇”，皆成书于汉代，出自汉人之手。此说法与说范蠡二篇如出一辙，若照此说法，说到底，先秦诸子都会被说成是假的，都是那些未署名的汉人造假造出来的。

管仲比范蠡要早，说范蠡受管仲影响，本来也说得过去，但若将与他们相关的文本都当作汉人的作品来讲，那就无分先后，“历史性”也就随之而消失了。

先秦诸子所有传世文本，无不过了汉人一手，几乎都留下了汉人的遗迹，若以此遗迹就认为是汉人的作品，则是“一叶障目，不见泰山”了，不仅误读了先秦诸子，而且也误解了汉人。汉人全面整理了先秦诸子的文本，原是对诸子之学的一次确认。

我们知道，汉人“家法”“师法”甚严，不可能伪造，也没必要伪造。他们之所以在诸子文本上留下学派传承的时代痕迹，或为有意，或为无意。有意，是汉人对学派建设的自觉参与，表明学派仍在发展中；无意，是在传承过程中的潜意识开显。

其实，诸子之作，均非一个人的作品，而是导师领衔，后学跟进的学派之作，每一代学人，或多或少，有意无意，都会留点痕迹，否则如何能传承？这样理解诸子与文本的关系，我们就可以取消考据学的文本隔离，径来与先秦诸子相叙。

如果我们问范蠡，老师是谁？也许，他会用“计然”来提示你。作为人名，他可能会说，那就是他自己——“我是我的先知”。作为书名，则有可能说，它其来有自，来自“我有我的先师”。然其“先师”者，谁也？试以“计然术”言之，而究其根底，观其与“轻重篇”神似，谓之“越版轻重篇”可也。“轻重篇”出自《管子》，《管子》出自管仲，管子学派以管仲为宗师，故“计然”之先师，其书为《管子》，其人则管仲是也。

《管子》八十六篇，汉刘向编，分经言、外言、内言、短语、区言、杂篇、管子解、管子轻重八部。“管子轻重”一部，十九篇，排在最后，今亡三篇，仅存十六。

“轻重”一词初见于《国语·周语》中，有“量资币，权轻重”一说，认为国家当以币之轻重为民权利。《汉书·食货志》中，言太公以币治，立轻重法。《史记·齐太公世家》也说，太公治齐以轻重之法，“通商工之业，便鱼盐之利”。太史公在《史记》里多言轻重。《管晏列传》中，他称管仲治齐“贵轻重，慎权衡”，“善因祸而为福，转败而为功”；《齐太公世家》说管仲“设轻重鱼盐之利，以赡贫穷，禄贤能”；《平准书》赞“齐桓公用管仲之谋，通轻重之权”，成其霸业。

将“轻重术”与管仲联系在一起，是从太史公开始的。此前则有贾谊谏汉文帝“除盗铸钱令使民放铸”文，言及货币政策，尤其是铸币权问题，就提到了轻重，但没有将它与管仲联系起来。他说，“铜毕归于上，上挟铜积，以御轻重”，即铜由国家专营，以此来掌控钱之轻重，防止在流通过程中国家主权流失，提防市场经济中民间权利兴起。

可这一套说辞竟然无用，汉文帝依然开放了民间自由铸钱。此次放民铸钱，钱由官定——“钱重四铢，钱文半两”，铸在民间，货币供应量由市场来调节，国家不干预，唯以“法钱”和“天平”为国之权衡。

这是中国历史上第一次也是唯一一次“货币非国家化”实践。从公元前 175 年起，到公元前 144 年止，“使民放铸”了 31 年，所铸“四铢半两”钱一直流通到公元前 113 年，其间出现了历史上有名的“文景之治”。

《汉书·食货志》这样描写“文景之治”所取得的成果：至武帝之初，七十年间，已然家给人足，“京师之钱，累百巨万，贯朽而不可校，太仓之粟，陈陈相因，充溢露积于外，腐败不可食”，人人自爱而重犯法。这样的成果，似乎为哈耶克所说的那句话——“只有铸币权真正掌握在私人机构手中，方能以良币驱逐劣币，实现个人自由”——提供了一个恰当的历史注脚。这是在黄老思想主导下，用“轻重术”取得的第一个政治文明的美丽成果，开启了一代盛世。

太史公刚好赶上了“文景之治”的尾声，对之向往不已，对“轻重术”用于无为而治，带来自由化倾向，尤为神往，追根至春秋时代管子，一再提起。贾谊言“轻重”未言管仲，不等于他认为与管仲无关，即便他这样认了，在历史问题上，我们还是要听太史公言，要听他来讲管仲与“轻重术”如何相关联。

可近人马非百偏要反过来看。他在《管子轻重篇新诠》一书中指出，太史公从未读过《轻重篇》，反而认为《轻重篇》是从《史记·货殖列传》发展出来的，具体而言，便是由计然“论其有余不足则知贵贱”发展而来，不是“轻重术”转化为“计然术”，而是“计然术”做了“轻重篇”的底本。除了《货殖列传》，还有《盐铁论》，也被他当作《轻重篇》的另一个来源，他认为是王莽时代的人根据这两个底本编撰的。

他考证《轻重篇》同钱穆之于《计然》为同一套路，因此，我们对钱穆的评论同样适用于他。所不同者，他加了一条理论，即马克思说过的一句话——“他们战战兢兢地请出亡灵来为他们效劳”，将“桓公问管子及管子对曰”当作汉人在借尸还魂，假借春秋时期两人问答阐明汉家立场和汉人主张。但“召唤亡灵”并非作假，更有可能是重启和复兴，所以最好不要用“召唤亡灵”作为《轻重篇》与“桓公问管子”无关的理由。

我们认为，《轻重篇》是春秋时管子学派的作品。该学派以齐国为中心，分布在我国东部沿海地区，北有燕，南有吴、越，以管仲为先师，以稷下为据点，并非一次性完成，而是逐步发展起来的。齐国之于沿海一带，处于文化高地，其影响南方，先有孙子入吴，撰写兵书，后以轻重至越，化为计然，吴、越因之，继齐而称王称霸。

吴以兵法胜天下，故一胜而霸，一败而亡，越则挟轻重之势争天下，用计然术而成霸业。然，使轻重转化为计然者，其非范蠡乎？故以范蠡为代表的计然学派，当可视为齐国管子学派在江南衍生的分支。但，轻重之于范蠡，与管仲有同有不同。所同者，用于治国也，二人以之均成霸业；不同者，管仲仅以治国，而范蠡则兼以治家。

范蠡之衡轻重，已然异于管仲。管仲之衡也，如一同心圆，只有一个中心，即国家中心，一个本位，即国家本位，而范蠡则如椭圆，有两个中心、两个本位，即国家、市场两中心，国体、个体双本位，范蠡不但以经济杠杆治国，还以个体经营发家。所以，沿海政治文化比内陆更为宽容，重农亦重商，从周又从夷，与两大中心文化板块——周秦文化和楚汉文化并行而异趋，形成了沿海夷越文化板块。

秦汉大一统，沿海重商主义和从夷文化也有自由化表现。汉文帝用轻重法“使民放铸”，向民间开放铸币权，就是周秦之制、黄老之治、轻重之法互动的一个成果，此举发生在两千多年前。

汉文帝开创了有史以来王朝中国的第一个盛世——“文景之治”。当哈耶克提出“货币非国家化”主张时，或以为搞乌托邦，要他从历史上找个例子出来，他找不出来，因为西方历史上没有这样的例子。西方没有中国有，而且两千多年前就有了，只可惜哈耶克未谙中国史，不知道中国有个汉文帝。

四铢半两钱

四铢半两钱是汉文帝币制改革的成果，是中国历史上第一次也是唯一一次"货币非国家化"实践。从公元前 175 年起，到公元前 144 年止，"使民放铸"了 31 年，所铸四铢半两钱使用了 62 年，一直流通到公元前 113 年，其间出现了历史上有名的"文景之治"。当哈耶克提出"货币非国家化"主张时，他在西方历史中一时还找不出一个例子来，因为西方历史上没有这样的例子。可中国两千多年前就有了。可惜哈耶克未谙中国史，不知道中国有个汉文帝。

02

古越海权分布

——内越与外越

琅琊，是东部沿海南来北往之地，为东夷南越结合的地标。

南越北往，要有个落脚处，然后安家。那个家，便是琅琊。据史载，越人“以舟为车，以楫为马”，百姓日用多在水上，其势力范围亦涉及海外。其时，中国沿海有五大港口，琅琊居中，北有转附、碣石，南有会稽、句章。转附在今山东省烟台市芝罘岛上，碣石在今河北秦皇岛，会稽和句章是越人的本地，于今日观之，一在绍兴，一在宁波，加上琅琊，五大港口，越居其三。

那么，越“欲霸中原，遂都琅琊”的那个“琅琊”在哪里？

大言之，当在沿海一带，今之苏、鲁二省的接合处皆为其范围。具体来说，作为越国迁都都城的琅琊，那个连山通海枢纽江湖的港口，究竟在哪里？

据文献看，当以山东胶南为首选。《汉书·地理志》曰：“越王勾践尝治此。”《后汉书·郡国志》琅琊国琅琊县条下注曰：“《山海经》云：琅琊台，在渤海间，琅琊之东。”郭璞注曰：“琅琊临海边，有山嶕峣特起，状如高台。此即琅琊台。”

据传说，“琅琊”之名缘起于齐太公吕尚。吕尚封齐后曾涉猎此地，登山四顾，三面环海，一望无际，故击节而叹曰：“琅耶！”一如今之“美啊”！《山海经·海内东经》说“琅”是美玉，“琊”为玉骨。这样的说法让我们很容易联想起史前良渚玉文化，那分明就是良渚玉文化留下的痕迹。春秋战国时期，吴、越国人沿着文化的惯性，踏着良渚先民遗迹北上，也是先至淮海，再入海岱。

海岱琅琊山，山不高，也不大，但很有名，因越迁都而名。《越绝书》言“勾践徙琅琊，起观台，台周七里，以望东海”。《吴越春秋》虽亦如是说，却未见有越都遗址。今所见胶南琅琊遗物，亦无一件有越地特征，除“琅琊”一语留下了古越语痕迹，今所见胶南琅琊最早遗址遗物，莫早于秦代。

但考古还在进行中。据说，琅琊台台顶已发掘出石砌地漏，或曰与秦始皇帝建祭台有关，而在台西头东南区发现的大片建筑遗迹，也被确定为战国时期的遗存。不过，究竟是齐建，还是与越国迁都琅琊有关的越筑，眼下还很难说。

而淮海琅琊，在江苏连云港，史载虽不如胶南丰富，但考古却有重要发现，一如杜佑《通典》称锦屏山为琅琊山，有人于锦屏山九龙口见琅琊古城遗址。古城形势，南抱江淮，坐拥苏北千里平原，西临沂沭，北依沂蒙山，东向面海，进取海岱山川之地利，临海一面，城如弯弓，如新月，迎送淮海之波。城中有台墩，可登以观海，城周围有先秦民居遗址多处，其中出土了越地印纹陶片，外围则有祝丘古城、临沂古城、北沟头古城、盐仓古城拱卫。如此格局颇似《越绝书》和《吴越春秋》所言“勾践伐吴，霸关东，从琅琊起观台，台周七里，以望东海”。据张志立和彭云两位考察，于九龙口山湾可见一条外弧形城墙，长约 1300 米，与喇叭形山口组成一座扇状布局的古城遗址。按山口两侧山体长度，城北面长约 1000 米，南面长约 1200 米，环城周长约 3500 米，合七里许，这与《越绝书》所说的长度“台周七里”正好相符。越都在此，共历八王，历时 224 年。

古城分内城和外城。内城，在九龙口最里部，两头在南山 350 米和北山 400 米处，呈半月状外弧形，连接南北两山，形成小扇状内部王城，当地人称之为“北大城”。在两侧，仍有抵山的城墙可寻，曾出土了青铜环币、青铜剑等越国文物。

综上所述，我们认为，连云港九龙口古城作为越都琅琊的可能性较大，因其本来就是吴国旧地。但吴并未将政治重心转移至此，吴军北伐，走的是运河一线。吴与越皆以水战立国，但又有所不同。不同在于，吴国从来不在沿海港口地建都，而越国都城，会稽也好，句章也罢，以至于琅琊，都设在沿海港口处，故越军北伐有两路可行，一条走运河水路，还有一条，便是沿海海路。越除了以水战立国，更以海权争霸。

齐、吴、越三国都有海洋性，吴虽以水师胜天下，但海战却被齐打败，可见吴在海洋性方面尚不及齐，其于内河水系，水战无敌，于沿海一带，则难以发力。何也？因其未能打造港口城市，未能建立沿海根据地，故一战而败，便难以持续。而齐之转附，即今烟台芝罘，则为当时一大港口。其时，苏北琅琊虽为吴地，却非一个枢纽海运的港口，要到勾践入主的时候，它才发展成为港口。

有人说，吴、齐海战是中国有史可考的首次海战，其时间略晚于古希腊与波斯帝国的萨拉米斯海战。若用历史的尺度来衡量，也可以说差不多同时，但历史性的影响却相去甚远。东方这次海战，几乎被史官文化所忽略，被当作“胜败乃兵家常事”的一场战争，而西方那次海战，则被史家浓墨重彩地描述，标志了世界历史进程。

齐、吴、越三国，真正具有海权意识的是越国。越建都，都在沿海港湾处，从会稽到琅琊，都是港口，这便是海洋性国家的标志。本来北上争霸，问鼎中原，要往中心地带去，而越国却宁愿行走在边缘，在沿海一带扩张，从苏北琅琊古城出发，继续北伐，锋芒指向山东半岛，占领胶南地区，在胶南港建立新琅琊，兵临齐国门下。

其时，孔子在鲁，闻勾践“躬求贤圣”，便带了随从弟子七十人去，“奉先王雅琴，治礼往奏”，一副“吾从周”的派头。勾践听说孔子要来，“身被赐夷之甲，带步光之剑，杖物卢之矛，出死士三百人，为阵关下”，摆出一副“我是夷人我怕谁”的架势。孔子到时，越王问：夫子何以教之？孔子回答：我“能述五帝三王之道，故奏雅琴至大王所”。勾践叹曰：我们越人“性脆而愚，水行而山处，以船为车，以楫为马，往若飘风，去则难从，锐兵任死，越之常性也，夫子异则不可”——《越绝书·外传记地传》如是说。

勾践一开口，就拒绝了孔子“吾从周”那一套，并对孔子提出了“从夷”要求——“越之常性也，夫子异则不可”，“于是孔子辞，弟子莫能从乎”。

本来，儒家有功于越，《越绝书·外传本事第一》一开篇就说：何谓越绝？越者，国之氏也……绝者，绝也。越国面临绝境，到了最危险的时候。这本书就如同后世的《盛世危言》，是一本讲越国如何处理国家危机的书，针对着“勾践时也”——越国的至暗时刻。书中提到：当是之时，齐将伐鲁，孔子耻之，故子贡说齐以安鲁。子贡一出，乱齐，破吴，兴晋，霸越。可见儒者参与了勾践霸业。孔子本人也一直关注吴越兴衰。某日，子贡与夫子坐，告夫子曰“太宰死”，夫子曰“不死也”。这样来回了几次，子贡问道：“何以知之？”夫子曰：“天生宰嚭者，欲以亡吴。吴今未亡，宰何病乎？”后来，果然有人来说宰嚭未死，证明孔子先知——“圣人不妄言，是以明知越霸矣”。由此便可知，孔子何以那么兴冲冲地来与勾践相见。

孔子来时，听说“勾践抑强扶弱，绝恶反之于善，取舍以道”，将原来吴国侵略所得之地“沛归于宋，浮陵以付楚，临沂、开阳，复之于鲁”，制止了“中国侵伐”，因而对勾践抱有好感。可一见面，勾践那一副踌躇满志的嘴脸实在让他难受，以至于他后来“作春秋而略吴越”，提都不想提了，他原本有过的“浮于海”的念头从此打消。

假如孔子从夷，真的下海了，他能往哪儿去？他难出越国海权范围。

勾践死后，越国内乱不已，子弑父，兄弟相残，却维持了海上霸权两百多年，这在中国历史上是一个奇迹。但由于孔子“作春秋而略吴越”，使得越国的历史地位也被“吾从周”的儒者所忽略，这才有了“吴越贤士”来作《吴越春秋》和《越绝书》，前者是以吴国立场作的，后者采取越国立场，还将作者挂在了子贡名下。

孔子来见勾践，理应由子贡来安排，而子贡应该就在那随从的七十名学生中。也许子贡曾劝过孔子，说过这样的话：夫子的道太大，这世界放不下，何不修改一下？这一劝，有可能使孔子产生了“道不行，乘桴浮于海”的念头，但颜渊却说：要改的不是道，而是这世界。正是这句话，使得孔子依然行大道——“从周”，而非“浮于海”从夷。

此前，勾践所见儒者唯有子贡，他看子贡，亦政亦商，有学有术，便以为是范蠡一路。等他见了孔子一班周礼人物，便知全非，当即亮出底色，让孔子做从周还是从夷的选择。本来，像子贡那样适应现实世界，搞个什么亦周亦夷，或周体夷用之类的，也未尝不可，但孔子毕竟是孔子，从周不从夷，不拿道来做交易。

圣人与智者不同，圣人以道改造世界，而智者则以道适应世界。孔子是圣人，要将世界纳入其道的彀中，建立一个属于他的道统世界；子贡为智者，思想随世界潮流而动，以道顺应之而趋利避害，他不要求那个世界属于他，却要为他所利用，大道不妨适可而止，正义也要能交易，为了救鲁，代价可以灭吴。

这岂不太残忍？鲁一国也，吴亦一国也，何以救鲁就得灭吴？这一回，勾践显然擅了子贡的腰，当着孔子的面，终于吐出一口郁闷之气，让子贡栽了面子。

阴谋之君，最忌阴谋论，但凡参与阴谋者，必为其大忌。范蠡先知，所以逃也，文种不信，所以死也。子贡千虑，而有此一失，所以受辱，而且辱及孔子。

也许孔子由此便彻底断了“浮于海”的念头？有可能。因为当时中国沿海及其海域都属于越国海权范围，真要“浮于海”，就必须“从夷”，跟着勾践走。

越国地缘政治以沿海为生命线，其发展战略重在经略从杭州湾到环渤海沿岸。该线重要港口多被越国掌握，长江流域入海口，那句章与会稽，原本就在越人手里，黄淮流域琅琊港也由吴转越，兴起于越人之手。若琅琊为一，则五港连珠而越居其三；若琅琊为二，分为连云和胶南港，那么就六港而得其四——江南二处黄淮二处了。

太史公说，越灭吴后，“以淮上地与楚，归吴所侵宋地于宋，与鲁泗东方百里”，一改吴辙，不再四面出击，而是向西退让，往沿海一线进取。从淮海琅琊到胶南琅琊，就体现了越之初沿海双中心的国家发展战略，在江淮和黄淮流域，形成了一个琅琊化的椭圆形的国家生存空间。那么，越人为什么不像吴人那样沿着内河水系往内地去？

这跟越人的构成与分布有关。《越绝书》中提到越人有内越、外越，有人认为，他们是古越先民向内地迁徙和从沿海下海而形成的两个分支。吴、越战争时，外越并未坐视，而是援越反吴，阖闾造武城，防外越，后来，秦治越地，亦徙民“以备东海外越”，或曰，外越地望在甬东，即“会稽句章县东海中洲也”——今之舟山群岛。

拥有外越，勾践不但能复国，能灭吴，还能沿海岸线北上争霸。对于中原各国来说，外越是一支神秘力量，所知不多，近如阖闾者，亦仅能略知一二。夫差能胜内越，难防外越，故越灭吴，乃以内越示弱于吴，任吴监管，使吴放心，而以外越出奇兵，于沿海一带潜伏，伺机灭吴。范蠡于上海浦东围海屯田，所帅者即外越之军，出其不意，北上灭吴。灭吴后，勾践欲将夫差囚入甬东，让外越看管。由此可见，外越为其肺腑吐纳秘境，甬东乃其心腹出入重镇，故内越建都，都城所在，不离沿海，王权所立，立于港湾，此乃海洋性国家之地缘政治战略。

外越，除以甬东为根据地，其势力范围皆为海域，统称“夷洲”。“夷”，指外越之人，“夷洲”，即外越人所在地，非专指一处。最早提到“夷洲”的，是三国时期吴人沈莹写的《临海水土志》。原书已佚，部分内容通过《太平御览》卷七百八十《东夷一》保留下来。书中提到，夷洲为“众山夷所居”，所居之地四面皆山，山顶上有越王钓石，立为越国主权标志，东距二千里，其地终年无霜雪，草木不死，夷分土地人民，各有所居，称王而治，但都“髡头穿耳”。

有人把“夷洲”当作今台湾，认为《临海水土志》是最早记录台湾的文献，而三国东吴临海郡太守沈莹即为始作者，最先引用该史料。称“夷洲”为台湾者，乃台湾日据时期日本学者伊能嘉矩，在其《台湾文化志》中断言“夷洲”即今之台湾。

我们认为，沈莹提到的“夷洲”乃泛言夷越海外之地，包括台湾在内，但不专指台湾。有人已经指出，若把“山顶有越王射的正白，乃是石也”的记载与今日台湾联系起来，似无任何可以凭信的痕迹，因为台湾从未见过有“越王”存在的传说。

总之，夷越海洋文化所到之处即“夷洲”。它有两个起点，北向以琅琊为起点，向山东半岛、辽东半岛、朝鲜半岛以及日本进展，南向以甬东为起点，沿海与瓯越、闽越、骆越相连，外海则从舟山到琉球向台湾往海南发展，抵达北部湾。这样一个海洋文化的活动空间，便是“夷洲”所及的地理范围，外越贸易往来和自由迁徙的海之岛链。

越国，集内越而成一国，国以会稽、琅琊为中心；夷洲，乃外越之总称，其域以台湾、海南为中心。夷越文化的分布由东北而西南，从胶州湾到北部湾，从琅琊到海南，从夷越到骆越，都是内越外越并举，沿海外海并行。正如越国，内越以会稽为中心，外越则以舟山群岛为大本营，骆越也是内越分布在北部湾沿岸各地，外越据海南岛。最早的海南人便是骆越一支，为黎族祖先，这应该就是先秦时期夷洲和越国的大致情形。

春秋末期越国北都琅琊的位置（图略）

据谭其骧主编的《中国历史地图集》记载，春秋时期始出琅琊地名，位于胶南以南、山东日照以北，旁有琅琊台，并标注“越 2”。越王勾践灭吴后，为与齐晋争霸，迁都北上琅琊，建琅琊台以观东海。战国时期，齐长城将琅琊和琅琊台阻挡在它的南面，以防越人北上。秦始皇统一六国后，徙民三万户于琅琊台下，重修琅琊台，在临沂一带设琅琊郡。越人纷纷南下或者入海。

交趾刺史部（图略）

汉武帝为监察地方官，在全国设置了 13 个刺史部，其中，交趾刺史部包括了今天的广东、广西，以及越南部分地区，设有南海郡、苍梧郡、合浦郡、郁林郡、交趾郡、九真郡、日南郡等，生活其中的大部分人为越人以及越人后裔。

03

古越王权变迁

越国从琅琊出发，沿海北上，受阻于齐，难于进取。勾践临死前对太子说：夫霸者之后，难以久立，其慎之哉！但说归说，做归做，君父那么说了，儿臣未必真就那么做。勾践一死，越国就开启了内乱模式，自相残杀起来。

齐国终于松了口气，缓过劲来。于是，齐国要反攻。我们从《吕氏春秋·顺民》中看到，齐庄子欲攻越，问于和子，和子说，先君有遗令，“无攻越，越猛虎也”。齐庄子说，越过去是猛虎，而今已死。

迫于齐国压力，越国往南迁，但这回的迁徙路线却没有沿着海岸线往港口走，而是顺着运河向吴地去。这说明越的立国之本和国家发展战略发生了改变，可能同内乱时期导致的内越与外越的分裂有关，若无外越为援，立国都于港口就很悬。

《越绝书》中虽说越国“都琅琊二百二十四年”，但没有提到过迁都之事。别有文献记载越国迁吴，如《竹书纪年》便有“翳三十三年迁于吴”之说，《吴越春秋》也说越王“亲众皆失，而去琅琊，徙于吴矣”。另外有传世物证一件，即澳门萧春源珍秦斋所藏“越王差徐戈”。此戈铭文也载有越国迁都之事，但时间与上述文献有别。

董珊《越王差徐戈考》一文通过对此戈铭文释读，确认越王差徐始迁都于吴。他认为越王翳三十三年迁于吴，起了个头，已开始都城建设，后因内乱起，翳身死而越都未迁，直到越王差徐时才完成迁都，这是戈铭所记与文献所载有别的原因。本篇铭文内容可以释读如下：越先王允常，未得姑苏之金，至差徐时，方得之，差徐因之造元用戈，以修边疆。“姑苏”之名，最早便出现在此戈铭文中，称作“居（姑）乍（苏）”。

翳王迁都未捷身先死，反映了内越和外越两条政治路线斗争激烈。立都于港口，外越才好参政议政，往内地迁都，政治重心转移，是要摆脱外越牵制，少让外越参与政权，这引起了一系列政变并带来杀戮，《史记》索隐引《竹书纪年》：诸咎弑其君翳，接着粤杀诸咎，大夫寺区定粤乱，立初无余。这位“初无余”，就是越王差徐。

迁都于吴，便将国之矛头对准了楚，从沿海转入内地，这一转，就走上了当年吴楚相争的不归路。都说地缘政治是国家的风水，可不，一回到内河水系，越国之于楚国，就从原来的“楚越同源”的盟友关系，转化为新吴楚相争的敌对关系。在相争中，越国虽不至于水土不服，但难以得到外越的支持，至少支持起来不那么顺利。除了人和方面存在不和的因素外，在地利方面也不再那么有利，重心偏离沿海就失去了海权优势。

建都琅琊时，那是以齐为敌，而迁都姑苏，不管越人主观如何想，由于地缘政治影响，客观上已把“头号敌人”的帽子戴到了楚国头上。吴楚世仇，越都于吴，成了新吴国，明摆着来与楚国寻仇。当年，吴败楚，越灭吴，楚越曾盟，攻克吴宫，一把火就烧了，没留着做越宫，因为要示好于楚，还要迁就外越，以海权立国，走沿海发展战略。

这一点，越后人似乎未意识到，却被深谙兵法的齐人看出来了。越迁都后，内乱稍息，越王无彊就兴师“北伐齐，西伐楚”，走当年吴国的老路，来与中原各国争霸了。于是，齐威王派人去对越王说：“越不伐楚，大不王，小不伯。”“伯”就是霸，要打就打个大的，就像吴国曾经打败楚国那样，越也要拿楚国开刀，才能称霸。

来者接着说道：越之所以“不伐楚者，为不得晋也”。“晋”指韩、魏两国，这两国不攻楚，越国就不敢动了，对吧？越王回答说：越国“所求于晋者”，并不要求它们与楚国交战，只要引而不发，牵制一下，就能得到很多好处。来者说：王这样的想法，是用眼睛看的，眼睛能明察秋毫，却看不到自己的睫毛——“今王知晋之失计，而不自知越之过”。

来者又说：晋已失计，越不能再错失良机。“王所待于晋者……待之以分楚众也，今楚众已分，何待于晋？”楚已出击，兵分两路，其中一路已到齐、鲁，可是，王还想着“晋楚不斗，越兵不起”，那真是“知二五而不知十也”，王若“此时不攻楚”，我就可以断言“越大不王，小不伯”，不过尔尔，若攻楚，即便“图王不王”，还能称霸，王还是攻楚去吧！

于是，越不攻齐，转而击楚，刚好撞到楚威王的枪口上。楚兵锋已盛，正要找个对手，越国就打上门来了。楚“兴兵而伐之，大败越，杀王无彊”，还“尽取故吴地至浙江”。从此越国解体，诸越争立，或为王，或为君，滨于江南海上，而有瓯越、闽越国兴起。

秦灭六国后，始皇帝南巡江东，封禅会稽，更名越国故都“大越”为“山阴”，将越地沿海之民迁至浙西山区，另徙内地罪徒往越国故地，致使越人南逃，窜入闽浙山地，下海者则与外越会合，从杭州湾往北部湾、从台湾往海南、从江南往岭南去。

据《史记》载，楚灭越国，越人散居各地，多自立，或为君，或为王，化为百越各部。《汉书》也说“自交趾至会稽七八千里，百越杂处，各有种姓”。不过，瓯越立国较早，于勾践时即为封国，位于温州、台州一带，而闽越国则是越亡后遗民航海入闽，徙居闽北地，与本土原住民融合，自立闽越国。

秦虽兼并六国，但北有匈奴，南有百越，对秦的统一构成了威胁。故秦北筑长城，阻击匈奴，扼其南下，南辟灵渠，沟通长江与珠江水系，遥控岭南百越。同时，帝命秦将屠睢率军五十万，兵分五路，经略百越诸部。第一路，在江西余干集结，攻入闽越，设闽中郡；第二路，扼守江西南康，压制闽越、南越；第三路，直取南越番禺；第四路，驻军湖南九嶷山；第五路，经由湖南镡城越城岭，挥师西瓯。西瓯一路，秦军受挫，瓯人依托丛林，夜袭之，将屠睢杀死，帝又命任嚣、赵佗为将，就地击溃瓯人反扑，将岭南纳入秦统一版图。以此，设南海、桂林、象三郡，任嚣为南海尉，下辖番禺、龙川、博罗、揭阳数县，赵佗为龙川令。

帝崩，二世即位，天下反，任嚣病，临死前嘱赵佗曰，南海郡有险可据，足以立国。不久，任嚣病亡，赵佗下令南岭各关口筑军据险防守，以防乱民。秦亡，桂林、象两郡越人也趁势独立，尤其在越南，以河内为都城，兴起瓯雒国，赵佗将儿子赵仲始入赘瓯雒为内应，取得该国。接着，他兼并桂林、象二郡，且将象郡越一分为二，析其为交趾、九真两郡，然后以番禺为都城，在岭南开创南越国，赵佗自称"南越武王"。

汉初，瓯越、闽越、南越，都被刘邦册封为王，三越相争，南越最强。三越之中，瓯、闽二越都响应了秦末农民起义，唯独南越属于军阀割据，拥越自立，所以，刘邦册封南越王时玩了个阴谋，准备了两手，一手将秦之南海、桂林、象三郡封给长沙王吴芮，另一手又诏封赵佗为"南越王"，这显然是在吴芮和赵佗之间试应手。

可吴芮非等闲辈，乃吴王夫差后代。其父吴申被贬鄱邑——今江西鄱阳，后迁余干，芮生于此，少习孙、吴兵法，以之部勒家丁，于吴头楚尾待命。待谁的命？当然是天命。他自信是个天命之人，要他复兴吴门。

从十八岁起，他就收编散兵，安顿流民，渐已拥兵一万七千余人，部署在鄱阳、余干、浮梁一带，听从母亲梅氏所言，藏兵于民，亦农亦商，故兵能自养。他要效法吴国先王，想有个太湖那样的地方。祖父给他一张昌江流域图，于是，他带队伍从昌江水路进入了鄱阳湖，沿岸筑城，建立据点，这就是鄱阳。李斯荐他为"鄱君"，但他不是郡县制里的秦吏，不受朝廷财政豢养，而是像瓯越、闽越那样的诸侯王，在朝廷长臂管辖不到的地方成为一方"君长"。

这位吴王孙，竟然不记前仇，不念旧恶，领着一班越王孙，响应"张楚"号召，在"楚虽三户，亡秦必楚"的秦与楚的最后决战中，选边站，与暴秦为敌。

他深谙兵法，是一位真正的战略家，在“诛暴秦”的战争中，他并未亲征，只是派出两路人马，一路由女婿英布率领，追随项羽破秦，另一路由旧部梅鋗率领，协助刘邦入关。其时，群雄并起，六国复辟，他唯独看好刘、项，两头下注，两边获利。

先是项羽封他为衡山王，但在楚汉相争中，他却押宝刘邦。刘邦定天下，封他为长沙王，还把岭南三郡也给他了，让他对付南越赵佗。汉初形势，沿之秦末，北有匈奴，南有百越，皆因中原内乱，乘机做大做强。匈奴冒顿势压刘邦，汉以和亲忍让；南越赵佗也要称帝，若非他以越制越，扼其沛然野心，那赵佗也难免成为勾践第二。

他是一把剑，剑未出鞘，但杀气已现；他是一张弓，箭在弦上，却引而不发。有了他，赵佗才听从陆贾劝告，取消帝号，因为瓯越、闽越都听从他的号令。

他本可以领着瓯越、闽越去争夺封给他的岭南三郡，但他没有这样做。既然他没有争夺天下的野心，何必去争什么岭南三郡？他与赵佗相对，是为了限制赵佗的野心，赵佗野心一膨胀，最先受到威胁的就是他长沙王；若他挟天子之令灭了南越，那么下一个要被灭的，很可能是他长沙王。因为孤阴不生，独阳不长，他懂得什么叫唇亡齿寒。

懂得这道理，才能活下去。汉初，刘邦分封了八个异姓王，七个都被朝廷找借口灭了，只剩下他一个硕果仅存，还能留传子孙，就因为还有南越国存在。

他这一支，传到文帝时期，直到传人一脉无人可传，才被刘姓代替。他本人在壮年时突然死去。死亡来无影，却留下美，如花之飘零于一瞬间，如飞瀑之坠入山川，真是“抚琴动操，欲令众山皆响”啊！

人间的胜利者是时间，历史也只是为时间代言。可惜，吴芮在时间上输给了赵佗，就此而言，赵佗是个历史的赢家。从历史上看，无人晓得赵佗何年何月何日生，在汉朝之前究竟活了多少年，却知道他在汉朝没过几年就死了，作为汉人的时间实在太短，以至于太史公都忘了给他立传，要等到班固时，才看清他来历，载入《汉书》里。

班固在《汉书》里说，当时八个异姓王中的七个都是由于形势所迫或利害权衡才立的，只有吴芮以“正道”立，所以能持续，传到五世以后，因无传人而终止。那时王侯之家，寿命似乎都不太长，传五世，也就传到了文帝时期。可赵佗却是个例外，一活就活了一百多岁，活透了秦皇汉武，这才死去。

庄子说“寿则多辱”。在政治上你死我活，受辱是常事，只要没到“久忧不死，何苦也”的份上，就算过得去。刘邦给他面子，派陆贾去封他南越王，他欣然接受。

若不给他面子，他跟匈奴一南一北地闹起来，汉家天下将如何维持？

陆贾初来时，他问陆贾：“我孰与萧何、曹参、韩信贤？”陆贾说“王贤”。赵佗又问：“我孰与皇帝贤？”陆贾就说刘邦如何如何伟大，谁知赵佗听了，不以为然，反而说：“吾不起中国，故王此，使我居中国，何渠不若汉？”他的意思是说，我若据中原以争天下，未必不如汉高帝，可惜我待在了岭南这个偏僻之地，从这里逐鹿中原鞭长莫及。陆贾不与他争，只说两条：一条是利，可以通关互市，让越人经商获利；还有一条是害，他对赵佗说，你别老是一副蛮越的样子，别忘了你也是中原人氏，还有祖坟和宗亲在北方。这利和害，都捏在汉高帝手里，因此，你没有必要与汉家作对。

利害是硬道理，明摆在那里，他焉能不知？更何况，那时吴芮还在，对越人还有着广泛的号召力，他应该趋利避害，此为常识，岂有不从之理？果然他从了。明人钟惺著《史怀》曰“尉佗居秦、楚、汉之间，上不能为沛公，下耻作韩、彭，而又不欲以身为陈、项”，说出了他对赵佗这个人的看法。他说赵佗上不能像刘邦那样自己做皇帝，下又以韩信、彭越接受他人分封为耻，更不会如陈胜、项羽那样带头造反，所以只好割据一地，自立一国，自称为王，虽为汉朝属国，但国家却是自己的。

谁知刘邦一死，吕后就变卦，不仅闭关市，断了南越国的利，还把赵佗在北方的老家抄了，把利、害两张牌都打掉了。其时，吴芮已死，赵佗说反就反，不光自己反，连闽越、瓯越、骆越也跟他一起反了。陆贾初见赵佗时还说："今王众不过数十万，皆蛮夷，崎岖山海间，譬若汉一郡，王何乃比于汉！"再见赵佗，就不敢这样说了。南越已统一全越，有了"东西万里"的帝国规模，赵佗不再称王，改称帝，自称"南越武帝"。

吕后师出岭南，却败于瘴气，汉军不战而溃。好在换了文帝，文帝好清静，欲以无为治天下，故又派陆贾去劝说，给了他更大的利，才知道他惹不起。

一个北方人，跑到岭南去，在瘴疠之地活了一百多岁，难道是那致命瘴气变了益寿瑞气？这还不是个奇迹？难道不是神对生命的奖励以及活着的莫大荣誉？

作为一个王者，活了一百多岁，对于历史来说，确实很重要。从秦皇活到汉武，活成了一部历史的宝典，他可以说是汉家天下里最重要的人物。可他并未享受到这样的历史荣耀。在以中原为正统的王朝史观里，他像南越国一样被边缘化了。其实，他对中国历史乃至世界历史贡献甚巨，因为他在汉武通西域之前，率先从海路通了西域。

海路通西域，重在贸易，不以战争为目的。但历史却偏爱战争，所以，在通西域的世界历史中，忽略了那位以和平通西域的南越武帝，突出了好战的汉武帝。汉武帝打跑了匈奴，遥控西域，回过头就来收拾南越之地。刚好赵佗又死，南越内乱不已，诸越分崩离析，汉武帝此时出兵，一举灭之，之后再无南越国矣。

越王者旨於睗矛，
战国时期，上海
博物馆藏

靴形铜钺，战国时期

越王者旨於睗矛：长 27.1 厘米，重 330 克，“者旨於睗”为越王勾践儿子。

靴形铜钺：长 8.5 厘米，刃宽 13.7 厘米，风格为战国时期百越文化样式，出土于广西壮族自治区平乐县银山岭，其精致的纹饰与“越王差徐戈”相似。

二　汉越海通时代

01

汉越海权抱负

若以国家形态言之，百越有过两个重要时期。一个是于越勾践时期，还有一个就是南越赵佗时期。此二人者，皆以华夏自居：勾践自认为夏禹后裔，出于少康之子无余那一支；而赵佗老家就在黄河流域的河北之地，今之石家庄一带。因此，他们对华夏都有一种文化认同。勾践北上争霸，是要打回自己的老家；赵佗归汉，也因为祖籍在汉家。

勾践北伐，盖因尚未统一，各国相攻，所以他也来争霸。而赵佗初期，汉已统一，他才兼并岭南三郡，完成以越代秦，未能统一百越，故必归汉。吕后乱国，断其归路，他乘势扩张起来，企图统一百越，来与王朝中国相抗衡，但文帝一立，陆贾一来，他便改弦易辙，重新归汉，因为汉朝依然统一。

汉越之间，以南岭为界。北向开疆拓土，他不能越此一步，只能东西向经略百越之地，或南下出海，经营外越。他的发展战略依然是勾践以来的传统，以港口立国，建都番禺（今之广州），实施内越和外越共举方针，采取沿海与海外并行路线。

汉家史官文化之于南越，知其内，不知其外，能见于沿海，无见于海外，史籍或有传闻，文献难以确认。好在还有考古，我们能从考古发现的遗址遗物中，看到南越国在海外活动的一些痕迹。我们发现，位于地中海沿岸属于罗马帝国的庞贝古城，竟然会与中国南海边上南越国古都番禺有联系，从地中海到南海早就有了相通的一脉。

须知，汉朝陆路通西域分为两个阶段。第一个阶段是张骞通西域，目的是联络大月氏夹击匈奴；第二阶段是班超通西域，派甘英出使大秦——罗马帝国，也是为了夹击往来于亚欧大陆的匈奴。结果张骞使命虽达，却无功而返，甘英怯海，临渡而归，致使亚欧两端之帝国明知对方存在，却无由往来，留下了一个历史的遗憾。

而海路则有所不同，南越国之外越已与罗马帝国有过接触。罗马帝国中叶，弗罗鲁斯在其《罗马史纲要》一书的序言中，提及“赛里斯遣使罗马”。赛里斯，即指当时的中国，他对“赛里斯”区域的定位是“太阳直垂之下”。这就告诉我们，那些来到罗马的赛里斯人，应该来自赤道热带地区附近，从海上来。

罗马帝国皇帝奥古斯都可能接见过那些赛里斯人，其中，还提到了赛里斯人的贡品——珍珠、宝石、大象，却没有丝绸，这似乎与赛里斯人的身份不符。没有令罗马人视若珍宝的丝绸，算什么赛里斯？那些赛里斯人肯定不是南越国派出的使者，因为奥古斯都时期，南越国已经不在了，肯定也不是汉朝派来的，若是，《汉书》里会有记载，史官没有记载，那就说明与朝廷无关。如此说来，跟谁有关？

跟印度有关。书中不光提到赛里斯人时一并提起印度人，还有罗马人对丝绸的认识，也是以印度为背景。老普林尼认为，赛里斯人是在森林里产羊毛的，在其著作《自然史》中写道，有一种产羊毛的树，羊毛生在树叶上，取出，浸之于水，梳之成白色绒毛，然后再纺线和织布……这样的羊毛树，其实就是棉花。罗马人认为，丝绸是用棉花抽的丝织造出来的，而印度则是最早种植棉花的地区。七千年前印度就开始种植棉花了。公元前 1 世纪左右，棉纺织品销于地中海沿岸。“羊毛树”便是当时游牧文化对棉花的一种解读。

罗马人对丝绸的认识，就是从对棉花的认识中延伸出来的——将棉花抽丝，然后织造，但他们无论如何也没想到，有一种叫作“蚕”的小虫子会吐丝，吐丝成茧，由茧抽丝，丝织成绸。据说，印度人也曾有过野蚕丝，但人造丝是从中国传入的。

黄赞雄《我国古代丝绸生产技术的外传》一文指出，据印度古书《治国安邦》的记载，公元前 4 世纪已有中国丝绸传到印度。另外，文中说，印度学者梯利亚所著《实例论》也提到丝织品，那些丝织品由中国蜀地商队从南方内陆丝路带来。

其实，不只陆路，还有海路。海上丝路的国家行为从南越国就开始了，而民间行为似乎更加源远流长，有可能始于先秦时期的于越人。这是民间行为，缺乏史官文化的记载，文献依据不足，有待于考古学的发现。先秦诸子中，虽可见有如前所述只言片语，但也只能作为起个话头的头绪而已，不能作为海上丝路的凭证和依据。

老普林尼对赛里斯人的认识也是如此，其了解来自斯里兰卡的拉齐阿斯。这位拉齐阿斯曾经出使罗马，老普林尼在《自然史》中转述了他的说法：“赛里斯人居住在海摩图斯（Hemodos）山那边，因通商为外人所知。拉齐阿斯的父亲曾到访过赛里斯国，当其到达赛里斯时，赛里斯人总是奔至沙滩与之相见。”这两句话给我们提供了两条线索。一条是山的线索。我们不知道“海摩图斯山”所指何山，所在何处，若以印度为参照，那么这条线索就指向了蜀人翻山越岭进入印度的那些山吧。而另一条线索在海边。拉齐阿斯的父亲访问过赛里斯国，他访问的那个赛里斯国，显然不是深居中原的汉帝国，有可能就是位于南海边上的南越国，因为赛里斯人总是跑到海边的沙滩上迎接他，而南越国的都城就在海边，在港口番禺。

汉初，南越国因秦亡而复活，虽不能像当年勾践那样北上争霸，但依岭而治，濒海而居，亦自成一王土。然因秦曾灭诸越，驱之下海，使之从沿海走向海外，由内越转为外越，且以灵渠经略岭南，北引湘江洞庭，连江汉入河洛达咸阳，又南通粤海，控北部湾，王权一竿子插到底，穿越江南、岭南，至海南，于是掀起一波波南海移民浪潮。

秦时，北部湾已成为中国内海，越南与海南皆属“越郡外境”，统归象郡“遥领”，逃秦者，或逃往海南，也有可能逃得更远，从越南出海逃往马来半岛。趁楚汉相争，诸越兴起复国运动，复立了东瓯国、闽越国、东越国、南越国，重启以“珠贝、舟楫、文身”为特征的海洋人文，区别于汉家农耕族群以“金玉、车马、衣冠”为特征的陆地人文，这让陆贾使越也不忘提醒赵佗别丢了华夏身份。

诸越之国，以南越国为最强，故番禺亦取代琅琊，成为新越势力的地标，开启百越复兴的第二个历史周期，其发展战略不再是北上争霸，而是南下开发。

秦、汉北有匈奴，南有百越。匈奴是个草原帝国；南越则搞海洋开发，搞出个海洋帝国，不光开发海南，号令北部湾，还能号召散居东南亚的外越。

中国与东南亚诸国往来，虽以见于汉史著录为最早，但此前就有接触，这是无可置疑的。百越之人从江南退到岭南，战国时期在江南之地兴起了著名的越国，秦、汉之际退到岭南的越人，起而复兴，复兴了个南越国。江南越国发展是沿海北上，以琅琊为龙头，往东北亚去，而岭南越国的发展则未北上中原一决天下，而是守住岭南关山，从番禺往东南亚发展。于是，南越国的长臂，从南海一角的番禺伸向马来半岛那里。

其时，南越海船南海航行，行至马来半岛南端为止，由此西出马六甲海峡，则另以他国船只续航。由于航行定位还要靠岛屿和陆地标记，所以海船只能沿海岸航行，从南往北，由东向西，有时海陆并进，拐了一个大弯，才来到印度半岛集市。

来这里赶集的，除了从东方来的越商，还有来自西方的秦贾。苏继庼在《岛夷志略校释》的“叙论”中指出，“罗马船于公元前一、二世纪间，已自其红海根据地航至印度贸易”，同时又指出“中国船将其航线向南展至南中国海之南，当在公元以前”，也就是说，至少在汉初，中国船就已进入东南亚海域，到了马来半岛一带，但“西出马六甲海峡以入印度洋，则为时较后”。当然，这是指国家行为，是针对那次武帝遣使出海至印度而返来说的，那是王朝中国第一次出海，但不是中国首次。冯承钧在《中国南洋交通史》之“序例”中也这样说：“中国与南海之海上交通，有史之初应已有之，然史无其文可以征引，只能上溯至于汉代。”

南越国有没有搞过国家行为的大航海？古史未有记载。但南越王墓里出土的那只船纹铜提筒，却向我们展示了南越国的海权抱负，还有南越王的帝国梦想。船纹显示，那是一艘羽人船，船上五位羽人，头戴羽冠，上身赤裸，下身穿羽毛裙。古之所谓羽人，多为神人，而纹于提筒上者，则为南越先民，或坐于一物之上，似在奏乐，或一手持匕，一手抓俘虏之发，欲割其首级，或正操作某种行船工具。

有人认为，图所示乃海战凯旋之场景；也有人认为，是在祭祀海神；还有人说是越人海战得胜，载歌载舞，祭祀神灵……围绕提筒一圈，一连有四艘船，船上共有二十位羽人，皆非凡人，或为英雄，或为祭师，或为巫师，显示了帝国的海权意志。

还有那四艘船，有人说它们身兼多项“世界第一”，何以知之？看那船头，下方挂一物体，难道船锚在此？还有船体，那水密舱结构，即以木板分隔船舱，形成一个个独立舱室，以增加船体构造的横向刚度，增强甲板承压的重量，避免船舱一进水就整船倾覆；而船尾纹则有羽人摇橹——三项“世界第一”。可以这么说，这三项“世界第一”推动了一个海洋帝国的兴起。

《越绝书》中记载了古越人造船，船体如鸟，头窄尾宽，桨、橹从后部发力，推动船行，以水鸟浮游和滑行姿态，作为船体仿生学对象，因古越人对鸟的信仰而被称作“了鸟船”。那提筒上的船纹形状向我们展示了“了鸟船”的式样。《太平寰宇记》（金陵书局本）卷之一百二“江南东道十四·泉州·风俗”有这样的描述：“船头尾尖高，当中平阔，冲波逆浪，都无畏惧，名曰了鸟船。”以之来对照那船纹提筒，真是惟妙惟肖。

这样的“了鸟船”不是汉初才有，早在战国时期就出现了。云南呈贡天子庙41号滇墓出土了三件战国中晚期铜提筒，筒身也有羽人竞渡，间以水鸟引舟。其时，欧洲人造船，其仿生学对象为鱼，船体和中国的“了鸟船”相反，头大尾小，因而承受的阻力较大。李约瑟在《中国的科学与文明》之“航海工艺”中，对东西方两种形体的船做了比较，“因为水鸟像船一样，是浮在空气与水的两种介质之间，而鱼则仅能在水里游泳”，所以，从力学原理来看，鱼形舟较之“了鸟船”有所逊色。

当罗马人驾着他们的鱼形舟从亚历山大港出发，经由红海，进入阿拉伯海，前往印度洋，来到印度半岛时，多半要碰到他们称之为赛里斯人的“了鸟船”了。在这里，东西方相会，但非两个帝国的国家行为，而是两种文化的民间行为。中国丝绸与罗马细布握手了，中国钢铁同罗马玻璃拥抱。若谓中国丝乃罗马女人不争的至爱，那么中国铁则是罗马男人欲求的利器。丝是奢侈品，钢铁是战略物资。

老普林尼在他的著作中，对罗马女人追求中国丝绸表示不满，认为不仅浪费了金钱，还败坏了道德，但他对中国铁却称赞不已，说“在所有的各种铁之中，以中国铁为最好”。按照当时情况，罗马在内陆交通上受阻于敌国帕提亚。帕提亚也就是汉人所说的安息，它位于中国和罗马之间，以其地利之便隔断了罗马与中国直接往来。

中国已知有罗马，并称之为大秦，且欲与之联手夹击匈奴。罗马亦知有中国，并出于丝绸的缘故，称中国为赛里斯，亦有联合中国一同对付帕提亚的企图。所以，帕提亚慎之又慎，想方设法使两国“老死不相往来”。就此而言，帕提亚成功了。对丝绸，帕提亚人加价十倍以后转售于罗马，对中国铁则绝对不放过，属于禁运物品。

中国铁是中国战胜匈奴的法宝。帕提亚也用中国铁来对付罗马。罗马想要获得中国铁，通过陆路肯定是不行的，只能走海路。而中国的海路，在武帝平南越之前一直被南越国垄断，由南越国代表赛里斯同罗马交往。

孙机在《从汉代看罗马》一文中说：“汉与罗马的海上运输能力也只能从东、西两个方向到达印度，进一步地往来就要靠间接转运了。”也就是说，即便走海路，按当时东西方的海运能力，中国与罗马亦难以有直接联系，而须经由转口贸易，在中介地由中间商来完成。其时之中间商，莫过于掌握了大半个印度的贵霜帝国。帝国原主人，便是张骞通西域时要找的大月氏人。大月氏人吃丝绸之路，海陆通吃，把一个颠沛流离差点要灭亡的国家，吃成了希腊化的佛教新帝国。

罗马与中国处于丝绸之路的两端。其两端未能直达，皆需中转，陆路中转，需经由希腊化世界的西亚和中亚，海路中转，则转舶于航路中段之印度半岛，罗马商船出红海，西亚诸国出波斯湾，中国商船出北部湾，分别驶入印度洋，进行东西方贸易。

那些做丝绸贸易的中间商自称“赛里斯人”，因此，在老普林尼的笔下，就出现了雅利安人种的“赛里斯人”。可见，那时赛里斯非指一国，亦非指一族，而是如《诗》之所云“氓之蚩蚩，抱布贸丝”，那些“贸丝”之人，皆曰“赛里斯人”。

赛里斯人，陆上有，海上也有，中国人有，中间商也有，海上赛里斯人，多半跟漂泊海外的外越之人有关。南越国被汉武帝取缔后，越已不再以国家形态出现，而是被汉朝纳入中央集权的郡县制管理。那些不愿作为编户齐民纳入汉家户口的越人，或上山为“山客”，或下海为“海人”。那些“海人”，由内而外，从沿海到海外，就像《山海经》里所说的“瓯居海中”“闽在海中”那样，南越国人也走南洋，下西洋，跑去海外了。

汉武帝时，由王朝主导的中国海洋时代开始了。王朝中国下南洋，开通海上丝路，就从北部湾起航。《汉书·地理志》提到了这次大航海，说汉家船队“自合浦、徐闻南入海，得大州，东西南北方千里”，这“大州”，应该就是位于南海的海南岛。武帝在岛上设了儋耳、珠崖两郡。岛民“皆服布如单被，穿中央为贯头”，虽非汉衣冠，但也男耕女织，种稻、植桑、养蚕，那里是个和平宁静的小岛。

《汉书·地理志》记载了海上丝路的行程。它告诉我们，“船行可五月”，就到了印尼苏门答腊岛以及马来西亚一带，那里有个都元国；“又船行可四月”，就进入缅甸，路过邑卢没国、谌离国、夫甘都卢国三个小国。但此行目的地非缅甸，而是黄支国。

那么，黄支国在哪里呢？从缅甸境内夫甘都卢国出发，沿着孟加拉湾海岸西行，船行约二月余，就到了黄支国。那黄支国原来就在印度半岛东海岸，《汉书·地理志》说它“民俗略与珠厓相类”（珠厓即珠崖）。这就怪了，黄支国民俗怎会与海南岛民相似呢？

导致相似性的原因或有两种。其一，出于民间自发行为。岛民虽亦耕织，但因水土所限，未能自给，故以通商、移民克服短缺，获取资源，此为岛民本能。其二，或为有组织的国家行为。不妨一问，那些岛夷之国会不会是汉初南越国在海外的政治遗产呢？也有可能。从《汉书·地理志》对黄支国的描述来看，有南越国的影子，“其州广大”，“州”指海岛，黄支国里有一个大岛，那就是今斯里兰卡，这样的情形颇似南越国之“遥领”海南岛，故该岛另有一名，叫“已程不国”。

黄支国对国民采取户口式管理，故有“户口多”一说。这样的管理方式是不是很“中国”？苏东坡熟读《汉书》，当他读到此处时，会不会像我们一样问一声：黄支国究竟在哪儿？但他似乎并未这样问过。对汉初南越国赵佗与陆贾的那些故事，他当然熟悉，因为那些故事跟中原有关，而南越国的海外活动就史无记载了。

印度是个没有历史记载的国家，跟印度有关的历史几乎都要从唐三藏的《大唐西域记》开始寻找了。既然黄支国在印度半岛出现，那么首先就要去《大唐西域记》里检索一番，看看它在玄奘笔下的模样。域外学者藤田丰八和费琅等就这样做了。

他们的做法被中国学者认可。冯承钧在《中国南洋交通史》上编第一章“汉代与南海之交通”中，说他们“并以黄支当《西域记》卷十之达罗毗荼国都城建志补罗”，认为他们“立说较为可取”，还说“将来容有新说，然于黄支为建志一说似不易推翻”。他们的做法，将汉、唐联系起来，使之在文献上建立了一个相关的解读系统。

但我们的问题有所不同，不是问黄支国在哪里，而是问黄支国民俗何以“略与珠厓相类”？这一问，就问向了黄支国人的来历。他们从哪儿来？汉使节所见的黄支国人，究竟是达罗毗荼原住民，还是来自岭南和海南的南越移民？而这是藤田和费琅等人所忽略的，当然，也包括像冯承钧那样的中国学者，同样忽视了班固笔下的“相类”提示。

让我们回到奥古斯都接见赛里斯人的场景中，再问一问那些赛里斯人，你们究竟从哪里来，要往何处去？他们显然不是来自那个名叫汉朝的中国，因为汉史无载，也不是来自南海边上的那个南越国，因为那个南越国早已不在。他们很有可能来自印度半岛东海岸的黄支国，自称“赛里斯”，跟着贵霜帝国使者一起来到罗马。

那时的黄支国也有可能是贵霜帝国的一个属国，就如同当年的南越国为汉朝之属国，它当然包含了南越国的政治遗产，同时也受了印度文化的感染。

王朝中国第一次出海，就把黄支国作为目的地，可见其地位非同一般，最起码，应是海上丝路的地标国。它除了能沟通东洋与西洋的地利条件外，还要能传译东西方文化，还必须能同时得到中国、罗马、贵霜三大帝国认可，且与此行的目标有关。

王朝出海，政治挂帅，贸易为政治服务，变成了朝贡贸易，由原来民间的市场行为转变为王朝国家的政治行为。贸易商纷纷改变其商人身份，改以国家身份出现，转换其市场地位的交易角色，扮演朝贡国的角色，其目的是追求利益最大化。

商人追求利润，以利润为目标。武帝放舟入海，他要追求什么？当然不是为了王朝所好的那些奇珍异宝，而是另有其政治目标。目标何在？首先，就要将南越国的航线接管过来，重新打理其曾经放舟所至的海域，亦即对其政治遗产的外越部分做盘点，欲使之再度归汉。至于朝贡中王朝对珍宝的需要，并非一代王朝的刚性需求，而是王朝放长线以钓南海的政治诱饵，给外越之人一个怦然的财富心跳，一个令人神往的国家理由，使他们意识到自己还是华侨，欲将他们所在的沿海各国都变成中央集权的侨置郡县……但海洋的本质跟土地不一样，土地能被占领，可以变成王朝的一部分，海洋无法占领，拒绝被赋予王权属性，自由才是它的本性。

汉朝之于西域，可以设都护府管理，何以南洋不设？就因为海洋不宜。大一统的抱负，中央集权的企图，浮在海面上，终归落不到实处。如果王权筹海，只是靠让利来维持，却难以从中获利，久而久之，就会消失动力。王朝的耐心是有限的，赔本的买卖难以维持，一旦天朝上国的面子被拆穿，帝国对于海洋的国家行为自然就会终止。

天朝上国的面子，起先是意识形态的期许和政治文化的展示，却经不起时间的检验，在时间留下的痕迹里，难免有对天朝上国面子的玩弄、把持。我们看到了罗马皇帝接见赛里斯人和中国皇帝接见要求内附的罗马使团……他们勾连起来，从中国海吃到地中海，连出一条东西方海上文化带。

后来有所改变。徐继畬在《瀛环志略》“志南洋”中谈到了这一点。他说，西方对中国人的称呼，以汉通西域称“汉人”，以唐下南洋称“唐人”，这一转变反映了一种新趋势——“南海诸番之通中国，自汉始，而岭南之榷番税，自唐始”，唐以前，汉朝海通，还是一种朝贡关系，唐以后，已转向市场活动，设关收税，重在贸易了。

“文帝行玺”金印，南越王赵眜墓出土

龙凤纹重环玉佩，南越王赵眜墓出土

南越第一代国王赵佗趁秦末楚汉相争之际统一岭南诸越，于公元前204年自号南越王，建立南越国。公元前196年，西汉派遣特使陆贾册封赵佗为南越王，此后赵佗集合百越向汉朝称臣纳贡，表明百越并没有忘记华夏身份，同时向海洋发展。吕后掌权，赵佗反，称南越武帝。公元前112年，汉武帝派兵灭南越。南越国传五世历90余年。赵佗墓究竟在哪里？至今仍是个谜。1986年，第二代南越王赵眜墓被发掘，出土1000多件文物，皆为汉家礼制样式，其中主棺室出土了“文帝行玺”金印以及龙凤纹重环玉佩。

竞渡纹钺，高 9.8 厘米，刃宽 12.1 厘米，出土于浙江省宁波市鄞州区

船纹铜提筒，南越王赵眜墓东耳室出土

铜提筒船纹线图

竞渡纹钺是春秋后期的一种兵器，长方形銎，纹饰双龙昂首望天，钺刃部分为舟形，上坐 4 人，头戴大羽冠，双手划桨，作竞渡姿态，颇具诸越风格。

翔鹭纹铜鼓，中国（海南）南海博物馆提供

翔鹭纹铜鼓顶部平面，中国（海南）南海博物馆提供

翔鹭纹铜鼓展开图示

翔鹭纹铜鼓1976年出土于广西贵县罗泊湾1号墓。这是一座西汉前期具有代表性的大型墓葬。这件铜鼓鼓身主要有划船纹、羽人舞蹈纹和翔鹭纹，表现同舟共济的场景；其中还有大船、海龟、鲨鱼等形象，呈现了2000年前西汉南海沿岸的越人航海的景象。[引自中国（海南）南海博物馆展板]

蓝琉璃碗

罗马琉璃碗出土于广州市横枝岗。也许，这只罗马琉璃碗带着罗马人的气息，几经辗转，来到西汉时期番禺港口，登陆南越国的都城，这是中国目前出土最早的罗马玻璃器皿。汉籍多处记，海西大秦国宫室皆以水晶琉璃为柱。蓝琉璃碗表明了古罗马帝国的玻璃工艺之发达。而在广州越秀区解放北路象岗山上发掘的南越王赵佗的孙子赵眜之墓，也出土了相似的蓝色玻璃片。赵眜号称南越文帝，是南越国第二代国王。

02

汉越海派文化（上）

——游仙的海权意识

先秦时期，从会稽到琅琊，产生了“夷越海派文化”。秦汉以来，从番禺到琅琊，又形成了“汉越海派文化”。自从越国退出琅琊，不断南迁，越人终于找到了番禺复兴点。

当越人以番禺为起点下南洋、下西洋时，琅琊则以方士为主导，以游仙做号召，引诱王朝下海。先是徐福之于秦始皇，从琅琊出海，掀起了游仙第一次浪潮，汉武接踵，比秦始皇更有气派，分别从东、南两个方向出海，东洋游仙，南洋招安。

招安是政治，是国体政治，基于国家地缘政治需要；游仙也是政治，是个体政治，反映了君主专制的个体性的政治需要。对于帝王来说，不死是最大的政治。帝王要想不死，就得做神仙，而做神仙，就得从游仙开始。

中国的神仙与西方的神不同。西方思想以神为逻辑起点，神创世界，人是神造的，所以，人归人，神归神。不管是一神，还是泛神，都必须神人两分。而中国思想则不然，世界并非神创，而是自然形成。不管那自然是物质化的气，还是思想性的道，都是可以转化的。通过养气和得道，人可以不死，化为神仙。帝王之于人间，威权已极，唯惧一死，逃死向生，唯有游仙，因之而有方士出现。

方士在《周礼》中职掌狱讼，如法官，离神仙甚远。秦汉方士主要来自战国时期燕、齐两地，靠近滨海地区。《史记·封禅书》称之为"燕、齐海上之方士"，还说他们传受齐人邹衍阴阳术，属于阴阳家之流。《汉书·艺文志》追溯源头，说阴阳家"出于羲、和之官"，跟天文历法有关。刘向《别录》说邹衍"尽言天事，故曰'谈天'"，《史记·孟子荀卿列传》也说他好谈天，人称"谈天衍"，而《文心雕龙·诸子》则说他"养政于天文"，以"谈天"为方士来源。

除了"谈天"，"养生"也是方士之术的一个思想来源。"养生"有三方面：一是生理，二是心理，三是道理。由身而心，由心而道，从这三个方面去修行，便立了神仙根苗。于是，我们从庄子那里看到了从"心斋"到"坐忘"的"得道"之修炼过程，看到了正在从人向神仙转化的"真人、神人、至人"，看到了他们在《庄子·大宗师》里"入水不濡，入火不热……不知说生，不知恶死"的游仙。

另外，墨子的"天志明鬼"也为方士的鬼神世界提供了支撑。墨家对科学技术的追求也引导了方士们的实践理性。为了永生，除了"求诸己"的身体和精神的"内丹"修炼——"养生"，还要以"外丹"配合，这样就开始了"炼丹"的化学和药物学实验，形成了一个从开矿到制药的"炼丹"产业链，维系一个目标——永生。

永生是个终极目标，"瞻之在前，忽焉在后"，谁也主导不了。人都有一死，这是常识，而超越生死则是人的贪欲。当然我们也可以换个说法，把贪婪说成人性中本来就有的神的意志，对神的追求成了文明的动力。

人固然要有远大目标，但现实更为重要。在对永生的追求中，会留下一些现实的成果。例如《汉书·艺文志》将方术分为"方技"和"术数"两类，"方技"包括医经、经方、房中、神仙，"术数"包括天文、历谱、五行、蓍龟、杂占、形法。在史官文化外，又形成了一套方士文化。史官文化把儒学作为信仰，方士文化则产生了道教。

方士的世界是个连接世人与神仙的所在。人转化为仙，方士是关键。皇帝之所以为皇帝，非以一己之力，而是能任天下士。打天下用战士，治天下用吏士，欲致天下万世，当用方士，因为方士用长生不死的承诺，牵住了皇帝那怕死的牛鼻子。

要想长生不死，就不能像芸芸众生那样活在“举头望明月”的天下观里，而是要超越众生天下观，往神仙世界去。神仙世界不光有《山海经》里从山到海——从昆仑到蓬莱的世界观原型，还有着阴阳五行学说底色的“大九州”世界观的蓝图。

这蓝图由齐人邹衍描述，被转载于《史记·孟子荀卿列传》，乃针对中国而言，确认中国在“大九州”中居赤县神州，神州之内，又“自有九州”。此外，各州亦然，故“天下乃八十一分”，中国独得九分。这九分，都跟大禹治水有关，故曰“茫茫禹迹，画为九州”。楚简《容成氏》言，禹治水，通泾与渭，北注之河，以定雍州；通伊、洛，东注之河，以定豫州；决九河之阻，定冀州、兖州；通淮与沂，东注之海，定青州、徐州；通滹沱与易水，东注之海，以定幽州；通三江五湖，东注之海，定荆、扬二州。其水地名称同《禹贡》有异，我们参照《禹贡》做了调整。

汉初之作，《淮南子》中于“东南神州”外也并列有八州。杨树达认为，这来自邹衍的“大九州”说，还有纬书《河图括地象》，其言九州亦似《淮南子》，貌虽与之有异，实质上还是沿袭，也是邹衍的“大九州”说碰到了汉代的回音壁。

汉人采纳其言，且与《山海经》传说相对照，发现《大荒南经》中有“不死之国”，《海内经》中有“不死之山”，《海外南经》中有“不死之民”。

汉代重经学，却好纬学。经学立于国家庙堂，多做政治招牌，用儒生“以正治国”；纬学则深居帝王密室，解读天命暗号，故用方士“以奇通神”，引导帝王安身立命，往“不死”处去，重启天下“不死之国”“不死之山”“不死之民”。

汉人把《山海经》与“大九州”联系起来，从昆仑到蓬莱，从河源到瀛海，兴起了方士游仙的世界。那是一个像“穆天子与西王母相会”的传说与传奇交织的想象空间，还是像张骞通西域发现昆仑山可以通过考证还原的历史存在？在方士那里，此二者或已兼容，神话存在与历史存在被统一起来，而统一的方式就是游仙。张骞通西域，当然不是游仙，但武帝神往昆仑，心驰西域，天马踏燕，却似游仙。

除了通西域，定昆仑，武帝还以神话与历史交错的方式——游仙，为王朝中国出海开辟了一个大航海时代。中国历史上，自先秦以来就有的两大边患——北匈奴和南百越已被他解除。他把匈奴人赶到世界屋脊的西边去了，将百越人赶下了南海。

秦始皇帝没能做到的，汉武帝做到了！兼并六国算什么？那都是打理中国内部的事，要能开疆拓土，扫除北狄南夷，才是真正的千古一帝！

汉兵入越，徙越民于江、淮，亦有越人“亡入海”，去做水上流民，为外越后浪，同外越之人相呼应，但汉却不能像在西域那样，设个都护府来管理他们。

他们不接受中央集权，不做郡县制里的户口，宁愿在海上漂流。但他们毕竟是华夏族裔，大禹之后，勾践的谆谆教导还留在心头，怀里还揣了个赤县神州。因此，他们算是最早的华侨，带着对文化中国的认同，在海上眺望“大九州”，发现《禹贡》里江河环绕“小九州”，而“大九州”则被海洋“瀛环”了。

他们航行，或沿海岸线，或驶向海岛。若远洋，往东南亚去，他们引来南洋、西洋番邦，同汉朝做朝贡贸易；往东北亚去，则同燕、齐方士一道说服皇帝，因为，谁能比他们更熟悉“大九州”里的游戏？当活在中国式天下里的汉人还在那个小九州及其附属的“四海之内”的格局里自我中心化时，他们早就知道赤县神州不过是“大九州”的九分之一。没有人比他们更清楚中原在“大九州”里的位置。李白诗里说的“海客谈瀛洲”的“海客”，指的就是他们。

他们不是“海内之人”，不在先秦以来就已形成的那个“天下—海内”的格局里，而是“海外之人”，位于茫茫大海之中，被无边无际的流动性所包围。“有大瀛海环其外，天地之际焉”，这样的空间属于神仙，不属于王权，属于神话，不属于历史，从未有过历史地理标记，怎么打扮都可以，尤宜于扮成游仙胜地，还有仙药、仙女……方士为他们鼓吹，吹出“海上仙人”谱系；他们为方士托底，配合方士为王朝下海做局。

他们之中，名之尤者为安期生，或曰其琅琊人，活了一千年，已经活成了神仙。《史记》里面有三处提到他，其中《乐毅列传》说乐毅后人跟他学黄老术。

黄老术因地制宜，其于秦、晋，为刑名法术，而有申、韩之学，其于燕、齐，则为阴阳五行及方士之术，使老庄之学神仙化，化为方士与道士之学。

安期生在燕、齐之地，传黄老之术，求学于河上丈人，授学于毛翕公。毛翕公教乐瑕公，乐瑕公教乐臣公，乐臣公教盖公，而这位盖公则教了曹参相国。

《封禅书》也提到他，记载了方士李少君对武帝说的一番话。先说了“祠灶”——祭祀灶神，说“祠灶则致物，致物而丹沙可化为黄金”，这样说来，“祠灶”就是炼丹——将炼金术神化，不但能炼成黄金，若以之为器皿来饮食，还能益寿。“益寿而海中蓬莱仙者乃可见，见之以封禅则不死，黄帝是也。”所以，要从“祠灶”开始，炼丹以取黄金，制器以为饮食，先要打个“益寿”的底子——用黄金养生，然后才开始游仙。原来，游仙也要有个“金本位”。

接下来，李少君就提到了那位海外游仙成功人物——安期生：我游海上，见过安期生，他吃的枣子那个大呀，大如瓜！他是个仙人，知道蓬莱在哪里，常来常往，但他“合则见人，不合则隐”，是难得一见的仙人。

故天子亲祠灶，化丹沙以为黄金，遣方士入海寻蓬莱安期生。

李少君死后，武帝不疑，“以为化去不死”，使人“受其方”，同时，派人寻求“蓬莱安期生”，虽“莫能得”，但燕、齐海上方士“来言神事”者更多了。来者之中，有方士栾大，自言其海通安期生。帝宠之，赐黄金美女。然寻仙不至，耗财无数，骗局将败，则以谎言救之。谎言一破，无可救药，帝诛之。

除了《封禅书》和《乐毅列传》,《史记》里的《田儋列传》也提到安期生，有所不同的是，前二者说他是术士，是黄老学派中趋于神仙方术的一支，而后者说他是策士。《汉书·蒯通传》的说法亦与之相似，称他为“安其生”，说蒯通“善齐人安其生，安其生尝干项羽，羽不能用其策，而项羽欲封此两人，两人卒不肯受”。

对此，东坡诗曰：“安期本策士，平日交蒯通。尝干重瞳子，不见隆准公。”那“重瞳子”便是项羽，而“隆准公”即指刘邦，由此可见安期生的政治立场。作为历史人物，他在战国时就以传承黄老之术的术士面孔出现，而且在楚汉相争中选边站，站到了项羽一边，却又不为项羽所用，从此，不在小九州里争天下，而在大九州里游仙。

《列仙传》里有神仙约七十位，其中就有一位“安期先生”，说他是琅琊人，在海滨卖药，人称“千岁翁”。在《列仙传》里以方士亮相，和在《汉书》中以策士出场，尺度就是不一样。对于神仙，要用神话尺度，千岁是个起步。

项羽所见的乃蒯通之友，是个普通人。秦始皇看到的是“千岁翁”，交谈了三个昼夜，赐以千万金，却遗留故土，留书曰：后数年，求我于蓬莱山。秦始皇派徐福等人入海，求之不得，本以为他从此消失，没想到，皇帝死后，他却在楚汉相争的历史场景里出现了，不是作为神仙，而是作为历史人物。这便是中国传统里的神人二重性。神话与历史就这样交错着。

《列仙传》提出了修道成仙的三种方法：食药成仙，养气成仙，积德成仙。安期生“卖药于东海边”，看来属于食药成仙，不过，“赞语”里又有“保气延生”和“聊悟秦始”两句，可见其养气和积德也有了。养气就不必说了，他究竟积了什么德？

他跟皇帝聊天——“聊悟秦始”，被赐以金璧，成千上万，他都留在琅琊故土阜乡——“遗宝阜亭”，以便造福乡民。而更大的福祉，则是由他启动了皇帝游仙，以及由之而来的徐福东渡，为追求自由逃离郡县制的水上流民，带来了财源滚滚的福音。

以游仙为名，王朝中国下海，那真是“无边赏赐纷纷下，不尽财源滚滚来”，沿海方士与水上流民一道，营造一条游仙的来龙去脉，发了数不尽的神仙财。若无这样一条游仙的财路，那些夷越遗民岂不早就做了倭寇？

我们不知道安期生对项羽说了什么，让我们试着来猜想一下吧！

他也许会说，楚汉相争，得百越者得天下，得琅琊者得百越，而他就是琅琊人，得他就能得琅琊。可那时项羽正打胜仗，对用人不在意，只对自用有兴趣。

果然，百越复兴，瓯越、闽越、南越诸国兴起。项羽不用，刘邦用，致使项羽一败，便无路可退，“至今思项羽”。就应该想一想，项羽为何“不肯过江东”？江东是吴越之地，项羽起兵就在此地，他带领着江东子弟兵。有人说，他“不肯过江东”是无脸见江东父老，不能衣锦还乡，只好一死战场。这只是一面，是他个人心情的一面。还有另一面，客观形势的一面，那就是他回不去了，因为他拒绝了百越之人，越人已转向刘邦，他只能在两淮间决一死战。

汉初，安期生再也没有露过面。作为历史人物，他已被终结——载入《史记》与《汉书》，可作为神仙，还有传说在流传，以至于武帝多次出海都跟他有关。

武帝出海为何要打他的旗号？因为他是秦汉之际中国夷越海洋文化的代表，是茫茫大海上那些人数不知到底有多少的水上流民世世代代追随的龙首。要知道，匈奴骑射犯境，武帝亦从未去巡游长城，何以要一次又一次巡海？果真跟那蓬莱神仙有关？跟那不死之药有关？权力需要不死的仙药？

此外，行使权力还需要有个国家理由，武帝巡海的国家理由是什么？这恐怕就跟太史公说的“起事于东南，收成于西北”的中国历史运势线有关。汉居西北长安，根本却在滨海东南，西北用兵要靠东南财赋，东南半壁未定，都城长安难安。君不见，那一次吴楚七国之乱，差一点就搞垮了长安，颠覆大汉。

陆防、海防，秦汉以来就有。陆防要据河套，扼住匈奴咽喉；海防应驻琅琊，抓住百越龙头。陆防有边疆，可筑长城，大海无疆，自由无防，唯有游仙。所以，武帝巡海打的都是游仙的牌，既能适应自我神化心理需求，也可以满足沿海居民和海外流民的生计需要。他在位五十五年间，至少有七次出海，每一次都要抛金撒银于海上，制造财富狂欢。别以为皇帝只是在玩过把瘾的神仙游戏！游戏有对国防的推动，有与之相关的国防工业的发展，如出海之于造船业，炼丹之于铸铁业。

汉代造船，多造“楼船”，并以之为水师名。水兵曰楼船士卒，将校也冠以“楼船”称谓。船高十余丈，船体分三层，刘熙《释名》曰：第一层“庐”，“象庐舍也”；第二层“飞庐”，“在上，故曰飞也”；第三层为“爵（雀）室”，“于中候望之，如鸟雀之警示也”。作为战船，三层都有女墙防卫，蒙以皮革，以御矢石，以防火攻，且为射击掩体。据《史记·平准书》载，汉造楼船，盖因“越欲与汉用船战逐”，故武帝令于“八水绕长安”的上林苑内凿昆明池，起楼船，观水师，示与诸越决一水战。于是，昆明池中，旌旗招展，不时有楼船出现，有时多至百艘。

汉代水战，一如其驰骋大漠，长驱万里，也是纵横四海，所向无敌。本来汉家军备，马逊于匈奴，船不及百越，至武帝时，汉骑不仅配以马鞍、马镫、马蹄铁，执大漠牛耳，汉水师也以楼船，过江出海，居高临下，取得了压倒性的优势。

汉水师计约 20 万。据说一场战斗可出动楼船 2000 多艘。可楼船是战船，不能用于皇帝巡海游仙，更何况上林苑本是皇家园林，凿个池子，一展水师，乃广告天下，欲对越用兵也，不能真的把它当作水师基地，其实它更像是游仙基地。

有灵沼神池，似天河倒影，有如仙境，或曰尧时理水曾泊舟于此，还刻石为鲸，长三丈，每逢雷雨辄吼，吼时须尾皆动，又立牵牛、织女石于池之东西，以象天河，池中央设立豫章观，亦名昆明观，帝御之，临观焉，驾龙首船，令宫女泛舟……

其始凿池，期以伐越，以习水战，中有楼船，上建楼橹，又有戈船，上施戈矛，然此于苑内，终非上林本色，故鼓鼙之声方歇，鼓吹之音又起，军阵之乐才罢，宫观清音又至，战士摇橹，宫女棹歌，楼船之外，更有豫章大舡，军演之外，还有游仙。

豫章大舡比楼船更大，据《太平御览》说，可起宫殿，置万人。这就比希腊化时期那艘托勒密巨舰还要大了。那是一艘四十列桨的双体战船，普鲁塔克在《希腊罗马名人传》中提到了它，说它长128米，有桨手4000名、帆手400名、士兵2850名，船员共计7250人。若按人头一算，托勒密巨舰就比豫章大舡差得很远。

所谓“豫章大舡”，也就那么一说，没个具体数字。有人不信，转述《酉阳杂俎》的说法，以“汉时有豫章船，一艘载一千人”提出疑问。但这里说的“豫章船”，似乎是在泛言豫章所造之船，而非特指“豫章大舡”。以此言之，谈不上质疑。

汉代“一艘载一千人”的船，大多是楼船。豫章为当时水师基地，也是造船基地，故其所造之船多为楼船，这跟它在江南的地理位置和战略地位有关。

汉伐越，有两地最为重要，诸越地域分布，由东南而西南，从甬东到北部湾，经由瓯越、闽越、南越直至越南，所以，汉要有东南和西南两个地缘政治的抓手。一手抓西南，抓手即昆明池，故凿之于长安。汉时所谓“昆明”，非地名，乃族名，为西南夷族群之一支，聚族于滇池边而居，故称其所在地为“昆明池”。另一手抓东南，抓手为豫章，故设楼船军于豫章，以杨仆为楼船将军，同时，也设豫章观于昆明池中央，并以豫章大舡为大汉巨舰、巡海浮宫，不仅以之能战——“控蛮荆而引瓯越”，还以之能游——“襟三江而带五湖”，以游仙宣示大汉制海权。故伐越时，以路博德为伏波将军出桂阳，由西北路，水、陆并进，直抵番禺，另以杨仆为楼船将军出豫章，溯赣江而上，过大庾岭，入海，从东南方向，经由沿海，会师番禺。楼船先至，围而不打，断南越海路，以待伏波合围，两面夹击，一举灭之。

南越国灭，民流于海，尤其外越，更是放浪于海外。若论倭寇源流，南越流民以及外越之人当为其中一脉。武帝游仙，除其自我意识外，还有这么个以游仙招徕流民以巡海肃清海疆的国家理由，所以，明知方士多骗子，他也赐金赏银，乐之不疲，以此为海外流民留一条财路作为脐带，维系着他们与大陆母体不弃的血缘和地缘情怀。

南海搞定了，还有北洋。据说他七次巡海，一次也没到南海，这当然跟游仙的目标有关。蓬莱在东边，不在南海，也跟地缘政治有关，因为北洋还有隐患，在大汉天子的海岸线上，居然还有一个国家在探头。就在朝鲜半岛上，那国家扼着渤海湾通往日本海的游仙的咽喉。如果它向漂泊的水上流民招手，让他们去做倭寇，那真是不堪设想！要将朝鲜半岛上那颗地缘政治的钉子拔掉，免得它将水上流民变成倭寇。

武帝巡海，以游仙开头，东临齐地，竟有上万人来言海上故事。帝以大船队载数千人赴蓬莱，其本人则御驾那巡海浮宫——豫章大舡，沿着环渤海湾巡行。巡行了两趟以后，他就出手了，从山东和辽西水、陆并进。水师统帅还是那位楼船将军，适逢朝鲜内乱，将其一举拿下，不设属国，改立郡县，分为四郡管理。这样，他就把从渤海湾到北部湾的18000多千米的陆岸线的海权统一起来了，将中南半岛和朝鲜半岛这一南一北两个半岛也用中央集权的长臂管辖起来。

至于岛岸线，他就管不到了。那里的海权就用游仙和朝贡贸易的影响来维系。后来他觉得维护成本实在太高，游仙也已经游不动了，就对群臣叹息道：从前我愚惑，为方士所欺。天下哪儿有什么仙人？全都是妖妄！还是节食服药，少得点病就行。他一张一弛，能收能放，拿得起放得下。这是他跟不到蓬莱不死心的秦始皇帝不一样的地方。

楼船纹铜镜船图（线图），出自《中国古船图谱》
（王冠倬编著，生活·读书·新知三联书店，2000 年 4 月）

春秋后期，越国已经开始建造楼船。越国迁都时，就曾发动“楼船卒二千八百人伐松柏以为桴”。越灭吴后，越王勾践迫使大夫文种自尽，派遣三千楼船卒将其安葬于卧龙山。楼船在汉代发展为水军之总称。

据《中国古船图谱》记载：“目前见到的汉代楼船图像只有两种。一种是汉楼船纹铜镜的背饰船图，船体并列成双，船后部有双檐高层楼阁。另一种是刻在汉代广州城砖上的楼船图，不但有重檐亭阁，而且有帽形帆。”不过，昆明池里的楼船“豫章大舡”和十层赤楼帛兰船的真实场景，难以再现。迄今为止尚未发现汉代楼船实物，只能借助于《越绝书》、《汉书》或《后汉书》等文字叙述想象它们了。

楼船画像砖船图（线图），出自《中国古船图谱》
（王冠倬编著，生活·读书·新知三联书店，2000年4月）

公元前138年，闽越起而反汉，汉武帝派楼船出兵镇压。那时庐江（今安徽舒城）、豫章（今江西南昌）、寻阳（今湖北黄梅西南）、会稽（今浙江绍兴）等都是汉朝重要的造船基地和楼船军驻地。

为控制南越，公元前120年，汉武帝仿滇池在长安西南挖建了方圆四十里的昆明池，打造楼船，训练水师。据载，豫章大舡“高十余丈，旗帜加其上，甚壮”，还“可载万人，船上起宫室”。显然夸张，但即便二三丈、千人之船亦足以令人惊叹了。

《释名》对楼船上层建筑介绍如下：“其上屋曰庐，象庐舍也。其上重屋曰飞庐，在上，故曰飞也。又在上曰爵（雀）室，于中候望之，如鸟雀之警示也。”这种有多层建筑和攻防设施的大型战船，外观似楼，故曰楼船，就像一座水上堡垒。

03

汉越海派文化（下）

——琅琊方士的转化

武帝一死，游仙就停止，上林苑中，昆明池里，也不再操练水师。随着道教兴起，滨海地区的方士也被组织化了，改称道士。陈寅恪在《天师道与滨海地域之关系》“引言”中曰，东晋孙恩之乱与滨海地域之关系，“旧史纪之已详”“为世人所习知”，但若由此上述至后汉下言及南北朝时，论此三百年间天师道与政治，则自寅恪始，以为三百年间之动乱，策动于此滨海地域。

我们认为，乱之缘起于方士向道士转化，转化之枢纽，就是琅琊。秦汉方士原本走上层路线，以琅琊为据点，拉动王朝出海，引导帝王游仙。因为游仙难以为继，方士遂告破产，转而与庶民社会结合，向道士转化，走向民间，从海外转向海内，从海岛转入山林，从仙界走向民间，发展道教。

而其始作者，便是琅琊人于吉。起初，他也走上层路线，后汉顺帝时，他让弟子宫崇上其“于曲阳泉水上所得神书百七十卷……号《太平清领书》”于朝廷，书“其言以阴阳五行为家，而多巫觋杂语”，显然，还是当年方士那一套，所以被朝廷目为“妖妄不经”。

其时，儒学独尊，百家难以在朝廷安身，黄老思想告退，流落于江湖，于吉便拿来同齐地阴阳五行学说结合，并与民间巫术同化，搞了这样一本黄老道的《太平清领书》。于吉还像当年方士那样，用了神迹包装，诱惑皇上。但后汉不是前汉，顺帝不是武帝，他不必巡海，也不想游仙，他的内心世界早已被一本《孝经》屏蔽，哪里还有好奇心去关注外面的世界？他的命根子也被握在外戚和宦官的手里，更无余力去做朝廷外的事情，活不过三十岁还谈什么游仙？

官场受阻，方士之路走不通，于吉就到民间去，立精舍，修道场，制作符水，治病救人，往来于琅琊与吴会之间，向道士转变，流风所及，汉高故里，沛丰之地，本就是汉家黄老学说的渊薮，被他形式化和仪式化，开始向道教转化，转化出了道教宗师。

于吉只是开了转化的头，创教者别有领袖，如天师道师祖张道陵。张道陵为汉留侯张良八世孙。汉封张良"留"地，乃以其与刘邦相逢处为留念，就在今徐州市丰县，其子孙便"留"于丰地繁衍，其中一位便是张天师。

张天师与于吉大约同时，顺帝拒绝了于吉，却要留用天师，非以方士，而是以博士。但天师就是天师，不是官身能留住的，他有自己的去处，天师要有天府。他未回老家创教，而是往西南方向游走，比诸葛亮还早，一如当年汉高祖，他率先入川了。

对汉家龙脉的了解，得之先祖真传，看来作《隆中对》的诸葛也只能算是他的后生。他入川时，尚不知有这样的后生。他的道术也源于先祖。至于是否影响了于吉，或受了于吉影响，我们不太清楚，但他们均由同一方水土所生，都被黄老风气所化，则是显而易见的，而且据说他们都活了百来岁，天师比于吉多了一位术士先祖。

天师先祖张良是个侠士、策士、术士合一的复合人物。汉定天下后，他不愿在君臣关系中扭曲自我，不愿意在朝廷中被官身束缚，便同赤松子隐游，往方仙道去了。子孙受他影响，也往术士方向发展，所以，在天师家族传统中，就多了一份道术遗传。其父大顺，好道术，称"桐柏真人"，曾客居江南，宿天目山中，妻感北斗而孕，遂归沛丰生子，名曰"陵"，字"辅汉"，欲其追远先祖，既"辅汉"以用世，又登"陵"以成仙也。葛洪《神仙传》中，言其早年曾“为太学书生时，博采五经”，晚乃退身“学长生之道”，行走于河洛之地，炼丹北邙山中，时“值中国纷乱，在位者多危”，汉已式微，“陵”避乱世，葛洪说他“退耕于余杭”。他不是去了龙虎山吗，怎么说是“余杭”？

龙虎山位于今江西鹰潭，昔时却因其处于江西与江东之间，地近“余杭”，故略言之也。山名“龙虎”，或谓其山势环抱，状若龙盘虎踞，或曰其山原名云锦，“陵”于此炼丹，“丹成而龙虎见，因以名山”，“陵”于龙虎山中修道三十余年。其间，于吉游走于海岱与吴会之间，而河北则有张角之流。张角受了《太平清领书》的影响，兴起了太平道，发动黄巾起义，提出了“苍天已死，黄天当立”的口号，结果，当然是被镇压了。而于吉活动的地理空间，三国时期多半属于吴国地盘，结果也碰到了参与过镇压太平道的东吴小霸王孙策。孙策以其高度的政治敏感性，从于吉身上嗅出了异端政治的味道，不由分说，谁劝都无用，一味霸悍，将其杀了，众人却道尸解而去。

“陵”之所在两江地区也是东吴地盘，道教在此已难以开展，而且其身家也不怎么安全，故其于龙虎山中放眼天下，也许想到了他那位“运筹帷幄之中，决胜千里之外”的先祖，想到了汉之所以为汉的根本之地——汉中。先祖张良就曾建议刘邦接受汉王封号到汉中去，他何不遵循先祖遗教，追寻先祖遗迹，也率弟子入蜀去?

入蜀后，他并未直奔汉中，而是先在鹤鸣山隐居。山不高，也不奇，在他来创教之前，这里曾为异人修仙地。广成子于此跨鹤飞升，老子后人也曾养鹤于此。他隐居于此，难道就是为了有朝一日能与老子相遇？果然如此。葛洪在《神仙传》里这样说，说他在山中“既遇老君，遂于隐居之所，备药物，依法修炼”。炼了三年，神丹已成，葛洪说他“未敢服饵”，为什么这样说呢？那是因为他“若服之，当冲天为真人”，就会离开人世间，冲举而去，可他一想到自己“未有大功于世”，还有遗憾，所以便决定先“为国家除害兴利，以济民庶”，了却一番人间事，然后再服神丹，如鹤冲天，轻举云霄，到那时，“庶无愧焉”。

创教要以思想为指导。思想来源于老子，但老子属于道家，不属于道教。老子是思想家，不是教主。所以，要对老子进行改造，把老子改造为太上老君，将一家之言的思想者变成一个宗教的祖师爷。欲知其所下的功夫，可见他作的《老子想尔注》。正如于吉搞了本《太平清领书》，他也搞了本《老子想尔注》，没于吉搞得那么复杂，只是在《道德经》里做些加加减减的工作，或以注解的方式重新进行解读。他没说那《老子》是他注的，说是“想尔”注的。那“想尔”是谁？或曰为仙人。《云笈七签》里说其实就是他本人，找个仙人来做托，除他之外，再无第二人来认领。当然也有人说，作者是他的孙子张鲁，那也是个绕不开的人物。饶宗颐就这样认为——“当是陵之说而鲁述之；或鲁所作而托始于陵，要为天师道一家之学”，亦即“陵初作注，传衡至鲁”，由张鲁“更加厘定”，而为“系师定本”，“流行于蜀中”。

《老子想尔注》早佚，《隋书·经籍志》无载，《道藏》未录。清末有敦煌本《老子道经想尔注》问世，据考，系六朝钞本，卷自《老子》第三章“不见可欲，使心不乱”始至第三十七章“不欲以静，天地自止（正）”终，计580行，注与经，行文连写，字体不分，章次无别。该卷于1905年失窃，为斯坦因所得，现收藏于大英博物馆。

今人饶宗颐据《老子河上公注》对《老子想尔注》重新做了分章排列。或曰“道与世降，时有不同”，自韩非“解老、喻老”以来，老子成了时尚——“圣之时者也”。汉人有“汉老子”，晋人有“晋老子”，唐人有“唐老子”，宋人有“宋老子”。

“汉老子”中，除了韩非留下的那个刑名法术的老子，还有个神仙方术的老子和宗教神学的老子。《老子河上公注》就是用方术解读老子的方士本，而《老子想尔注》则是用道教训注老子的道士本，这方士本和道士本的“老子”合起来，就是个“汉老子”。

“汉老子”所采取的思想路线，显然是一条神化老子的神学路线。“河上公”是燕齐方士代表。秦汉以来的方士，似乎都出其门下，连汉武帝求见而不得的安期生也是他的弟子，所以，汉方士将“老子注”寄托在他名下。而“想尔”，既未有历史记载言及，也没在《方士传》和《神仙传》中提起，找不到一点历史传承和神话传说的痕迹，倒像是为了创教而专门定制的，我们不妨把它看作张陵的笔名。这个笔名，张陵开始用，儿子张衡接着用，到了孙子张鲁还在用，待用到“晋老子”问世，方士和道士的老子被名士老子所取代，思想路线也发生了从神学向玄学的转变。至此，“想尔”这个笔名就没人继承，也没人提起了，回到龙虎山中便销声匿迹。

《老子想尔注》是道教的思想建设。为了传教，张陵和他的子孙们没有照本宣科地去解读老子，而是对老子搞了修正主义，该删的删，该改的改，反正他们的道众多是平民，也没有读过老子原典，所以，他们把老子改造成太上老君。

《老子河上公注》中，老子还是那个老子，虽然根据方士的需要朝养生和游仙的方面发展了，但它还是在原文的基础上逐字逐句做解读，这是因为，它所面对的是精英阶层，而非平民。它的目的是引导精英游仙，而非教化民众信仰。

所以，道士需要组织，要有个看得见的社会存在的形式。而方士则反之，最好是“神龙见首不见尾”，不露行迹于人，唯留传说在世，如“老子犹龙”之谓。而道教则必有组织建设，以成其社会形态，实现其政教理想。

如果说道教的思想建设是在老子思想的基础上加以墨子“天志明鬼”的改造，那么道教的组织建设即以墨子的“钜子”集团为原型从士人团体转为群众团体。

史志言道祖张陵与《神仙传》不同。在《神仙传》中，张陵是一位炼丹成仙，却要留在世上救国救民的得道之人，就像是佛教里的菩萨；在史官笔下，他成了“造作道书以惑百姓，从受道者出五斗米”的“米贼”，以至于陈寅恪在《天师道与滨海地域之关系》一文中也沿用了“米贼”的称号，谈道教源起而有“黄巾米贼”的说法。史载，“陵死，子衡行其道”。

此张衡，不是那位发明家张衡，其与张角同时。或曰，其时“妖贼大起”，“东方有张角，汉中有张修”。还说“修法略与角同”，也就是说五斗米道与太平道的做法差不多。裴松之认为，这位“张修”就是张陵之子张衡。衡以治病，组织道众，其治法，除“以符水饮之”外，还使病者处静室思过，且以鬼吏为病者请祷。其请祷之法，乃“书病人姓名，说服罪之意，作三通，其一上之天，著山上，其一埋之地，其一沉之水，谓之‘三官手书’，使病者家出米五斗以为常”。衡死，其子张鲁于汉中行政教合一，以鬼道教民，自号“师君”。初来学道者皆名“鬼卒”，受道有成，则为米师，称“祭酒”，各领部众，以“治”为单位，治病救人，部众多者，为“治头大祭酒”，有如神父，听部众忏悔，令病人“自首其过”。人言中国无忏悔传统，是不知也，非无有也，米师义教即忏悔也。祭酒于“治”内做义舍，舍有义米肉。路人可以免费食用，但不可多取，若贪多，即责之。对于犯法者，先以“三原”，听其忏悔，容其改过，仍不自新，然后行刑，故其之于“治”也，不以刑政，非以吏治，而是以师教，由祭酒用鬼师之道来教化，史曰“民夷便乐之”，可见其道众——“鬼卒”——不但广有汉民，还多有西南夷，以此雄踞巴蜀、汉中“垂三十年”。

此祖孙三人，张陵之于思想建设，张衡之于组织建设，张鲁之于政权建设，各有其成。宗教有抱负，但凡据土与民，无不追求政教合一。各派宗教，于此皆然，可绝少有追求教主世袭制的，有之，独此五斗米道亦即后来的天师道，为绝无仅有之一例。

中国有两大家族，一为孔子世家，已历七十余世，另一为张良世家，也经历了六十多代。孔子作为儒家学派创始人，为万世师表，一以贯之。而道教鼻祖张陵则父传子，子传孙，代代相传，至今未已。然其为天师，亦须王朝来封，有的朝代封，有的朝代不封，元朝封了，明朝就不肯封，如朱元璋就说“天岂有师焉”？还是当你的“真人”去吧！

三　吴越海通时代

01

桃源水浒亦山越

吴越，不是先秦吴国和越国，而是三国东吴与山越和海越。天师道徒众，其中有一部分就参与了山越和海越。

当时，道教的发展已显露出三分天下的趋势。张角在北方发展，后来属于曹魏地盘；于吉游走于东南吴会，也成了东吴范围；张陵往西南去，做了蜀汉先驱。相比之下，诸葛亮《隆中对》也算不得什么先知先觉。刘备和诸葛亮是跟在道教的后面入川的。道教三支，张角最强，故先亡，其次便是于吉，一头撞到了孙策的枪口上，保留下来的唯有五斗米道。张鲁虽败而降，但其教尚存，教徒也随他北迁。

然而，张鲁之子张盛却潜回龙虎山中，开始了从民间五斗米道向官方天师道的转变。毕竟还在东吴地盘，有琅琊道士于吉的前车之鉴，他便在山中隐居起来。

因此，我们在东吴很少看到有关五斗米道的信息。道众隐于山中，就如同当时的山越，尽量避免引起东吴政府的关注，免受其管辖。其既不像于吉那样招摇于上层，也不像当年五斗米道那样行走于群众之间，偃旗息鼓，退出历史舞台，在东吴留下了空白。由此可见，吴国对道教管控甚严。自于吉尸解，其道众也风流云散，或逃山中，参与山越，或遁入海，转为海越，成了吴国隐患。吴受制于此，而难以进取。

东吴形势，不但有干戈附背于沿海一带，还有祸患腋生于丛山之中，虽欲北伐，亦曾多次尝试，但兵至江淮，即因内有牵掣而掉转马头，故其相持时，难以持久，唯有划江北守，将其用兵方向转向境内之山越海越，围山收服山越，巡海安抚海越。

其时，山越分布范围东起于海，西抵湘江，北临长江，南达交趾，覆盖了中国南方六大方言区，包括吴方言、赣方言、客家方言、湘方言、闽方言、粤方言。这六大方言都是在江南土语的基底上沉淀了各个时期的北方话以后形成的，那土语当然就是古越语。

山越之中，除了原有那些败入山中的古越遗民作为本土山越，还有很大一部分是不同历史阶段上的外来人，他们或逃难，或避乱，或占山为王，或聚族而居，成了后来客家人的先驱。有所不同的是，山越时期，还是本土山越占主导地位，到了客家时期，本土山越已融入六大方言区系，不再是外来人被山越化，而是本地人与外来人互动了。

谈起中国移民史，衣冠南渡总是一个优先话题。一般来说，都会提到永嘉之乱、安史之乱、靖康之难那三次。那三次当然很重要，不然它们也就不会在历史上一再被人提起，以至于普及为历史常识。可一旦成为常识，思想反而容易麻痹。历史上还真就没人问一声：天下那么大，四面八方，四通八达，士人往哪儿去不行，为什么偏要跑到江南去？为什么想当然认为江南人接纳他们就如同天经地义，这是哪里来的底气？

中国士人都是用玉文化培养出来的。往远说，我们可以说到文化中国的来源上去，说到国家起源入口处江南良渚玉文化上去；靠近一点，我们还可以讲一讲泰伯奔吴起事于东南、武王伐纣收成于西北的革命传说，说一说接踵的吴越春秋和楚人问鼎以及“三户亡秦”史话。从它们留下的政治文化遗产中，我们便可见中原与江南同根。因此，我们能得出这样一个结论，那就是中原是中国心脏地核，而江南则是中国魂的根据地。

再近一点，我们就应该说到东汉末年那有点扑朔迷离的江南山越。山越虽以本土山民为主，但也有外来者加入。秦、汉之交的乱世，中原士族和流民为避乱，或逃难，迁徙而至，从大河上下到大江南北，择地而居，脱离了中央集权的郡县制户籍管理，在山中隐逸，与山越同栖，开启了中原官话与江南土语的磨合。六大方言区系的出现，就是官话和土语磨合的文化成果，而有了这样的成果，才为后来三次衣冠南渡打好了底托。

有人说，南方六大方言中，吴语资格最老。吴语始于泰伯奔吴的句吴时期，而“楚语和吴语曾被看作同一种方言”，这也就揭示了江南土语的一个老底子，那就是吴楚方言。此外，我们还要指出南方方言的另一个老底子，即从岭南到海南、从杭州湾到北部湾、从会稽到琅琊那曾经流行还在演变且与官话相向而行的吴越古语。

六大方言就是北方官话与这两个老底子互动形成的。我们知道，中国北方其实没有方言，要说有，那也只有一种统一的方言，即北方方言，实际上，就是北方各地的人用各种不同的声调说着同一种官话，从河北说到江南，从河洛说到江淮，说着说着，腔调就变了，变成了江淮官话，官话的标准也变了，从中原正音变成了金陵雅音。

方言是人行止于一方风土中，以血缘和地缘为纽带自然形成的。官话则不然。它是由国家通过行政权力颁布、靠政治和经济力量驱动、以文字为依据可以书写的制度化语言。国家统一，要求语言也必须统一，官话就代表了这样的统一性。能在官话大一统中保留本土方言，说明这方言中有一种独立之精神，显示了高度的文化自信。当我们向官话敬礼时，别忘了也向方言致敬。

由此方言造就的人文地理空间与自然山川同构，表达着一种追求，六朝人在此“人与山川相映发”，说着江淮官话和吴越古语——“我与我周旋久，宁做我”。

从庐山到会稽山，在赣方言与吴越古语的互动中，形成了江南诗意流动的空间。当说着赣方言的陶渊明向我们讲述“桃花源”传奇时，那扑面而来的便是山越文化理想。桃源中人，为避秦乱，隐于山野，竟然不知有汉，遑论魏晋了。我们不能说他们是非历史的存在，因为他们只是不在王朝中国和王朝史观里存在，而是在文化的江山里存在。

为什么赣鄱流域的江西风土会产生“桃花源”理想？我们可以尝试着从春秋以来的赣方言状况中去理解。有人提到江南本来有个吴楚方言共同体，“然而一把刀子从吴楚之间插了进来”，“这把刀子就是赣方言”。

赣方言的出现与江西“吴头楚尾”的地理位置有关。江西原本就位于吴、越、楚交界处，被认为是个“三不管”的空子：楚不管、吴不管、越不管。

“桃花源”里的桃花，也只有在“三不管”的空子里才能“落英缤纷”……以方言为契机，我们不妨问一问：那桃花源人，他们说着什么语言？是那三合一而又三不管的新兴赣方言，还是那带着“独立之精神，自由之思想”流浪而来的客家方言？此二者，皆有可能。

这个“三不管”的空子不仅是本土赣方言生长的摇篮，而且还是外来的说着中原话的客家人自由迁徙的走廊。他们从河北走到江南，从山西走到江西，说着他们固有的中原话——“宁卖祖宗田，不改祖宗言”，进入“三不管”的赣鄱大地。若继续往前走，那就从江南到岭南，从庐山到武夷山，客家人进入闽、粤山区，分别在闽、粤、赣三地隐居。

我们认为，东吴山越由两部分人组成：一部分是原越民，因国破而入深山；还有一部分外来人，为避秦乱，避汉末之乱，出走江南，找个“三不管”的地方隐居起来，跟衣冠南渡关系不大。衣冠南渡，总得有个南朝在，北方世家大族随王朝迁徙到江南，一般不会走“三不管”的江西路线，而是往江东去，不是去山中避乱，而是往中心城市去，建立新政权，所以，大体而言，南京、杭州及其周边一带，才是他们投入的重点。

后人多言衣冠南渡，之于山越，则语焉不详，何也？王朝史观然也。山越之路由民间自发，衣冠之途随王朝起舞。若谓“王谢风流”乃随王朝而动的名士路线的风向标，那么“桃花源”则反映了民心所向的山越路线的追求。

群山之中，一切皆有可能，那里有宜于思想者开宗立派的山头，如天师道之于龙虎山，如禅宗走江湖“一花开五叶”，还有宜于“小国寡民”试验的水土及其成长的摇篮，以及思想者与山贼相结合的“替天行道”的乐园。如果说“桃花源”表现了山越文化理想，那么“梁山泊”则表达了山越政治主张。正是山越作为社会存在，才为“桃花源”和“梁山泊”提供了文学的原型，还为山水诗的兴起及山水画的出现提供艺术源泉。

“水浒”原本是岐山脚下的一条路，被“客家人”走着走着，就从中原延伸到吴楚方言区来了。所以，《水浒传》这样一本以山越为原型的小说，有如瓜熟蒂落一般，在吴楚方言区里出现了。

说到《水浒传》，我们知道，它一开篇就提起天师道，提到龙虎山，洪太尉从那里放走了天罡地煞，水泊梁山便开始登场了！那山越气质化作一百零八形象呈现出来，非以山贼，而是各以其英雄面目掀天揭地地出场。那是一部山越史诗传奇，就连结局也与山越相像。山越被东吴招安了，梁山泊亦这般下场，宿命如此，还能怎样？

话说山越散居山中，适逢孙策开辟江东，来与山越斗争。也许那时的“客家人”就将中原坞壁移置吴楚山区，形成家族性武装组织。如今分布于赣南、岭南、闽南的历史遗产——围屋，就是从坞壁演化而来的。那时的山越便以围屋捍卫其独立尊严。

其来有自，其欲何求？当然是为了拥有独立空间。为此，他们宁愿在群山环抱中寻个人迹罕至处安身，最好是有个像桃花源那样隐秘的生存空间起居；若不然，便结坞壁，立山寨，聚族而居，宗法自治，但这要有个前提，那就是在经济上能自给。江南山川富庶，冷暖可适，天时地利，宜于山居，只要能避赋税徭役，就不愁过不上好日子。

可任何一个王朝的政权都不会放过他们，都要把他们赶下山来，变为户口。据史载，那个时期，江南人口稀少。其实不然，人都跑了，跑入山中，跑到海里，没能变成官方统计人头。东吴需要他们，可他们不认同，好不容易从赋税徭役中跑出来，跑出属于自己的一方水土。他们宁愿过着

“不知有汉”的生活，也不愿活成国家的编户齐民。几乎所有的王朝政权都会把他们当作“国贼”，采用两手，逆之则围剿，顺之则招安。

孙策何以要杀于吉？原因之一就是害怕于吉与山越结合，怕这种结合会产生新的太平道。毕竟太平道的一个源头就在于吉那里。那本导致了“黄天当立”的《太平清领书》，不就是于吉杂糅阴阳、黄老、方术拼凑出来的一个太平道“奇迹”吗？

为了防止“奇迹”发生，孙策干脆把于吉杀死，以绝后患。理由呢？莫须有！对山越，他也痛下杀手，而山越却游击于深山，出没于丛林，恰如骨鲠一般，卡着东吴咽喉，尤其丹阳山越，就在东吴政权卧榻侧，眼皮下，与之周旋久，时做虎狼吼。若他们与北面的曹魏遥相呼应起来，那真是东吴的心头大患啊！

那时，孙策遇刺，死于非命。继之以孙权，“镇抚山越，讨不从命”，山越范围甚广，可让孙权“不遑外御，卑词魏氏”的，主要还在丹阳、吴郡、会稽三地。此三地连山通海。上山者，称“山越”；下海者，就叫“海越”。他们上上下下，在山越、海越之间转化。只要政府不来管制，他们可以非暴力，也没有夺取政权的野心，所以，赤壁之战时，东吴吃紧，无暇顾及他们，他们反倒安定，没来与曹魏呼应，反而是孙权北伐受阻，转帆而归，反戈相向，要来对付他们。

他们对东吴的威胁，不是他们要来夺取政权，而是他们不认同东吴政权，不愿意做东吴臣民。那么，东吴难道就不能让他们自治并与他们和平共处？这一问，问向王朝中国，完全是多余的，没有哪一个王朝政权会这样做，因为王权的傲慢丝毫不可冒犯。

但这不妨碍王权调整政策，由剿转抚，改以招安。孙权用诸葛恪策，对丹阳山越围而不剿，断其水源、食源，逼之出山，加以收编，纳入户籍，编成户口，以扩充兵源、税源，增强东吴国力。仅丹阳一郡即招安山越十余万户，得甲士四万，故终孙吴之世，江南未有太平道出现，可五斗米道已潜移默化回到海边，暗启琅琊至会稽一线。

02

文化中国在金陵

海越，也可以说是外越；针对“山越”而言时就叫“海越”。越人滨海而居，原有内、外之别。自从越人之国，一鼓作气，争霸中原，便再而衰，三而竭，诸越国接连而起。秦汉时此起彼伏，亦逐个破灭，至汉武帝已彻底灭绝，越人从此不国。故内越之人或川流入海，或如兽归山，而名山越，称海越。

若用王朝的眼光来看，就会把他们看作山贼，看成海盗。这里面有一种地缘政治的歧视，表面上却用史官文化来仲裁，将他们押上历史的审判台。秦汉时期，中国最大的地缘政治号称“胡越”——北胡南越。北胡，即匈奴，背靠大漠。南越指百越和诸越国，面向大海。汉武帝时，帝以汉之国力及其才略，解决了这两个地缘政治难题，不光把北胡赶进了大漠，还把南越赶下了大海，将山越、海越的历史问题遗留了下来。到三国时期，“北胡”的历史遗留问题已被曹操解决了，而“南越”遗留问题——山越和海越，还得由孙权来解决。其是国家资源，也是历史包袱。东吴在古越国地域兴起，可以说是淮泗集团与江东大族联合的产物。其政治文化当为汉属，然其地缘政治则不离越土，故亦可视为汉越合一的国度。

孙氏先祖为春秋时由齐入吴作《孙子兵法》的孙武，子孙世居江南。《三国志》曰，孙坚“吴郡富春人，盖孙武之后也”，果不其然，他有兵家血统。年方十七，曾与父亲一道，载舟往钱塘，船行江中，遇海盗掠人财物，于岸上分赃，同行人等皆欲止步，过往船只不肯向前，然坚谓父曰“此贼可击”！遂操刀上岸，以手指东指西，发号施令。贼观之，以为官兵来捕，扔下财物，一哄而逃，坚追去，斩一贼而还，其父惊喜，不意数世为吏而能有此兵家虎子。此乃小试，虽一时名起，尚不足以称国器，适逢“会稽妖贼许昌起于句章”，谓“其父为越王”，遂亦“自称阳明皇帝”，与其子许韶“扇动诸县，众以万数”。

看来这次起义打了复国运动的旗帜，还直截了当地提出要做皇帝——“自称阳明皇帝”。有趣的是“阳明”二字，不知道后来的王阳明先生是否注意到这位“阳明皇帝”。同样一方水土，在不同的历史时期，竟然出了这样两位截然不同的“阳明”，一位是作为山中贼的“阳明皇帝”，另一位是“灭山中贼”的阳明先生，此中有何因缘？

不过，历史自有安排，将他们错开了。那位“阳明皇帝”碰到的不是阳明先生，而是孙坚。孙坚募勇千余人，一举灭了“阳明皇帝”。这大概是越人复国运动的最后一声哀鸣吧。此后山越海越起义就不再自称为越王之后，也不再采取复国运动的方式了。

可在此地兴起的东吴政权是不是古越国回光返照呢？回答这个问题，要从两方面来看：一方面，就其政治认同而言，当然不会自认为是古越政权的延续与变更，理所当然以汉家天下的一部分自居；另一方面，毕竟立国于古越旧地，古越之土与民决定了政权的基本面，就此而言，也可认为新兴的东吴政权为古越国的复兴和重现。虽然其军政势力由北而南，来自淮泗集团，但其社会基础却扎根本土，基于江东大族。孙氏家族不但有江东世系，况又为淮泗领袖，故能成其政权枢纽。

汉与越其实没有那么大的差别。汉人与越人在文化上的共性应该大于差异。地缘政治的冲突会夸大差异性，上升到文明的冲突，以服从于政治目的。

严格说来，汉非一种族，乃一文明之样式，为一文化共同体。“汉”之原初本为地名，乃汉中简称。刘邦以汉中王立汉朝，故又为一代王朝之国名，进而为一国族之总称，以至于我们今日填表，会通过在民族一栏写“汉”来表明汉族身份。汉非文明源头，亦非文明母体，太史公《五帝本纪》追根溯源，觅得共同祖先——炎黄二帝，以此血缘谱系，形成汉民族共同体，凡汉民皆为炎黄子孙。

溯源至此，可见汉越一体。不必说炎黄时期，吴越已有良渚礼玉文化北上，由东南而西北，契合了有关尧、舜、禹传说，且自有史以来，便以越人为夏禹之子少康的后代。《越绝书》中，越王勾践怀之念之在斯，其从夷不从周，即以越禹为根底。

此源甚远，近言之，则有越灭吴，楚并越，秦亡楚，而楚怀恨，誓曰“楚虽三户，亡秦必楚”！其时，楚行越随，越已认同于楚，故楚诛暴秦，诸越从之。楚人项羽起兵江东，率吴越子弟八千北伐。刘邦所在沛县也是吴越旧地，后归楚，虽以汉中立汉朝，但归根结底还是楚地人文。所以，楚人汉人本为一体，而楚人中已包含了吴越。

于是，我们看到了这样的政治一体化进程：先是吴越一体，接着楚越一体。这两个进程有文化认同为前提，还算顺利。接下来，秦灭楚，楚人不屈，有亡秦之志，故而历史大翻盘。楚人奋起，灭秦兴汉，开启楚汉一体化进程，以此而有汉民族形成。

汉民族之缘起，有着政治认同和文化认同两个方面，此由国体之中有王朝中国和文化中国并立使之然。当刘邦开口说“老子马上得天下”时，陆贾立即回以“诗书治天下”，这就强调了王朝中国与文化中国相结合，也就是一代王朝要由文化中国赋予其立国的正当性和执政的合法性，而文化中国则必须确认一代王朝的正统性和唯一性。此二者，乃国朝根本。当其合二为一时，一代王朝便超越其时代局限，提撕一有限的国朝去追求国族之永恒，这就有了从汉朝向汉族的催生。汉朝之所以伟大，在于有了文化中国的自觉，且能与之结合。汉代最伟大的政治思想，就是这两句话：“马上得天下”是冲着王朝中国说的，“诗书治天下”则是为文化中国立言。它们成了根本大法。

仅以“马上得天下”言之，说秦比汉更强，并非不宜，但秦能兼并六国，却不能兼容文化中国，从“以法为教，以吏为师”走向绝对君主专制，以至于焚书坑儒，走到以文化中国为敌，这就是一代王朝在走向灭亡。故秦制犹在，却二世而亡，死因在此。

文化中国有着不死的气运。汉朝在王朝中国的治乱循环中气数已尽。此后历代王朝均以其国朝为国人命名。不管他们被称为晋人、唐人、宋人，还是元人、明人、清人，作为民族认同，他们有一个穿越不同朝代的共同名称，显示着文化中国的身份。

汉人虽以包含吴、越在内的楚人为主体，但秦、晋和齐、鲁在政治文化上一直是中原主导，习惯以正统自居。汉人入主中原，要在中原坐稳，就必须接受中原正统，在地缘政治上也得以中原为中心。这样汉人就发生了转型，不再以楚人为本。时过境迁，当早期的楚人被汉人新生代所取代时，新生代已淡化了故土观念，认同于中原。

所谓“中原”，有两个含义在里面：一是地理位置，就大体而言，在长江、黄河之间，秦岭、淮河一线，特指河、洛之地；二是政治中心，乃中央所在地，为王朝地标。从周秦至汉唐，这两个含义都是统一的。宋以后就改变了，政治中心东移，向运河靠拢，因为东南财赋增长，运河财政成了王朝命根，而游牧入主，又导致出现了定都北方的现象。

新的政治中心产生了新“中原”。从原来东西向的位于两河流域中间的秦岭、淮河一线，转向南北向的靠近滨海地区的京杭大运河一线。元、明、清三个朝代都高居在这一线最北端——北京。与之相应，在这一线的南端还有个南京。两京之间，江淮取代河洛，成为新中原的代表，同时，江淮官话取代河洛官话，成了中原正音的代表。

扬雄在《方言》中谈到，方言流行，已有江淮并举、吴越并举、吴扬并举，其中，吴方言区不仅有江南，还有江北。吴方言北上，以扬州为基地，深入两淮，淮扬并举，继而楚方言东来，覆盖了江淮流域，形成吴楚方言区，为江淮官话的兴起培植了根基。

但从方言变为通语，还要等待历史的契机，而这个契机就出现在三国时期的吴楚方言区。当淮泗集团带着他们的方言来到吴方言区，同江东士族结合时，不仅产生了东吴政权，还形成了新的以建业为中心介乎淮泗与江东之间的江淮官话。

但凡一种官话形成，必有相应的政权支撑。东吴政权的兴起也成了江淮官话的一个起因。通常的看法是，江淮官话是东晋以来衣冠南渡造成的。我们认为，它跟东吴政权建立的地缘政治有关；如果要等到东晋人来了才有，那么东吴人说什么官话呢?

颜之推在《颜氏家训集解·音辞》中说到三国时期方言“音韵锋出，各有土风”的状况，还提到了当时“帝王都邑”——金陵与洛下。为了统一语言，而“参校方俗，考核古今，为之折衷”。由此形成了两大官话中心和两个通语体系。洛下，乃东汉都邑洛阳；金陵，指东吴政权所在地建业。将金陵话与洛阳话并提，显然，颜之推没认为金陵话来自洛阳话。

金陵来了洛阳话，是从东晋那次衣冠南渡开始的。洛阳官话与江淮官话在金陵一碰撞，就碰出个金陵官话来，两大官话系统由此统一了。中原正音从洛下来到金陵，就因为那时已有东吴建业官话先声，以至宋、齐、梁、陈，成了中国官话标准。

南北朝时，中原沉沦，正音沦丧，胡人入主，必汉化之，国体政体皆可攫取，衣冠文物亦能仿制，唯独说汉语，胡人有一根本缺陷，那就是汉语四声之中，胡人发不出入声。于是入声成了中原正音的标准。

而金陵官话是所有官话系统中唯一保留了入声的。六朝以后，又有唐、宋之末那两次南渡，中原官话因而一再跑到金陵，与金陵官话通融，确认金陵官话为正统。至明朝初年，定国都于南京，金陵官话遂正式成为官话通语，为全国所通用。

江南是文化中国的底线。一旦中原沦陷，在底线上就会产生新中原。江淮便是这样一个相宜的地理空间，而南京更以其京师地位引领着新中原。金陵官话的成功，不但守住了文化中国的底线，而且不断取得进益，直至清末都主导着官话体系。

有趣的是，就在金陵官话通行全国时，金陵官话之侧还有个吴方言区与之相映。这便与北方官话系统迥异。在北方官话主导的地方，没有独立方言区，只有一些不同地方的人，用不同的声调说着同一种通语，原来的方言都被统一的官话兼并了，而金陵官话却能兼容，不但与吴方言和平共处，对江南其他方言区更是放任自流，以至于官说官的话，民用民的语，有如河水与井水，若无仕途相通，百姓完全能不以官话为日用。

这与北方大不相同。相比之下，南方多方言，北方统一为官话，各有其利弊。北方之利在于，统一的官话有利于政治动员，在南北朝的统一中占据优势，而其弊在于，大一统的官话压抑了方言中天然的独立之精神和自由之思想。当其仅以官话来表述，那就难免受限，若用方言来说，便多了一种可能，可能性里会有新文艺出现。京剧和昆曲就从吴楚方言区里产生，尤其昆曲在各地皆以官话演唱；唯独吴方言区，昆曲以吴语演唱，也只有用吴语演唱才唱出了新文艺的独立之精神和自由之思想的气象。

吴语与金陵官话并行不悖，江南与江北同流，民间与宫廷共用。正是那位六朝命运的终结者隋炀帝在吴语的回光返照中，遭遇了陈后主的末日的余晖。《资治通鉴·唐高祖武德元年》说他“好为吴语”，常常深夜饮酒，醉眼视天，观天象而与萧后叹曰：“外间大有人图侬，然侬不失为长城公，卿不失为沈后，且共乐饮耳！”对此，胡三省注：侬，吴人自称；长城公，陈叔宝；沈氏，叔宝后。陈叔宝，也就是陈后主；沈氏，便是陈后主的皇后。隋炀帝自比陈后主，将他的萧后比作沈氏，他像陈后主那样，用吴语发出亡国之音，醉眼蒙眬中，引镜自照，对萧后说：“好头颈，谁当斫之？”看来，吴语优美而忧伤，悲情难抑而又昂扬。带着美去死的亡国之君，自有其一股子看透了命运而坦然的悲剧精神。

帝王的失败造就了吴语的胜利。吴语的天下是才子佳人的天下，不是帝王学的天下。论帝王学，当然要讲官话；谈才子佳人，还有比吴侬软语更好的吗？

若任此二者共和，官话与方言便各得其所，不但金陵官话通行天下，从东吴“建业”开始，继以六朝“建康”，止于大明南京，而且吴语也通过苏州昆曲和园林这样的形式开启新的文艺复兴。自六朝以来，中国文艺复兴大都出现在方言区，这一切当然要归功于“建康”，但也不能忘了“建业”。正是在“建业”中，孙吴政权与江东士族奠定了共和根基，这才开了方言与官话齐放的花，结了国家统一与文艺复兴的果。

谈到国家统一，我们自然就会想到分裂，想到南北朝，想到三国，可它们真的分裂了吗？通常，人们都这样认为，其实不然。站在王朝中国的立场来确认，它们显然是分裂的；若问向文化中国：它们分裂了吗？回答是没有！因为文化中国还在，还在赋予国土与国民的统一性。统一的王朝解体了，政治认同虽然分化，但文化认同却在强化。

与乱世对冲，便有文艺复兴。治世要讲政治，那是王朝中国的事；乱世就得靠文化。因为，政治靠不住了，得由文化来担当，回到古典世界去，拿出历史老底子，重启文艺复兴。不但孔子“吾从周”如此，魏晋人以玄学起底老庄思想也是如此。

若谓先秦诸子以“争鸣”而有百家之学兴起而开出中国文明的轴心期，那么魏晋名士则以自由化的“清谈”表达了“宁做我”的文化期许，其欲以个体人格的确立来支撑摇摇欲坠的国体，以人体和人格的美——“魏晋风度”——再造文明新样式。

看“魏晋风度”有两个视角：一是中原视角，视野所及在曹魏与西晋，代表人物为三曹七子和竹林七贤；一为江南视角，聚焦于六朝金陵，从东吴建业到东晋建康，从“三国周郎赤壁”到“金陵王谢风流”，一种新的审美理想，在金陵话语中爆发。

03

莫道金陵帝王州

六朝以来，中国政治文明有一个最重要的成果，那就是“南京”。

“南京”之名虽晚出，但其建都却在中原衣冠南渡前，始于三国时期孙吴政权。以往，人们习惯于“中原中心”的正统观点，用王朝史观来看“南京”，喜欢把“南京”看成中原王朝退而求其次的副产品，当作中原王朝在江南的一个临时落脚点，以及为新王朝开基备用的奠基石，而对于显而易见的事实则扭过头去，故意视而不见。

事实上第一个“南京”政权，也就是孙吴的建国大业——“建业”，在晋人南渡以前，它作为“江南佳丽地，金陵帝王州”就已存在了五十多年，而其更早则以“金陵邑”，在东周时期就出现了，分别为吴、越、楚三国辖地。而其名号由来，或曰“因山立号”，“金陵”就是钟山，钟山顶上岩石泛紫色，类赤，故称“金陵”，亦称紫金山。据说，诸葛亮为联吴抗曹而使东吴，经由金陵，观之而与孙权叹曰“钟山龙盘，石头虎踞，此乃帝王之宅也”！孙权闻其声，纳其言，那真是“一言兴邦”啊！

诸葛亮以不经意间的一言为孙吴定都，不但给六朝开了个“帝王州”的头，且为江南定了个千秋大业的天下调，孙权用此一言，好似刘备之于“隆中对策”。故金陵所在名胜，便有了个“诸葛武侯驻马坡”。武侯立马于此，观金陵山川形势。朱偰在《金陵古迹图考》第三章第六节指出，关于地址，旧有二说：一说在乌龙潭西；一说在石头城，且引清人陈文述诗云，“形胜旧传三国志，风云长护六朝山”。

定都金陵，名号“建业”，其于孙权，不过是赤壁之战和夷陵之战后的水到渠成，他哪能预见到随之而来的六朝命运？更未能先知其为天下之都“南京”。然其开创之功，于后世影响之甚远则由此可见。论三国功业，或以正统论，而曰蜀汉为主；以国势论，则曰曹魏优先；若以开创论，都不如孙吴影响深远，“生子当如孙仲谋”诚非虚言。孙吴之开创有二：一曰定天下之都，二曰重启古越海权立国路线。此二者，皆为不世之举。

论天下之都，要读一本书——朱偰著《金陵古迹图考》。其序曰，中国古都，历史悠久，古迹众多，文物制度，照耀千古者，长安、洛阳而外，厥推金陵。不是还有北京吗？北京与南京相比，孰优？以历史悠久言之，朱偰指出，“北京虽为辽、金以来帝王之都，然史迹不过千年，非若金陵建都之远在南北朝以前也”。北京之外，还有汴京、临安。此二者一开都于五代，继于北宋，一肇建于吴越，偏安于南宋，其为时较短，而历史遗迹亦不若长安、洛阳、金陵、北京之众。总之，四都之中，若论“文学之昌盛，人物之俊彦，山川之灵秀，气象之宏伟，以及与民族患难相共、休戚相关之密切，尤以金陵为最”。

那么，较之古都长安、洛阳，金陵又如何一较短长？对此朱偰没有论及。我们不妨试言一二。以古论之，金陵作为古都，虽不及长安、洛阳古老，但其王气开显却在先秦时期。先是楚威王伐越到此，尽取故吴地。“以其地有王气，埋金以镇之，故曰金陵”。或曰“埋金”何以“镇王气”？埋金未必，盗金者却风闻之，掘金者众，挖断地脉以泄王气。此后，又有秦帝至此，凿山引流，号曰秦淮，又改金陵为秣陵，欲抹黑金陵王气。然“青山遮不住，毕竟东流去”，滔滔王气，终于化作“三国周郎赤壁”。周郎最有王气，欲连东吴与荆、益为一体，同曹魏二分天下，惜其“出师未捷身先死”，但他却是南北朝莅临的先知，羽扇纶巾谈笑间，为江南六朝开启了预示。

论天下大势，秦汉以来延续着“夷夏东西”的运势与格局。至六朝时，运势一改，格局亦变，历史运动大势由东西而南北，东西向时，帝都居西方，圣人出东方，形成两中心，乃华夏内部运动，转至南北向时，不仅帝都南徙，而且圣人南移，此由南北之争，非仅以本族运动，多有异族加入，故金陵王气势必兼具二者为统一中心，而居正统。

然所谓“异族”者，乃以汉人以来的汉族来划分。若从上古三代来看，汉人称“异族”者，多为华夏族的一部分，盖由华夏族之分化与异化而来，故其常欲入主中原，来与汉族争夺对于中国的主体性，从来不把自己当外人，反将入主当作本分。至于中国传统喜欢标榜的“汉化”，则因其根本就有着华夏族的文化基因，所以，亦并非什么难事。

汉化走出去，使异质文明汉化，这样主动出击的事情，其实很少有。也许有人会问，汉唐之于西域诸国，岂非同异质文明打交道？将西域诸国纳入汉家天下，难道不是使异质文明汉化？我们认为不是。因为在汉人的天下观里，西域并非异域，而是中华文明的河源之地，是承载着玉文化的地基；昆仑山是中国神话里最著名的神山，是中国山系的龙脉之祖。在这样的文化认同中，那些早已居于其间的胡人就成了外来者，他们要么接受汉化，归附汉王朝，要么被当作敌人，被驱逐或被消灭。

我们注意到一点，那就是汉化有它的边界，也就是文化的边疆。但凡入我范围者，都得汉化，不在范围内，不会主动去汉化。例如，佛教入汉土，必须汉化，这既是文化诉求，也是政治要求；但对于汉土以外的作为异质文明的佛教，不管是印度本土的，还是希腊化世界的，都不会去搞汉化。这与西化不同。西方传教士为传播真理，确立信仰，可以跑遍世上任何角落，其利在于能加速推动文明进步，而不利在于导致文明冲突。汉化之于西化，一自明于天理，自然而然，一追求真理，要为真理而斗争，曾几何时，汉化与西化在金陵相逢，开显了历史的高光一刻。

为了这一刻的到来，古都金陵准备了一千多年，我们抚今追昔，一追就追到了三国时期的东吴孙权，追到了那个最早的六朝古都——金陵“建业”政权，就是那些一边说着官话、一边说着方言的东吴人，在金陵建立起来的一个官话与方言共和的政权。

除了金陵和临安那两个南方政权，还有哪个古都让官话与方言并行？那些一边说着官话一边说着方言的人，不知不觉走向共和，就像保留方言一样，保持着他们的独立精神和自由思想。

无独立精神和自由思想，也就没有周郎，若无周郎，何来赤壁之战？没有赤壁之战，也就没有开启金陵古都的“建业”政权。赤壁之战在吴楚方言区里进行，“建业”政权在吴楚方言区里产生，那些说吴楚方言的“建业”者个个意气风发，绝非东晋时做楚囚对泣的“过江诸人”。他们的杰出代表便是周郎，那是怎样一副青春无敌的模样？！直令人血脉偾张。

亡国之音非金陵原有，而是中原遗音，由“过江诸人”从中原带来。“偏安”一说也是延续中原古都衰落的惯性，而非金陵本来就有的特性。“金陵特性”如何？曰“武进”，曰“武昌”，以之而为“建业”，衣冠南渡至此，亦当奋起，故王导叹曰“当共勠力王室……何至作楚囚对泣耶”？以不负此“石头虎踞”“帝王之宅也”。

孙权筑石头城，改秣陵为“建业”。归晋后，晋改“建业”为“建邺”，“邺”为邑称，春秋已名，战国属魏，曹魏居之，以为邺都。晋改“业”为“邺”，非但谐音，且意以河北邺都覆盖江南金陵，一如秦帝之用意，改“金”为“秣”，污名化为“秣陵”，且以“秦淮”之名，凌驾金陵山水。为避晋愍帝司马邺名讳，又改“建邺”为“建康”，自东晋沿用，至于宋、齐、梁、陈。“建康”不康，殉陈而亡，被隋文帝一把火烧光。

烧了“建康”，烧不了金陵王气。后来隋炀帝避乱江都，无心北归，欲都丹阳，保据江东，再造一南朝格局。群臣廷议，或曰江东卑湿，土地险狭，内奉万乘，外给三军，民不堪命。或言江东之民，望幸已久，陛下过江，抚而临之，乃大禹之事。于是，帝择过江之言，乃命治丹阳宫，重启金陵故事，将徙都之。然其随从将士多为关中之人，皆欲西归，不愿定居江南，故多逃。帝命执而戮之，以致突发兵变。他颈上那颗曾经不可一世且诗意飞扬的头颅，那颗忧伤地说着吴侬软语的头颅，不是被他的敌人，而是被他身边的追随者，被他的亲兵斩杀了。

正如他本人所预感的那样，他死后一如陈后主，也被谥为“炀”。但两个“炀”的死法却不一样。陈后主没死在“玉树后庭花”里，而是“全无心肝”地死于酒囊，不但没死出帝王气象，甚至也没死成个诗人样；而隋炀帝则不然，他死也要死在江南的“春江花月夜”里，死也要抱住一种悲剧性的诗意灿烂的理想。隋炀帝用他那一颗帝王末路的头颅，为六朝烟雨的金陵王气下注。

论审美，长安、洛阳古意怎比江南春江花月，还有那金陵烟雨？那就论形势，朱偰说：论者每谓金陵形势，偏于东南，都其地者，往往为南北对峙之局，不足以控制全国，统一宇内，只能形成割据之势，开启南朝偏安之局。对此，朱偰明确指出：实则金陵一隅，实中国民族思想之策源地。何出此言？他以《世说新语》所谓“过江诸人”为民族思想的启蒙者，以“新亭”为民族精神觉醒的标志。新亭，西临大江，在今南京雨花台区，东吴时为士人送往迎来之所，东晋以后，凡上流举兵下都必经新亭，所以又是兵家必争的“兵冲”之地。遥望中原，新亭对泣，那是一种亡国之哀、江山之悲，正所谓“风景不殊，举目有河山之异”。

于是，力挽狂澜的人物出现了！“琅琊新帝子，河朔旧神州。”那“新帝子”是谁？应该就是琅琊王司马睿吧！还有一位，便是“王与马共天下”的王导，他愀然作色，曰“当共勠力王室，克复神州，何至作楚囚对泣耶”？

陈寅恪《述东晋王导之功业》认为，西晋末年，胡羯强盛，北人南徙孙吴旧壤，当时孙吴虽亡，但其统治基础仍在，故王导之功业在于为东晋新政权笼络江东旧士族，统一内部，结合南人北人两种实力，以御外侮，民族因得以独立，文化因得以续延，故其针对王鸣盛《十七史商榷》卷五十晋书八《王导传多溢美》所谓“导之所以骄人者，不过以门阀尔”，喟然而叹曰“不谓民族之功臣，似非平情之论也”！非如此不足以谓“王与马共天下”。

须知同一时期古罗马也被哥特人灭之，却未见古罗马人有这样的“新亭对泣”，也未见古罗马有王导那样的复国运动的先知。何也？罗马人不但军事上被哥特人打败，文化上也被基督教打败。文化失败乃彻底失败，以此一败，国复不起来。

而中原失败乃王朝失败，非文化失败，国亡，但文化的江山还在，故有文艺复兴与复国运动并举，国家可以重建，国运还会再来。更何况，中原国都还有个备胎，洛下破了，换上金陵，还能“建业”，大业还可以回到东吴时代，以新运重开。

孙吴以金陵“建业”，欲其巩固，遂开运河，凿山岗，使之与吴、会通漕，不但以此打通当时江左财源的任督二脉，且为后来六朝兴替三百六十余年奠定基业，更开启文艺复兴运动——“王谢风流”。由此，运河从金陵进入会稽山中，而有“山阴道上行，人与山川相映发”。若谓新亭之悲，乃国家意志复活的标志，那么“山阴道上”则是“过江名士”自我意识觉醒之地，“我与我周旋久，宁做我”亦自有其文化江山的底气。

然陈寅恪以为，此亦过江名士“逃命江左”“寄人国土”之策，依靠江东士族之文化世家，避让其武力强宗，王导立国之深谋远虑也在此。故北人南来“求田问舍”，多避实就虚，避强就弱。他们聚族而居，却不在金陵附近，而是如山越，深入更远的浙东山区，这样不但能避战乱，安顿好他们的家族，还能疏离政治，放飞自我意识。

金陵“建康”政权为琅琊集团所建，他们打着琅琊的旗帜深入越地比较心安。如有前缘，当年古越政权北上琅琊，而今琅琊政权南下会稽，若闻远古幽灵呼唤。

陈寅恪曰，世人以为王右军、谢康乐为吾国文学艺术史上特出之人物，其欣赏自然界美景之能力甚高，而浙东山水佳胜，故特于此区域做“求田问舍”之计。

对这样一种审美理解，陈寅恪似乎不太认可。他认为，金陵附近义兴（今称宜兴），有阳羡溪山，其优美甲于江左，而又在长江流域，于是，他自问道：王、谢诸名士“求田问舍”，何以舍近就远，偏要东过浙江，特留此幽美之溪山，以待后贤之游赏耶？对此，他提出了一个最为现实的理由：阳羡溪山虽美，然在周处“杀虎斩蛟”之义兴周氏势力范围以内，王、谢诸名士断不敢亦不能与此吴地豪雄大族竞争，故唯有舍幽美之胜地，远至于会稽与临海郡之间依山傍海之浙东区域，为养生适意之“乐园”。并断言：北来上层社会阶级虽在建业首都做政治活动，然其殖产兴利为经济发展，则在会稽、临海之间，故此一带区域亦是其所居住之地也。

这个理由当然很重要，但我们还可以补充另外两点理由。一点是现实性的，那就是避战乱，金陵是复国基地，新亭为战斗堡垒，那一带不是个避战乱的地方，更何况已有东吴豪强大族世居于此，若与之争，不但北乱未止，而且南乱又起，这就不是避战乱，而是添战乱了。但凡避战乱，多往山中去，安身立命处，要相对隐蔽，而又富庶。

还有一点是历史性的，从琅琊到会稽，已有脉络可寻。东汉问世的两本书——《吴越春秋》和《越绝书》——道出了琅琊与会稽的前世与今生。过江南下的琅琊人或许就是当年从会稽迁都琅琊的古越人的后裔。对他们而言，从琅琊复返会稽，有如认祖归宗一般，乃文化寻根之旅，回到了中国文明的轴心期。

旧根基里开出新文艺，会稽山中出了《兰亭序》。楠溪江里，流淌山水诗，“王谢风流”从王导、谢安转向新生代王羲之、谢灵运，以清谈和名士对应着先秦时期的争鸣与诸子，且以其崭新的自我意识，玉树临风般与传统的国家观念对峙。他们的双肩，一肩挑着沉郁的国家观念，一肩挑着活泼的自我意识。在民族战争的复国运动中，他们以国家观念为重，在文艺复兴运动中，以自我意识优先。以此言之，长安、洛下古意虽然“郁郁乎”，却逊于金陵新机运。

六朝三百六十余年之于古史，位于汉唐之间，故六朝古都之前有长安、洛下，之后又回到长安、洛下，看似西京一备胎，为乱世陪都，一如朱偰《吊六朝诸陵》诗云“断碣飘零三国雨，铜驼惨淡六朝风”，实则蕴含族群新转机，迸发新文艺，开出新国运。

随着京杭大运河开通，政治中心向经济中心靠拢，南京出现了。朱偰论金陵之形势，其《概论》曰："自后明祖奠都金陵，以伐胡元，终成一统之业；太平天国虽未成功，然亦以金陵相号召；近者如辛亥革命，国军北伐，皆莫不以南京为策源地。"

用世界历史的眼光来看这国难之都。朱偰指出，金陵之于中国，亦犹法兰克福之于德国，奥尔良之于法国，莫斯科之于俄国，"虽未必为全国中心，然有事之秋，登高一呼，天下响应。此郑成功之所以海道千里，直薄金陵，恸哭孝陵，以图恢复也"。

且以古今之变言：昔日中原群雄角逐之场，关中沃野千里天府之国，今皆化为贫瘠，全国财赋之汇趋于东南，经济重心厥在江浙。长安形势虽佳，终不过位列陪都而已。至于北京，固为千余年来帝王之都，且与东北边防关系尤重，然形格势禁，殊难恢复首都地位。诚能以金陵为国都，长安为西京，北平为北京，番禺为南京，励精图治，不遑宁处，据龙盘虎踞之雄，依附山带江之胜，则中兴我民族，发扬我国光，其在兹乎！然而朱偰却未能预见 1949 年以后中国的政治情形，"钟山风雨起苍黄"，北平又变成了北京。

但这不妨碍金陵是"三国雨"和"六朝风"培育的政治文明成果。

南京石头城

公元 211 年，东吴孙权在秣陵（南京）石头山金陵邑原址筑城，取名石头城，成为著名的军事要塞，也开启了六朝古都的江南王朝风水。

镂雕蝉纹嵌珠金珰饰，南京仙鹤观东晋大族高崧家族墓出土

刻花玻璃杯，南京象山 7 号墓东晋望族琅琊王氏王廙墓出土

04

立个海权到广州

谈起孙吴政权，还要提到另一个政治文明的成果——海权。六朝中，唯有孙吴政权像古越国那样，以水师立国，追求海权。有所不同的是，它没像古越国那样在港口建都，没能真正成为一个海权主导的国家，因为同古越国相比，孙吴政权缺少了一个重要条件，那就是外越的支持。

孙吴招安了山越，还有海越。海越出没于沿海一带，散居海外，以岛岸互动式存在影响着东南半壁，其影响所致可谓祸福相倚。祸之所起，或被“倭寇”害；福之所报，或以其自保，求个民安国泰，或由之扩张，像勾践那样，也能做个霸王。

无论在陆上还是海上，东吴孙权都是比古越勾践更伟大的君王。论疆域，勾践仅使吴、越统一，而孙权则占有了扬州、荆州、交州，使吴、越、楚为一体，将南方六大方言区统合，后来，又从交州分化出广州，其行政区划也由三州变为四州，辖地范围从江南到岭南，从东南到西南，除蜀汉一隅，几占所有。论海域，则勾践之沿海经略，内外并举，北上至琅琊而止，而孙权虽未建都于港口，没转向以海权立国，但其所涉海域之广则已超越秦汉，不亚于古越规模。

然古越海域之规模究竟如何？今已难知，或凭考古材料去想象，或据文献中的只言片语去揣测，但东吴人却用他们实用主义的政治理性，给我们描绘了一幅历史性的海南诸国的清晰图景，讲述了一个国家行为的大航海活动，而非游仙式的海客奇谈。

孙权曾多次遣使往海外。第一次是公元 230 年春正月，“遣将军卫温、诸葛直将甲士万人浮海求夷洲及亶洲”，这里出现了两个地名，一个是“夷洲”，还有一个是“亶洲”。我们在前面说了“夷洲”是外越之人活动的海域；而“亶洲”似乎更为遥远，即使对外越之人来说，也都是听说和想象居多，据说徐福浮海不归，就是去“亶洲”了。

流传了四百多年，徐福的事迹还很新鲜，一代有一代的故事新编。在《三国志·吴书·吴主传第二》里，除了传述“秦始皇帝遣方士徐福将童男童女数千人入海，求蓬莱神山及仙药”外，还说徐福等人及其后代在“亶洲”繁衍生息，世代相传，已有人民数万家。这些“亶洲”人“时有至会稽货布”，会稽人出海，也有“遭风流移至亶洲者”，这样说来，似乎有鼻子有眼，“亶洲”与会稽之间早就有了贸易关联。

此次行动负责人不是方士，而是两位将军，领甲士万人，显然不是去游仙，而是采取军事行动，是一次大规模的海外远征，其目标就是“夷洲”和“亶洲”。

就像对付山越一样，这是一次针对海越的军事行动，“夷洲”为海越所在，分布于中国海岸线，海岸线包括陆岸和岛岸。中国陆岸线长约 18000 千米，岛岸线长约 14000 千米。海越主要就在这条海岸线的岛岸上散居，并与陆岸互动，而“亶洲”却“所在绝远，不可往来”。当然，这只是就大陆而言的，对“亶洲”人来说就没有那么困难，他们“时有至会稽货布”。“时有”二字说明他们常来。来干什么？来“货布”，也就是卖布。

以此，我们可以大致判断他们究竟从哪里来。“货布”为我们提供了线索，顺着这一线索，我们不妨问一问“布”从何来？这样一问，就问向了印度。

须知，印度最早生产棉布，其影响世界就如同中国丝绸一般。公元 1 世纪，古埃人和波斯人已开始穿棉布衣，但未普及；上层人穿的平纹棉布都来自印度。自 8 世纪起，棉花被引入东、西罗马。至 9 世纪，摩尔人将棉花带到了西班牙，棉纺业一度兴旺之后，很快又消失了。由于气候不适，欧洲除了西班牙略有棉花种植外，其他地区都没有，因此，也就谈不上棉纺织业兴起。直到英国工业革命发明纺纱机以后，欧洲的棉纺织业才真正开始。

中国棉业虽早于欧洲，但也要到宋元时期才开始种植棉花。明代以前，“棉”字少见，多用“绵”字，跟丝绸有关，但考古发现，古越人早已穿棉。1978 年 9 月，从福建武夷山白岩崖洞先秦船棺墓葬中，发现一块古越男子穿过的衣服残片，经鉴定，其中有棉。那船棺木材距今约 3500 年，这与《尚书·禹贡》里的说法可相印证。《禹贡》曾言及扬州贡物，提到了“岛夷卉服，厥篚织贝”。“岛夷”，也就是先秦古越时期的外越之人，《禹贡》把他们当作来朝贡的扬州人；就连海南岛，在《禹贡》里也属于古扬州的范围，成为扬州的“南者”。而扬州贡品“织贝”是一种高级棉布，有可能就来自“南者”——海南岛，而那名从武夷山白岩崖洞船棺墓葬中发现的古越男子，有可能是穿着“织贝”的扬州朝贡者。他从哪里来？有可能从扬州的“南者”——海南岛来，因为岛上的黎族人在中国最早纺织棉布，当然，也有可能从更为遥远的“亶洲”来，或许他就是个闽越本土人。

印度棉布运抵中土，和汉代丝路一样有两条陆路，西北一路和西南一路：西北一路，从西域进入河西走廊；西南一路，则经由西藏入川。

海通之路则更早，古越先民早已开辟“江南—闽南—海南”到印度的“抱布贸丝”之路。棉布渡海而至，扬帆西来，成为最早输入中国的印度产品，而海南作为印度棉布涉足中国的第一站，因其地利，得风气先，而领先于闽南和江南。

棉纺织业普及于江南要等到黄道婆出现，要有黄道婆从江南到海南由海南回江南这样的历程，更要有黄道婆从海南岛黎族引进弹棉花去籽的工艺技术。

那么“亶洲”应该就是海南吗？当然不是。但海南却是我们定位“亶洲”的一个不可或缺的据点。经由“货布”这一线索，我们大致可以断定“亶洲”

应该就在“下南洋”的这个方向，在比南海更为遥远也更为广阔的一片海域的天涯海角。

若以岭南来看海南，那么海南岛就是天涯海角，而站在海南岛上来看，“亶洲”才是天涯海角。于是，我们向着棉布原产地所在的海域望去，视野穿越马六甲海峡进入印度洋，也许“亶洲”就在《汉书·地理志》里所说的经由缅甸到达“黄支国”的那一片海域，而且《地理志》对“黄支国”的描述倒比较符合《三国志》里东吴人的想象。

《说文》曰“亶，多谷也”，看来“亶洲”还是个盛产粮食的地方。“亶”还有诚信的意思。以此我们大致可以确认，那些“抱布贸丝”的“亶人”，是有着良好信用的商人。他们从棉布原产地和棉贸世界中心印度“货布”至会稽，又从会稽“贸丝”至印度。他们丰衣足食，有着数万人家，是海洋文化孕育的一个部族。

当《汉书·地理志》说“黄支国民俗略与珠厓相类”——就像海南岛那样时，我们也不妨问一问：那“亶洲”呢，是否像黄支国那样，也与“珠厓相类”？不光我们这样问，东吴人也会这样问。这样一问，就问出了孙吴政权的第二次海外远征。

第一次远征，卫温、诸葛直等人航海至夷洲，得“数千人还”。夷洲究竟在哪里？冯承钧在其所著《中国南洋交通史》上编第二章“康泰等之使海南诸国”中说，据沈莹《临海水土志》所云，夷洲“在临海东南，去郡二千里”，指出“似只有琉球群岛可以当之”，但他同时又指出，卫温等春季入海，正是东北季风盛时，漂流所至，安知“夷洲”不在南海？

那么，会是台湾吗？虽然有此一说，但依据不足。连台湾人写《台湾通史》都未将其载入；那么海南岛呢？后来，鉴真东渡不就被东北季风吹到海南岛上去了？但夷洲显然不是海南岛，因为自秦汉以来，海南岛就被郡县制了，所以，不可能说是夷洲。还有一种说法，有可能是吕宋——菲律宾，据说，当年徐福寻仙也漂流到了吕宋。

用“小九州”的眼光来看，“夷洲”当为某个确定岛屿，如台湾岛等。

若放眼“大九州”，那么“夷洲”就是像扬州那样的一大片海域，而“亶洲”则是“夷洲”以外另一片海域，卫温等人花了大约一年的时间往“夷洲”走了一趟，“亶洲”的影还没见着就回来了，唯一的收获便是“得夷洲数千人还”，而所领“甲士万人”，归还时还剩多少？应该是得不偿失，否则也就不至于使得卫温、诸葛直“皆以违诏无功，下狱诛”了。

孙吴政权再次海外远征，直奔海南岛，“遣将军聂友、校尉陆凯以兵三万讨珠崖、儋耳”，用兵至于琼州，同时，这也是冲海南诸国耀武扬威。《梁书·海南诸国传》给出了“海南诸国”的一个范围，说它们“大抵在交州南及西南大海州上，相去近者三五千里，远者二三万里，其西与西域诸国接”。

三国之初，岭南属交州，可见其时西南政治重心尚在交趾，其始作者为汉武帝。帝灭南越国，将岭南政治重心迁出番禺，改立三郡，在越南北部设交趾，以之为遥控海南诸国的战略引擎，至东汉时，又改三郡为七郡，以交趾为中心，统称交州。

赤壁之战后，孙吴趁刘备入川，对荆州和交州下手，双管齐下，均已得手，在江东立国，这才站稳了脚跟。那荆州形势自是不必说了，而交州所获，实为一巨大红利，使原以吴会财赋为根本的金陵建业政权又找到了岭南资财这个新的经济增长点。

首先是人口增长。交州到底有多少人口？西汉后期，交州七郡人口约137万，至东汉末年，全国在籍人口不到5000万，作为当时十三州之一的交州约有200万，未达全国平均水准，其中或许就有山越抵制政府逃避户籍的原因。

但随着中原黄巾、董卓之乱和军阀混战的加剧，人口锐减。因未经战乱，交州人口不但有应然的自然增长，且有大量北人来避难，会聚成了一大人口蓄水池。北人南下有两条路线：一条是士族路线，往江东去，依托三吴，拱卒金陵，植根东南沿海间，号称“衣冠南渡”；另一条是难民路线，到江西来，走江湖，故当时江西、湖南人口增长幅度大于吴会之间。

来者有当地政府安排，设侨置郡县，便成为当地户口；没安排的，就自寻个活路，与山越杂处，成为“客家人”，避乱于群山中。

接着，江南战乱又起。孙吴与曹魏的赤壁之战、同蜀汉的夷陵之战又在江南掀起新的难民潮。难民从江南避乱至岭南，唯有岭南还未经战乱。因此，交州便成为难民潮的大港湾，人口增长的新据点。孙吴遣水师巡海，实预防川流不息之流民流亡海外，要用户籍的蓄水池将流民“户口”起来，防止他们从岭南流落海南，从交州流失到夷洲和亶洲。这就是孙吴以甲士万人、三万人一而再地巡海夷洲，紧紧锁住从杭州湾到珠江三角洲再到北部湾东南沿海一带的各个港口的原因。

应该说，孙吴的海防战略还是成功的：不但锁住了交州的基本盘，还重新打理了吴越与南越的政治地理空间，改变了东汉以来岭南地方“一州七郡”的局面。孙权时已将交州拆分为交、广二州，以交州辖交趾、九真、日南三郡，以广州辖郁林、苍梧、南海、高凉四郡。孙吴立足未稳，就来划分地盘，难免引起争端，故暂停；孙休时，重启广州建制，迄于孙皓，增设新郡，形成“广七交八”——广州七郡、交州八郡新格局，使政治重心随人口增长的地理分布趋势从交州向广州转移。

南越国的政治重心本来就在广州，汉灭之，而使其重心从番禺向交趾转移。此无他由，盖因政权更迭，势必然也。东汉时，设治所于广信，以“初开粤地，宜广布恩信”，以之划分东西即为广东、广西，位于从湘水经灵渠再沿漓水南至西江流域。

吴设广州，即以“广信”之“广”为名。《水经注》曰：吴遣步骘为交州，骘到南海见土地形势，观尉佗旧治处，负山带海，博敞渺目，高则桑土，下则沃衍，林麓鸟兽，于何不有？骘登高远望，睹巨海之浩茫，观原薮之殷阜，以为“斯诚海岛膏腴之地，宜为都邑”，遂迁州番禺，筑立城郭。“尉佗”即赵佗。“番禺”有二说：一说以番山、禺山为名，另一说则以番山之隅为名。孙吴之于岭南建制，在汉与南越国之间，何以选了南越？一是因为人口流动趋于番禺，北人南来，用脚投票，选了番禺；二是岭南治所与中央政权的关系发生了位移。

秦汉时期，中央政权位于长安、洛阳，其地利在以灵渠沟通漓江与湘江，经由江汉直达中原，故设治所于灵渠边上的广信地区。三国时期，孙吴政权建都于金陵，政治中心已往东南移，相应地，交州也要配合中央治理，让政治重心跟着位移，从广信到番禺。

从地图上看，广信之于金陵，距离偏远，交通不便，而番禺之于金陵，不仅有海路相连，陆路也比广信方便，走江西一路，由赣江入长江再到金陵，比走湖南更近。

六朝以后的新政权虽然又定都长安，但由于隋炀帝开了南北大运河，枢纽着河洛与江淮，使运河成为隋唐时期中国经济主干线。由于赣鄱流域较之湖湘地区更靠近这条经济主干线，所以进一步提升了从河洛到江淮经由赣鄱流域而与珠江水系交通的重要性。

从此广州与南京就有了更为深刻的地缘政治和地缘经济的关联。一口通商时代的“天子南库”已发端于孙吴政权。晚清国民革命，即以广州暴动、武昌起义、南京政府重现三国政治的东吴地缘。民国时代的北伐战争，北伐军也是从广州出发建立南京政权。三国时期两个政治文明的增长点都出现在孙吴政权，“生子当如孙仲谋”真的不是一句虚言！

如果说，金陵以其“龙盘虎踞”的帝王风水学观念还在天下观里追求“新中原”，那么“广州”的出现则反映了孙吴政权以地缘政治和经济为导向的海权观念。

三国时期，东吴将所辖区域设为两州：扬州和交州。交州下辖南海郡、苍梧郡、郁林郡、交趾郡、合浦郡、九真郡、日南郡，以及朱崖郡（即海南岛）。加上扬州控制的东南沿海区域，东吴基本控制了从东南沿海到南海的中国大部分海岸线，锁住了交州的基本盘。据谭其骧主编的《中国历史地图集》，台湾那时被称作“夷洲”。

05

中国航海第一书

孙吴驻军海南，统筹交、广二州，海防已固，海权当立。所以，接下来要做的事，便是“南宣国化”，也就是宣示海权。孙吴水师远征海南，讨伐珠崖、儋耳，用兵至于琼州，一举惊动南海诸国。第二年，扶南王就派遣使者来了，史载其“献乐人及方物”，此见于《三国志·吴书》。

扶南约当今柬埔寨，意为“山岳”，是中南半岛上第一个被载入汉语的文明。中南半岛又被称作“Indo-China”，即印度支那，也就是印度与中国文化的接合部。

扶南国王权来自印度，由印度文化圈移民入主，以印度教为国教，立国于中印两大国之间——印度支那，疆域涵盖约今缅甸、泰国以及越南南部，其地利在于，北以周边山地屏蔽中印两大势力挤压，南以海路连接中印贸易，分享两大国红利。

那遣使来贡的，便是当时扶南国里篡权自立的范旃国王。他坐在政变的火山口上，野心烧得越来越旺，在周期性的季风变化中，他已习惯了看中国风向。不久，这个篡权的范旃国王就被复仇的王子杀了，而这个复仇王子同样也没有逃过范旃手下的复仇，这样杀来杀去，无论印度教还是佛教，都解脱不了。

那时，中国对于中南半岛，只握有以交趾为中心的北部湾西海岸地区，这个地区自秦汉以来就属于中国交州，从地图上看，约今日越南的北越部分。

看来，中南半岛上中印文化互动，还是印度文化占了上风。这主要是因为南越国被挫败，往南海势头受挫，而汉中央之于西南一隅则以管控为主，不思进取，眼看着南越国当年进取的先手价值因为失去了正当的国家理由的驱动而消失，并未意识到中国在中南半岛上已经失去了一个战略机遇期。

当印度文化以扶南国的面貌出现时，便在中南半岛上结了第一个政治文明的成果。这个果在中南半岛上一步步繁衍起来，后来成长为一个帝国，叫作“高棉帝国”。

何以范旃遣使入贡？那时，孙吴正向交州用兵，据《三国志·吴书》卷十五《吕岱传》曰，吴将吕岱“既定交州，复进讨九真，斩获以万数”，整个中南半岛能不为之震动？尤其是那个有着地缘政治野心的扶南国，岂能无动于衷？那吕岱亦非等闲之人，重启南越国对中南半岛的进取精神，除兵临交趾外，“又遣从事南宣国化”，去跟扶南、林邑诸王打招呼，要他们“遣使奉贡”。吕岱所遣“从事”何人？《吕岱传》里一笔带过，没有指名道姓，后来《梁书》卷五十四《海南诸国传》中提到“孙权时遣宣化从事朱应、中郎康泰通焉”，由此我们才知“南宣国化”的便是这两人，据说他们“所经及传闻则有百数十国，因立记传”。

又说他们两位由于晋代海外来朝贡者“盖鲜”——很少见，所以被史官忽略了。至宋、齐两朝，海外有十余国来朝贡，史官才“始为之传”，而特别提起他们的则是梁朝，因为梁朝“航海岁至，逾于前代”，这才把他们当了先知。

《南齐书·扶南传》提到，朱应、康泰在扶南国所见扶南王就是范旃。有关范旃篡权窃国的那一段历史，真腊和高棉文均无记载；唯一的记载来自朱应、康泰，印度文化不太重视历史观念，结果只能以汉人记载为历史先生。应该说，熟悉范旃的，从历史上看，莫过于朱应、康泰。若非此二人记载，谁知扶南国还有范旃那么个历史的存在？

今可考者，朱应有《扶南异物志》，原书已佚，在《隋书·经籍志》《唐书·艺文志》有著录。《南史·刘杳传》提到“朱建安《扶南以南记》”，冯承钧认为，朱建安疑为朱应，《扶南以南记》疑为《扶南异物志》；康泰书亦佚，散见于诸书中，亦被冯氏一一指示出来：《太平御览》作《吴时外国传》、《吴时外国志》或《扶南土俗》，《艺文类聚》作《吴时外国志》或《扶南记》，《通典》作《扶南传》，《水经注》作《康泰扶南记》或《扶南传》，它们是中国最早以扶南为中心记载海南诸国的史志。

通过朱、康二人的记载，我们可见范旃如何在中、印之间往来。《梁书·中天竺传》说，吴时，扶南王范旃遣使天竺国，从扶南出发，“逆水行七千里”才到达，天竺王对来者惊曰“海滨极远，犹有此人”！“仍差陈、宋等二人以月支马四匹报旃”，刚好朱应、康泰也到扶南国来，相遇陈、宋等人，“具问天竺土俗”，曰“佛道所兴国也”。当时统治印度恒河流域的是贵霜帝国，同一时期，汉帝国已解体。

范旃是势利眼，其倾向性明显，除了政权本身来自印度文化，还有国运使之然。所以，孙吴让他遣使朝贡，他倒不急，还在观望。然而，汉虽解体为三国，但国体犹在，国本依然，国威尚存。陆权方面，有曹魏安置匈奴；海权方面，则有孙吴巡海“南宣国化”。当孙吴水师远征海南，且进驻海南岛时，范旃就遣使来贡了。

有了扶南国的示范效应及其引导作用，朱应、康泰“南宣国化”的活动范围便扩大了许多。他们究竟走了多远，到过哪些国家？书里应该有记载。

朱应书已佚，仅存书名，康泰书散见于群籍，辑录引文尚能观其“宣化”遗迹，原录百余国，辑得三十五国：扶南国、日南国、西屠国、波辽国、屈都干、波延洲、诸薄国、薄叹洲、北櫨洲、马五洲、沉兰洲、巨延洲、斯调洲、涨海、火洲、金陈国、林阳国、奴后国、顿逊国、毗骞国、拘利国、蒲罗中国、加营国、恒水、担扶国、天竺国、乌文国、优钹国、横跌国、迦那调国、大秦国、舍卫国、安息国、滨舟专国、究原国。

这三十五国中，提到了天竺、大秦、安息，冯承钧引日本学者驹井义明《所谓孙权之南方遣使》言，遣使曾“抵恒河口南下”，但冯本人却不这样认为，他断言，康泰等人足迹无逾马六甲海峡，绝未亲历天竺，当然，也就更谈不上安息、大秦了。若以《汉书·地理志》为参照，我们更愿意相信驹井义明的说法。

另外，还有一个理由也让我们相信驹井义明的说法，那就是在朱、康等尚未“南宣国化”之前，已有大秦商人秦论航海来到交趾，并去建业朝见孙权。据《梁书·中天竺传》的记载，孙权召见秦论，问大秦“方土谣俗”，秦论“具以事对”，其中还提到诸葛恪伐丹阳“获黝、歙短人”，或曰“黝、歙”即徽州黟、歙一带，“短人”，即侏儒，秦论说，在大秦很少见到这样可爱的小矮人。

那小矮人是个什么样子？我们在汉家上郡今之榆林，见一汉代青铜圆鼎，鼎足就是三个矮人，造型为矮人举鼎，鼎足之小矮人，虽非与“黝、歙短人”同类，但以之为一参考，亦可见那有着汉代风味的侏儒文化的精气神——大汉小矮人！

孙权一高兴，便赐了秦论“黝、歙短人”男女各十人，还派了会稽人刘咸随他一道返回大秦，只可惜刘咸半道而死，秦论“径还本国”后亦无回音。

冯承钧认为，这件事与康泰等奉使海南诸国至少有间接关系。他说“盖交州为东西人往来之要地，吕岱或因秦论之还本国，因而遣从事南宣国化欤”？有此一问垫底，我们就可以接着问下去，刘咸之死孙吴如何得知？孙吴只知他与秦论一去杳杳，再未回头，有如秦时徐福东渡故事，至于本人是死是活则很难说，也许刘咸之死本就是康泰等于“宣化”途中打听得来的。

《梁书》记载，多据康泰《吴时外国传》所言，其中既未见有秦论将刘咸尸体下葬于异国他乡，亦未见有派人送回中国一说，只是含糊地说了一句：刘咸“于道物故”，秦论“乃径还本国”，没有提到安葬处，看来有弃尸于茫茫大海之嫌。当然，还有另一种可能，那就是像徐福那样，带着一大笔浮财从此匿踪，跑了。

总之，疑窦一开，问题就来。历史是个无底洞，可以一而再，再而三，连绵不断地问下去，但问题也要适可而止，无尽的追问终归于历史虚无主义。

好了，有关刘咸之死的问题就此打住，让我们回到康泰等人的使命上来。如果其使命之一就是查找秦论、刘咸的下落，那么就不会在马六甲海峡停下追寻的脚步，因为秦论是从大秦——罗马帝国来的，所以其预设的目的地应该是大秦。自从东汉甘英在大秦家门口错失那次握手罗马的机会后，好不容易有了秦论这条线索，可刘咸一死，秦论这条线索又断了，如何找到一条线索，将中国与罗马联系起来？

东汉时，甘英在陆路没有做到的，朱应、康泰在海路也没能做到。我们知道，甘英在陆路受阻于安息，而朱、康等人在海路则受阻于印度。其时印度，一直自认为是东西方海通中枢，东西方往来之海舶均由印度中转，且为印度所垄断，而印度又如安息一般，也不愿罗马与中国接触，罗马人需要的印度香料和中国丝绸遂一并从印度输入，故当时东西方贸易利润多被中间国截取。以丝绸之路的丝绸为例。丝绸从中国出发，才到中亚，就被贵霜帝国控制，搜刮一遍后，丝绸进入安息。安息同罗马接壤，并与之为敌，罗马人往东方贸丝，难逃它榨取，其于中国铁则极力禁止，断绝罗马贸易，故罗马另辟海路。

在海路上，罗马又碰到了印度，印度成为东西方文明的碰头处。

借助季风，从埃及到印度可以直航。那时埃及属于罗马帝国，印度属于贵霜帝国，也就是说，这两大帝国通过海路能直接往来。贵霜帝国的优势在于，其不仅与罗马帝国直接往来，还与汉帝国海、陆两路都有直接往来，成为地缘经济的世界岛。

中国和罗马则必须经由印度往来，而且必须通过印度往来，在当时的海通条件下，这是最经济也是最安全的。就此而论，印度本来应该成为世界历史的中心。可惜，印度文化历史观念淡薄，对于此时此地发生的一切均无记载，只是在中国或罗马史籍的只言片语里显示其存在，而忽略了它在古代世界所处的中心地位。

当然，这也怪它“德不配位”。那些大月支人当年曾被匈奴灭国，却不敢向匈奴复仇，这就很让当时的汉人看不起，后来虽然复兴，成长为跨有中亚阿姆河、南亚恒河和印度河三大流域的贵霜帝国，但其国体战力若搁在四大帝国，只能叨陪末座。其北部同中国西域接壤，与汉西域都护府有过冲突，被班超阻击后，遣使中国以通友好，遂改以佛法入中国。汉末，西域都护撤离，其势力便乘虚而入，佉卢文与汉文木牍文书并存，汉佉二体钱共用，其互动导致了中土佛化，加深了西域汉化。

贵霜处于东西方交通的十字路口，枢纽南北，控引海陆，兼容游牧、农耕、商贸三种文明，以香料和丝绸连接中国与罗马，融合了印度、希腊和中国文化。朱应、康泰在扶南所见陈、宋等人，应该就是贵霜人，而“佛道所兴国也”，当然是指贵霜帝国。但那时，贵霜帝国已经衰落，可佛教的影响反而加强了，就拿东吴来说，孙权一改其兄作风，善待佛道之人，广兴佛寺，供养高僧，开了“南朝四百八十寺”的先河，对此，朱、康等人焉能不知？知而行，则有必往天竺之心。

所以，我们认为，朱、康等人不会囿于马六甲海峡而裹足不前。为国为佛，他们都应前往，若中国船难直达，亦可转乘扶南舶。

康泰书中已有扶南舶往来天竺的记录，更何况印度文化本来就是扶南国的源头活水，当印度教为主流时，扶南国奉信印度教，当佛教兴起时，扶南国又改奉佛教，总之，扶南国虽然从印度文化出走，但最终还是未能走出印度文化。

有了印度文化做靠山，扶南国就能从海南诸国中脱颖而出，成为海南诸国以及中国进入世界贸易中心的引导。有了扶南这条线索，朱、康等人自然不会放过，所以，我们说，他们应该登上了印度半岛，到了天竺国。贵霜帝国虽然解体了，但印度文化还在，印度半岛作为世贸中心的地位还在，还作为东西方往来的枢纽。

朱、康等人在印度半岛上听说了大秦——罗马、安息——波斯的情况，将其一一载入书中。当时的情形也许就有如甘英之于安息，他们遥望大海，欲求大秦所在，结果却被当地人劝返。中间商的职业本能转化为商业化的国家本能。不过，印度半岛的确是个货布贸丝的好地方，能够满足中国人对于“亶洲”的想象。

有了卫温、诸葛直第一次航海远征的教训，这一次他们格外谨慎，各写一本书，作为他们航海成果的记录，给孙权做个交差，对中国也算有个交代。朱应的书早已佚失，唯书名还在，康泰的书散见于各种典籍中，有辑录本问世，元有陶宗仪辑录本《扶南传》，清有陈运溶辑录本《康泰吴时外国传》一卷，《康泰扶南土俗传》一卷。近世则有新加坡许云樵《康泰吴时外国传辑注》，这应该就是中国航海第一书。

06

结义的政治转型

东吴大航海，往西南去，下南洋，下西洋，到了印度。还有一路，往东北去，从东海出发，经过黄海，进入渤海，到了辽东半岛和朝鲜半岛，这一路，是沿着勾践当年以制海权北上争霸的路线进行的。

从地缘政治来看，东吴往西南海，尚有交州、广州可依托，往东北海域，自建业出长江口，过了东海即无可依，黄、渤沿海一带属曹魏辖区。

不过，辽东半岛上还有个割据政权，属公孙氏，已历三世，至公孙渊，实在忍不住了，欲王其地，故遣使于吴，求吴封赐，孙权封他为“燕王”。

孙权此举，张昭带头反对，如是说道：那公孙渊想背叛魏国，又怕被讨伐，所以“远来求援，非本志也”，当你真的封他为燕王时，他若不敢接受，就会出卖吴国来为自己牟利，这样的话，那两位使者就回不来了，“不亦取笑於天下乎”？

两人争执起来，不管孙权怎么解释，张昭就是不改己见，以至于“权不能堪，案刀而怒”曰“吴国士人入宫则拜孤，出宫则拜君，孤之敬君，亦为至矣，而数于众中折孤，孤尝恐失计”——我是那么宽容你，对你的尊敬也算是到头了，可你总是在众人面前顶撞我，让我难堪，这恐怕对你也不好吧！张昭说，我之所以明知说了没用还要说，“诚以太后临崩，呼老臣于床下，遗诏顾命之言故在耳”，是你的母亲太后她老人家让我说的呀！他说着说着，不禁“涕泣横流”，孙权也“掷刀致地，与昭对泣”。这样的场面虽然很感人，但孙权还是派人携金玉珍宝，率精兵万人，渡海辽东去册封“燕王”。

张昭眼见吴军扬帆而去，顿时泪崩，气得闭门不出，称病不朝，而孙权也不再是当年那个需要他来辅佐的“江东小儿”，不再是那个力能搏虎却从谏如流的“孙仲谋”，而是割据江东，熬死“天下英雄谁敌手——曹刘”的举世无二的孙权吴大帝。可张昭那厮竟倚老卖老，公然冒犯“大帝”。《三国志・吴书・张昭传》说“权恨之，土塞其门”，也就是从外面用泥土封了张昭家门。那意思是说，既然不上朝，就别出门，张昭不屈，反过来，“昭又于内以土封之”，即从里面用泥土封门，以示对抗。

后来，果如张昭所言，公孙渊变了脸，取了东吴使者的首级，向魏明帝邀赏，而东吴则是赔了财礼又折兵，那脸简直没法要了，恨不得一把拽下来扔到海里。孙权悔悟，“数慰谢昭”，然而“昭固不起”，依然称病躺着，不受礼。孙权上门去，叫他一起上朝，他照样“辞疾笃”，以病重为由躺在那里。这样一来，他就不仅损了孙权大帝的面子，还让这位大帝下不来台了。于是，“权烧其门，欲以恐之”，想以放火烧门逼他出来，谁知张昭“更闭户”，把门闭得更严了。孙权只好“使人灭火”，自己在门口等着，终于等到张昭的几个儿子“共扶昭起”，一起出门来了，孙权赶忙过去迎接，用自己的车子“载以还宫”。一路上，“权深自克责”，做了深刻的自我批评，张昭再也没什么好说的了——“昭不得已，然后朝会”。

这样一个故事，成了我们认识孙吴政权的一面镜子。从这面镜子里，我们看到的不仅是老臣张昭这个倔老头子的硬气，还看到了孙权作为帝王的尴尬。

张昭的倔，并不只是个性使之然，还有制度安排的因素在里面。我们知道，东吴创业始于孙策。创业之初，策与周瑜、张昭共事，内事托张昭，外事委周瑜，正所谓三人同心，其利断金，有那么一种共和的精神。按照中国历史的惯例，初创之制多为共和，这是因为民间起兵，帝业未成，何来专制？故创业者欲成就帝业，当具共和初心，与天下英雄共事。以此初心立制，当然就是共和。无论组建军政团队，还是治理领地社会，创业初期，都只能在共和的安排里进行合作，否则，便是孤家寡人一个。

组建团队，要与天下英雄为伍，组成英雄联盟治理社会，则要同所辖区域士人合作，形成共治政府。创业初期，帝王莫不如是，一旦帝业有成，就会发生转变。张昭与孙权冲突，就发生在孙权称帝以后，看似个性表演，实则制度转型使然，孙权正在经历从开创时期带有民间草根气质的共和制向王朝化的帝制转变。

开创时的“共和”局面乃“结义”使之然。所谓“结义”，就是将个体政治伦理——“义气”一体化，化为国家正义——“结义的政治”，而非立法的政治。三国时期，“结义的政治”并非只有蜀汉刘、关、张，还有孙策、周瑜、张昭。然而，名闻天下者唯刘、关、张，而非孙策等，何也？蜀汉政治不但以结义始，更以结义终也。蜀汉虽称帝而治，但帝制未成已崩，至诸葛亮作《出师表》，其欲与后主“结义”之心昭然，使兄弟情义上升为国家正义——忠义，却未推动蜀汉向帝制转化，“结义”的政治贯穿始终，直至“死而后已”，故亦自有其独特的审美价值。

也许罗贯中就因为这“结义的政治”有始有终，才以蜀汉为正统来写他的《三国演义》。所谓“演义”，“演”的究竟是什么“义”？说到底就是“结义的政治”。而孙吴政权则完成了从共和——“结义的政治”向专制主导的帝制转变，这一转变由孙权本人完成。当时枭雄曹操、刘备、孙权，只有孙权一人完成了这样的转变。

三国政治路线，唯曹操能“挟天子以令诸侯”，故不行“结义的政治”，刘备、孙策皆由民间起兵，不“结义”则不能成一政治格局，但二者之“义”有别矣。刘、关、张“结义”出自草根社会，具有血盟性质，带着江湖习气，而孙策集团“结义”以士林为基础，以名士为砥柱，而别有其政治文化风度。南朝风流即由此出，王导与司马氏同治于金陵，共和于三吴，便是走着当年孙策集团“结义的政治”老路，不仅周瑜成为王谢风流的先导，张昭也成了捍卫“结义的政治”代表。

虽然都是捍卫“结义的政治”代表，但诸葛亮与张昭两人有所不同。诸葛亮除了要捍卫“结义的政治”，还要推动“结义”的转型，即从在野的“结义”转向在朝的，从江湖“结义”转向士林“结义”，从英雄“结义”转向君臣“结义”。而张昭面对的是另一种转型，从士人创业转向帝王霸业，从共和立国转向帝制霸权，从“结义的政治”转向“专制的政治”，面临着“结义”的终结。

张昭的倔，就出现在这个紧要的时刻，而当时，也就张昭还敢对孙权这么倔一下，而此前的孙权，哪敢放火烧张昭的家门？在“结义的政治”里，孙权面对张昭很有压力。他本是个雄才大略的人，这样的人喜欢说大话，可他在张昭面前不敢说，“使张公在坐，彼不折则废，安复自夸乎”？他说“孤与张公言，不敢妄也”。

他称帝，要立个宰相来为自己辅政，这是帝制的基本要求。本来都以为论资历、论才干非张昭莫属，还有人当着他的面举荐张昭，可他却做了这样的回答：“孤岂为子布有爱乎？领丞相事烦，而此公性刚，所言不从，怨咎将兴，非所以益之也。”他说，张昭个性太“刚”，不宜做宰相，但这只是表面现象，深层的原因还在制度里。制度要转型，宰相当然就要换人，原来的士人领袖怎能做帝制的宰相？尽管他是由张昭一手扶持起来的。他当然还记得兄长孙策临终时说过的话，那样的话，刘备在临终时对诸葛亮也说过，那就是：我把他托付给你了，能则辅之，不能就取而代之。

话说到这份上了，可见当时还是“结义的政治”，若为帝制，就不会这么说，也不该这么说，这么说了，就会动摇国本，因为帝制世袭，天经地义。所以，张昭敢“倔”，而后生陆逊由于时代不同，只能“忍”。

“倔”，是“结义”的政治遗产，是“结义”的政治资本进入帝制时代以贬值的方式兑现期权，陆逊没这“结义”的资本，当然也就不背“结义”的历史包袱，没有“结义”支撑，焉能“倔”得起来？他虽然也反对赐封公孙渊，但有“结义”老人在，他不能抢话，他属于孙权时代，是东吴新生代，历史正要翻过“结义”那一页，等他来。

我们知道，东吴政治文化有两位引领时代的代表，一位是周瑜，另一位就是陆逊。周瑜如鹤，以高蹈之势，曼妙之姿，而风流天下；陆逊如龟，以忍辱负重，不动如山，而稳操胜券。周瑜不再，因为他是“结义”的政治代表，而“结义的政治”已经到头，东吴已不再需要周瑜那样的人来引领了，帝制风骚要由新人起头。

通往帝制之路是从“结义”开始的，帝制的形成并非“结义”的终结，而是“结义”失落的开始。周瑜之后，帝制的阻力主要来自张昭，不是因为张昭反对帝制，恰恰相反，张昭是东吴帝制的拥趸，但他身上仍有着“结义”的政治惯性，正是那惯性触碰了东吴政治底线，而与制度起冲突，此非其本意，却忍不住要发声。

一个时代的终结，也要找一个代表，张昭以其“倔”做了代表。当“倔”老头闭门不出，变成看门老头，那个曾经属于他的时代便结束了。虽然他后来终于出门，还跟着帝王去上朝，但他已被风干，无话可说了。“结义的政治”以“美少年”开头——孙策和周瑜便是“美少年”的代表，终结于“倔老头”，那便是张昭。帝制新时代不需要“美少年”，更不需要“倔”老头，而是需要“忍”少年。

帝制时代的精神标配是能忍辱负重。陆逊能“忍”，或与其出身有关。其祖陆康曾与孙策为敌，若查他政治成分，显然是一块需要改造的异料。这样一块料，要在东吴政治里出头，谈何容易？唯“忍”而已！可这“忍”字刚好契合了帝制的要求，英雄一“忍”，不但可为帝王登极的垫脚石，且可为帝制确立的奠基石。

若谓东吴立国乃凭着周郎赤壁一战，那么孙权称帝则有待于陆逊打败刘备。这位“忍”少年，除了以“忍”用兵，后发制人，还以“忍”从政，顾全大局。

孙权“欲遣偏师取夷州及朱崖”时，来问他，他上书反对，说“万里袭取，风波难测”，这样做，只会“欲益更损，欲利反害”。很显然，他反对孙权的海洋经略。他还说，“朱崖绝险，民犹禽兽，得其民不足济事，无其兵不足亏众”，认为海南不具有战略价值，而争夺中原，有江东本土就足够了，“今江东见众，自足图事”，但要“畜力而后动耳”。

这就涉及孙吴政权的发展战略的两条路线：一条是吴人路线，另一条是越人路线。吴人路线以陆逊为代表，越人路线以孙权为代表。吴人路线宜于守望江南底线，而越人路线则利于向岭南、海南发展。仅以江南一线，似难与曹魏抗衡，若以岭南为后援，或能与之相争，而岭南以海南为门户，若门户不固，不但岭南流失，且海寇窜入。

就此而言，孙权真不愧为一代雄主，其大略，陆逊之流不可及也，非如史志所谓“权遂征夷洲，得不补失”，若不“征夷洲”以安海南，岂能定交州以取岭南？

然其失足于辽东，则是一次动摇国本的大失败。何以深沉如孙权者，竟会如此轻信而冒进？因其欲以辽东制约曹魏之心跃如也，故略一牵引，即蠢动不已。

或曰，孙权亦曾经略中原，盖因战马短缺，被曹魏阻击于江淮之间。合肥之战，乃东吴国体上一道抹不掉的伤痕，孙权心头挥之不去的遗憾，东吴水师胜曹魏，乃船胜也，而陆战，尤其平原作战，要靠车马，辽东出战马，孙权欲取之逐鹿天下。

当孙权因公孙渊背盟而欲渡海远征辽东时，张昭已经闭嘴。于是，陆逊开口了。他说，陛下“今不忍小忿，而发雷霆之怒”，若“乘桴远征”而被敌趁机，到那时，便“戚至而忧，悔之无及”，何以要为了“辽东众之与马”，而“捐江东万安之本业而不惜乎”？此言一出，孙权也就不得不“忍”了，史载“权用纳焉”。

孙权何以要“忍”？为帝制而“忍”。帝国的扩张要服从帝制的需求，帝制的核心是世袭制，其根本则是立太子，太子未立，即使称帝亦非帝制。

所以，论国之轻重，帝国为轻，帝制为重，外患为轻，内忧为重。而重之重者，便是于深宫之中择立太子，辅佐太子，完成世袭。于是，孙权开始“收放心”，收缩海权扩张，转向帝制建设，聚焦于帝制的命根子——太子。

太子之重，重如泰山，谁能负此重任？当然是那位忍辱负重的“忍”少年。孙权将命根子交给陆逊，那是期望太子也像陆逊那样，成为一个政治上的“忍”少年。

太子如旋涡，是福也是祸。福因中心而立，祸由争夺而起。帝王之家难“齐”，生在帝王家，命入旋涡里，兄弟相残，父子相忌。陆逊辅太子，也被卷入旋涡。

然帝制有毒，需要通过对外扩张输毒于敌，对此，陆逊有所不知。太子一立，毒发帝制。太子如出头鸟，立在明处，不但被人当作政治风向标，还成为不知何来的所有野心家的对手以及深藏不露的阴谋家暗中算计的冤大头。

陆逊再怎么善于防守，也防不住！其时，“二宫并阙，中外职司多遣子弟给侍”。“二宫”，指太子宫和鲁王宫。朝里朝外的官员们都想让自家子弟参与，他们请了个德高望重又是孙权女婿的全琮向陆逊求情，结果，却被陆逊拒绝了。陆逊以为，“子弟苟有才，不忧不用，不宜私出以要荣利，若其不佳，终为取祸”，更何况这样一来，就会造成“二宫势敌，必有彼此”，犯了“古人之厚忌也”。

全琮儿子阿寄果然投靠鲁王，且与太子为敌。陆逊致书全琮曰“终为足下门户致祸矣”！可全琮“不纳”，反而“致隙”，以至于出现了“太子有不安之议”。于是陆逊上书，说明问题的严重性：“太子正统，宜有盘石之固，鲁王藩臣，当使宠秩有差，彼此得所，上下获安。谨叩头流血以闻。”可怜啊！连“叩头流血”都用上了。可孙权却没有回音。陆逊也不气馁，“书三四上”，还请求面见孙权，“欲口论嫡庶之分，以匡得失”。谁知那孙权竟然不见。何以变卦？那便是帝王的心事呀！

孙权想什么呢？这回他想啊，那太子呀，是我的命根子，当然要合我的心思，可他越来越有自己的主意了，不来合我的意了，这样下去，还靠得住吗？还有那陆逊，既是宰相，又是大将军，还掌握着我的命根子，我能不为自己留一手，做个后备吗？

太子的后备有鲁王，陆逊的后备有全琮，留了这么个心眼后，斗争哲学就开始了。别看陆逊在千军万马之中可以不动如山，但他却在孙权的心眼里坐不住了。他没看透孙权的心思，没给自己留后路，而是不改初心，一味护着太子，没有站在孙权的立场，那一颗"忠于"的心，已悄然从孙权转向太子。所以，孙权也就不想见他，更不会听他的进言了。可对其他人，孙权却不肯放过，陆逊"外生顾谭、顾承、姚信，并以亲附太子，枉见流徙"，还有太子太傅吾粲，因与陆逊有那么几次书信往来而"下狱死"，还"累遣中使责让逊"，将陆逊活活气死。

陆逊之死是一场政治转型的代价，宣告了东吴帝制转型的失败。如果说辽东之辱仅仅伤了东吴的国家体面，那么转型失败则伤了东吴国体内在的五脏六腑。后来孙权有所悔悟，对陆逊之子陆抗说："吾前听用谗言，与汝父大义不笃，以此负汝。"

孙权没有气死张昭，却气死了陆逊。张昭敢于抗争，而陆逊不能，此非独个性使之然，亦时代使之然。东吴士人精神品格的下降反映了从"结义的政治"向帝制转型过程中，东吴士族政治地位的变迁，陆逊是变迁的开始，只能顺从，不能抗争。

第2章

王朝中国海通

一　海通唐人时代

汉通西域，通出个“汉人”时代；唐立海关，立出个“唐人”时代。

至今，我们依然生活在这两个时代的影响中。在国内，过了两千多年，我们还是“汉人”，可见“汉人”已然成为我们的民族性；在海外，过去了一千多年，华人所在，还是被人称作“唐人街”。中国传统文化具有两重性——大陆性和海洋性，“汉人”的称呼是文化大陆性的表达，而“唐人”则是文化海洋性的宣称，它们共同反映了华人的民族性。

01

大唐海通与海权

——市舶使的由来

吴越海通时代被帝制结束，无海洋参与，东吴已失去想象力。东吴专注于帝制建设，本欲图个长治久安，结果却适得其反，反而揭开了东吴内部权力斗争的盖子，打开了东吴国运的潘多拉匣子，祸从中起，国因此而衰矣。

三国归晋后，晋人之于海权已无所谓建树，除了所获东吴战船数千，或保留了部分造船工业，至于海洋经略、海权观念等，皆已荡然。不久，西晋乱崩，中原已无陆防，东晋继之，沿海不设海防，故道教徒众如天师道等，再起义兵，游击于沿海，其于东晋政权影响不亚于东汉太平道，已露出后世倭寇苗头，由此可见东吴海防的重要性。

孙恩、卢循之流，自琅琊至宁绍，由沿海一带传教、兴兵、割据，将东南半壁都颠覆了，此为当时最大海域事件，有如一次历史性的海啸，用海洋来席卷王朝。东晋政权南渡未稳，差点就被毁了。经此一役，南朝之于海域，因为海事风险加大，海盗难以肃清，变得更加消极了。东吴本来开了个好头，可六朝的尾巴们却一个个狗尾续貂，面对海洋缩头缩脑，缩手缩脚，蜷在东南一隅，做个偏安王朝。

可民间海事依然。利之所在，人必趋之，海通逐利而来，获利而去。尤其佛事频繁，佛法东渡成为主流，从东晋法显海归，至梁朝达摩到来，其时文献所载，多以僧人为主。然佛法渡海而来，搭了东西方贸易的船，佛法为毛，附在贸易的皮上流传。

那一时期的海通状况由一幅图反映出来，名曰《职贡图》，绘者是梁元帝萧绎，为纪念其父梁武帝萧衍即位四十周年而作，所以特意营造了一种朝贡氛围。二十五国来贡，有图，有记，呈现出一个以南朝为中心的世界图式，但其目光主要还在西域，而非西洋，其中虽有南海诸国，还有东洋倭国和百济，可海通已非主流。

《职贡图》反映了南朝一隅的虚荣心，图存的十二位使者，右侧首位来自西域滑国，以白匈奴闻名，为当时中亚强国，乃汉初西迁的大月氏后裔，其同族曾建立贵霜帝国，此时已沦为萨珊波斯藩属，余者则散落在西域至河西走廊一带，其治下商团可由河西走廊南翼入蜀，故南梁与之交往，除欲通西域财路，或有与之夹击北朝的念头。

次位是波斯。波斯为当时最大帝国。那时，罗马帝国和汉帝国都已衰落，贵霜帝国也被波斯打败。波斯虽然遭受了白匈奴冲击，但还是凭着深厚的国力底蕴阻挡了白匈奴的势头，并将其压缩，使自己成为东西方贸易中海陆两路通吃的大帝国。与中国接触频繁的是白匈奴，所以《职贡图》将其列在首位。但是，要说能将地中海沿岸与中国东南一隅连接起来，使东西方货畅其流，则非波斯商团莫属。

排在第三位的是与中国辽东毗邻的百济国。有一条成熟的海路，孙吴时期就已开通，但萧梁政权之于海洋并无远略，未见其有对制海权的追求。百济国逐利而来，却无地缘政治的负担，放舟渡海至江淮间，或行抵长江口，溯江而上，直达建康。

百济之后的非西域国家使者，还有来自马来半岛北部的南海狼牙修，以及东瀛倭国。而西域诸国，除了从甘南流经四川边缘通往长江的来自嘉陵江支流的白水江流域的邓至国（白水羌），其余多半在白匈奴的势力范围内，如贸易小邦龟兹、周古柯国、呵跋檀与胡蜜丹国、白题国等。排在最后一位的称作"末国"，来自中亚地区，位于里海东岸，具有斯基泰文化特征，那一带本来就是亚欧大陆游牧文化的发源地。

萧绎作《职贡图》时任荆州刺史，故其看世界拘于荆州一隅。

《职贡图》出现在荆州而非广州，表明无论国际贸易还是地缘政治，西域都比南海重要。南朝与西域联系，西北一路被北朝拒止，故多走西南，改由河西入巴蜀，由巴蜀入荆州。由此可见，荆州已成为西域与南朝通商的一个重要的内陆关口。连南海诸国的贡使也改走陆路，去了荆州，没往广州。从《职贡图》来看，广州稍息了。

南朝流行一语，曰："广州刺史但经城门一过，便得三千万也"，此语出自《南齐书·王琨传》，其言及广州，已有"南土沃实，在任者常致巨富"一说。

别看在"职贡"方面广州无甚起色，但民间贸易依然财源滚滚，川流不息，只是多被地方截留，落在了地方官"广州刺史"的口袋里，小朝廷鞭长莫及。

隋统一后，文帝下《安边诏》，就提到了"南海诸国，欲向金陵，常为官非法盘检，远人嗟怨，致绝往还"的陈朝弊政，责令广州当局除旧弊，开新局，若有"外国使人欲来京邑"，要尽可能提供一切方便，所有船舶"任其载运，有司不得搜检"，在一种开国的气象——"开皇"里，广州转型，也要"开皇"了，但刚开了一个头就结束了。

到了唐朝，海外诸蕃由海道来者多在广州上岸。唐前期对来朝贡使有"报赠、册吊、程粮、传驿"之费，按照"计价酬答，务从优厚"的原则执行。"报赠"乃赐物回报，在京由鸿胪寺赐予，在地方由州府办予。"程粮"是支付贡使回程所需粮料，按路程远近不等，由州府供给。《唐会要》里这样定额：南天竺、北天竺、波斯、大食等国使宜给六个月粮，尸利佛誓、真腊、诃陵等国使给五个月粮，林邑国使给三个月粮，其中没有提到百济、日本。"册吊"是对外蕃君长的册封或吊唁。"传驿"是为蕃使提供在大唐境内的交通服务。这样一来，海通大开，蕃商纷至，在岭南兴起为一大势力。广州向他们开放，任其侨居，据《新唐书》记载，蕃商"与华人错居，相婚嫁，多占田营舍第"。

国营、民营一齐上，朝贡、贸易两手抓。天子一重视，就派人来广州“开元”了。唐玄宗开元二年，一个新生事物在广州出现，那就是海关——市舶司，不过，不是先有关口，再派个关头，而是相反，先遣个关头——市舶使，再设个关口——市舶司。

唐初诸使因事而设，事罢而止。高宗朝部分使职改为常设。玄宗时使职转化趋于普遍。诸使作用日益明显，以至于“有事于外，则命使臣，否则止”，“于是为使则重，为官则轻”。“使”是钦差大臣，口含天宪，身负皇命，所以“使重官轻”。“使”职由中央特派，其职能要分内外。内者，内政也，乃处理中央与地方集权与分权问题；外者，外交也，要应对好国际关系中的贸易和地缘政治问题。

“使”虽特设，但事要常任，故当为“官”。“官”者，设“司”而治也，以此，市舶使转化为市舶司。这在当时可是件大事，帝王家胳膊一伸，就伸到海边来了。

汉唐盛世是靠“两手抓”抓出来的：一手抓陆路，一手抓海路。若论两路之轻重缓急，要看时代。古代是陆先海后，陆重海轻；到了近代，海通趋势上升，贸易国际化，海运比陆运更具优势，故关市从内陆转向沿海。汉唐时，西域阳关作为诸国通商的关口，安史之乱后便已废弃，而广州却越发兴了起来。唐玄宗没想到，他立这一手，竟然立了个新时代，从通西域的汉人立出下南洋的唐人。

汉朝也出海，但出海理由不是朝贡就是游仙。以贸易为正当理由，而将海关立起来的，唐朝是第一个，唐玄宗为第一人。尽管他本人只是将其当作中央集权的一部分，使外贸收益纳入中央财政，并未意识到海关的重要性，亦未理解其深远意义，甚至没像汉武帝和孙权那样组织过国家行为的大航海，也没为了地缘政治目标而遣使出海，但他还是在中国海通史上迈出了关键性的一步。从这一步开始，中国海通便从汉人转向唐人。

唐人杜佑《通典》对汉唐期间海通状况做了总结。他说，南海诸国，汉时已通，但其范围在交州南及西南，居大海中，近者相去三五千里，远者二三万里，乘舶举帆，方位虽然不差，但“道里不可详知”，其“里数”，亦非定实，仅知其西与诸胡国，可由海道相通，故武帝时“开百越，置日南郡”传檄海南，开了诸国朝贡先例。后汉时，大秦、天竺奉使来贡，及吴孙权，遣使海南，所闻见者，有百数十国，故立记传，以传后世。至晋渐衰，及宋、齐稍息，至者尚有十余国。自梁武、隋炀，来使逾于前代。大唐贞观以后，声教远被，自古未通者重译而至，又多于梁、隋焉。

这里所谓“重译”，就是中间要经过好几个国家的好几种语言的翻译，才能与中国的汉语沟通。即便如此，还是要不远万里跑到中国来朝贡，究竟为什么呢？

《新唐书》说“唐之德大矣”。有多大呢？不但大过梁、隋，而且大到“际天所覆，悉臣而属之，薄海内外，无不州县”，这也就是郡县制下的“溥天之下，莫非王土，率土之滨，莫非王臣”了，大到无以复加，“遂尊天子曰‘天可汗’”。还说这是“三王以来，未有以过之”的“大”，以至于“荒区君长”。若被大唐赐一玉玺和一面大旗，也能高扬起来，立个国体，“一为不宾”即稍不顺从，立马就能“夷缚”。有这两手，连一句“犯强汉者，虽远必诛”都免了，历史最强音在此成为多余，故蛮夷接踵献宝。

而代表朝廷来跟那些海上蛮夷打交道的，主要就是市舶使。其职能，一管外贸，二管朝贡。其范围在“汉扬州、交州之域”。东汉时，扬州六郡，交州七郡。“东南际海”即东南沿海地区。这一带“海外杂国，贾舶交至”，为中国主要外贸区域，所以，“唐有市舶使总其征”，是以“盐铁使”为原型设计，按照盐铁专营体制打造出来的。

那时，在南海跑航运的，蕃舶居多。唐人李肇《国史补》曰“南海舶，外国船也”，还说蕃船“每岁至安南、广州”。何以要将安南、广州拿来一起说道呢？安南，汉代称交趾，属于交州，唐改设安南都护府，由此可见汉唐之不同。汉把交趾作为郡县制下的一个行政单位，往内收，而唐朝则将安南作为一个军政单位，向外拓。就像在西域设过的安西都护府一样，唐也向南海开拓海疆，宣告其海权主张。

因此，在治理结构上，安南与广州应该有分工，按照“文武之道”“一张一弛”的原则，安南以军事化管理，当行武道，以之掌控中南半岛、马来半岛及南海诸国，不但向南海宣示大唐主权，而且要在“天可汗”的旗帜下建立一种泛南海主义的大唐霸权。也就是对南海诸国，不但要求它们以朝贡方式表达政治认同，还要能对不认同者“夷缚”。

而广州则不然，属于文官政府，当行文道。如果说安南重在处理地缘政治和国际关系的外交，因而是一条重要的大唐天下观的外交通道，那么广州则是重在处理帝室财政、国家财政和地方财政三者利益关系的外贸，是一条生意兴隆通四海的外贸通道。

此二者反映了大唐帝国的财与兵。以广州聚财，财源滚滚，货畅其流；以安南用兵，则如孙子所云“上兵伐谋，其次伐交”，引而不发，“不战而屈人之兵”矣。

此因南海诸国皆为小邦，国力悬殊，难以兴风作浪，虽然海盗难免，但未出现帝国对抗。在古代世界里，大陆是帝国的温床，易滋生领土主张，可海洋不是，海洋运载的是贸易，流动的是市场，拥有海权，有利于市场扩张，却难有帝国成长。东吴纵横四海，明有郑和下西洋，哪一个不是半途而废黯然收场？也许除了朝贡，中国海洋文化还真的表达不了像模像样的国家主张，要等到近代西方人来，海洋文化才有了个主权样。

唐朝“南海舶”，以“师子国舶最大”。那“师子国”，就在今日斯里兰卡，于泛南海诸国中，国不算大，船大，而且都是楼船——“梯而上下数丈”，宝货也多。

那时，阿拉伯帝国崛起，与大唐帝国在西域起冲突，但尚未于南海对抗。海洋还没有成为帝国的战场，那历史的舞台和文化的边疆，铁马金戈，都在亚欧大陆上。下海就意味着失败，是自动退出历史舞台，而沿海则属于政治文化的边缘地带。大唐正是在西域受阻于阿拉伯人和吐蕃人，尤其安史之乱后，才把帝国视野投放到海疆。

所以，第一位市舶使不是起于广州，而是出于安南。在安南都护府里，首任者是一名武官，《新唐书·柳泽传》提到了他的官职和姓名——右威卫中郎将周庆立。以将官为市舶使，其使命多半不是为了外贸，而是为了外交，是与海权有关的外交，但这位周庆立先生显然没有认清该职的使命，他干了一件不太得体的事——“造奇器以进”。此举被御史柳泽斥责，泽上书曰：陛下新即位，广示节俭，岂可以怪奇示四方哉！

此后，市舶使职能便从安南都护府剥离出去，专设广州，以财不以兵，从外交转向外贸，用宦官取代将官。何以市舶使要用宦官？或与唐朝财政体制有关。

一般来说，王朝中国财政都有“供御”和“供国”两套体系：“供御”为帝室财政；“供国”为国家财政，包括中央和地方两部分。汉初，二者划分收支，相对独立。唐则家国不分，“供御”与“供国”一体化，这就给“家里的”宦官预留了“国的”权力空间。市舶作为帝室财政，当然得由“家里人”出面，这就是周庆立以后市舶使多为宦官的来由。

市舶有三：一曰“纳舶脚”，这便是韩愈在《唐正议大夫尚书左丞孔公（戣）墓志铭》里说的“蕃舶之至，泊步有下碇之税”的海关税了；二曰“禁珍异”，确立官府优先的“官市物”制，凡舶来品，未经官府征购前不得交易，其中珍异得由官府专营。据说，南梁时地方官就专买专卖、贱买贵卖，“以半价就市，又买而即卖，其利数倍”。

但唐朝的情形似乎有所不同。据当时阿拉伯商人苏莱曼说：海商从海上来到大唐，大唐人便将他们的商品存入货栈，保管六个月，直到最后一船海商到达为止。他们征购十分之三货物，将其余十分之七交还商人，而且政府所需物品按最高价格用现钱购买。他以樟脑为例，说：若非政府去购买，而是自由买卖，便只有这个价格的一半。看来唐朝中央政府将原来由地方官吃的那块中间差价，都回吐给那些远来的阿拉伯商人了。

唐朝这样做是因为市舶还有第三项——“进奉”，也就是所谓“朝贡”。我们现在有一种说法，叫作“招商引资”，可唐人还不那么“资本主义”，不怎么会“引资”，他们看重的是天下，要在天下观里以天朝上国自居，这就要求有万国来朝撑个认同的面子，所以，盛唐时期，“招商引贡”成了海通的首要任务，让利取义，把认同放在第一。

据《全唐文》卷七十五记载，唐文宗《太和八年疾愈德音》诏曰：“南海蕃舶，本以慕化而来，固在接以恩仁，使其感悦”，不说逐利，而曰“慕化”，此亦孟子“王何必曰利”之遗教也，所以，他不忍心对蕃舶“多务征求”，不愿意听到蕃客的“嗟怨之声”，表示“深虑远人未安，率税犹重，思有矜恤，以示绥怀”，要求岭南、福建、扬州等地节度使对蕃客“常加存问”，除“舶脚、收市、进奉”这三项外，其余“任其来往通流，自为交易”。

这话若放在唐前期还说得过去，到了唐后期就说不通了，因为唐文宗本人也受制于宦官，他多半也就管不到作为市舶使的宦官头上去。在家国体制里做皇帝，齐家须与治国共举，要家里人——宦官与公务员——朝官并用。朝官任事，皆以定制；宦官督办，多派特使。然而，家人难治，家贼难防，到了宦官窃取帝室，口含天宪，手握皇柄，那一代王朝也就到此为止了。市舶使本来是个好东西，只可惜被拿捏在宦官的手里。

长崎绘《唐船图》，木版画，台湾历史博物馆藏

据清朝时期的《长崎名胜图绘》所绘当时的中国船，皆称为“唐船”。

《职贡图》（局部），（南朝梁）萧绎绘，宋摹本

萧绎是梁武帝萧衍的第七个儿子，于公元526年到539年完成《职贡图》。原图有朝贡人物，来自约25国，图存12人，其中有波斯、百济、狼牙修、倭国等来自海路的贸易国。萧绎的《职贡图》似乎比唐初阎立本的

《职贡图》（局部），（唐）阎立本绘，台北故宫博物院藏

《职贡图》更写实，阎立本注重烘托宏大场景，苏东坡为阎立本《职贡图》题画诗曰：“贞观之德来万邦，浩如沧海吞长江。”

02

两个帝国握手了

——大唐与大食失落的一段往事

唐朝的皇帝不仅让宦官担任市舶使，还让宦官代表国家出使海外。在大航海中，作为国使形象出现的宦官，我们原以为只有个明朝的郑和，现在知道还有个唐朝的杨良瑶。下西洋，也不是由郑和开头，而是开始于杨良瑶。

这一改观，是由于陕西省泾阳县云阳镇小户杨村附近发现了一块《杨良瑶神道碑》。荣新江在《记唐贞元初年杨良瑶的聘使大食碑文》中指出，该碑发现于 1984 年。张世民于 2005 年发表的《杨良瑶：中国最早航海下西洋的外交使节》一文录出了全部碑文，并对“借兵回纥”“出使岭南”“出使大食”“平叛淮西”等一一做了考释，其中“出使大食”不仅开了下西洋的先河，而且以宦官出使成了郑和的先驱。

据碑文载，杨良瑶“少以节义为志行，长以忠勇为己任，故得入为内养，侍玉墀以承恩”。所谓“内养”，就是做宦官。他一个将门之子，好端端的，为什么要做宦官？照碑文所言，就因为他“少以节义为志行，长以忠勇为己任”。这也算是做宦官的理由？

他选择“内养”时已年过二十，应该有了家室，但其立业却不以科举求进士出身而以自宫，靠“内养”进取。这当然谈不上什么“节义”，也就无所谓“忠勇”。

如此碑文，看似礼赞，实含暗讽。他自宫求官与吴起杀妻求将当属同类，都是忍人所为。能忍人所难忍者，必也能为人所不能为。以其求官心切，迫不及待，若以进士出身，寒窗十载，未必能够，而以自宫“内养”，那就一举可得，这倒不失为终南捷径。

然其自宫之初心究竟如何？今虽不可知，但难以“节义”和“忠勇”言之，则自不待言。撰文者将它们附会一处，于今观之，实为明褒暗贬，而且书丹者书写碑文，也多用简化字。经张世民检视，发现碑文简化字与今日《简化字总表》相似，譬如，“請”写作“请”，“繼”写作“继”，“萬”写作“万”，“邇”写作“迩”，“爾”写作“尔”，“貌”写作“皃”，“輔”写作“辅”，“彌”写作“弥”。用简化字来写神道碑，似乎也不得体，其中或有不敬的暗示。因为即便在简化字大增的元代，其用途亦多半在元曲中，与曲中的俚语白话相对应；还有书坊刻书，刻那些通俗话本，为了赶进度，多赚钱，也使用简化字，现有的字不够用了，就造新的出来。据说，元人用过的简化字有六千多个，比现在还多。

可以说，那些简化字是从市民社会产生的市井文字，是在一些不太正规的场合所用的不太正式的文字，诸如戏文、话本之类的。至于士人的经文、诗文，一般不会用简化字。在书写中，简化字多半属于草书的特权。事实上，简化字多从草书演化而来，楷书中很少见。总之，在神道碑上写简化字，是件不登大雅的事，其中含有对宦官的歧视。

杨良瑶“内养”出身，不齿于士林，却偏要请进士出身的翰林来为他书丹、撰文，不管是在他生前由他本人所请，还是在他死后由他后人所请，有一点可以肯定，那就是他们一家子看来都是些不怎么通文墨的人。至于碑文和碑文书写所含的歧视，倒不一定是有意的，也许是出于士人的集体无意识；有意无意，不知不觉，一率性就暴露出来。

好了，管他朝官宦官，总之都是个官，不妨搁下，我们先来就事论事。

杨良瑶跟航海有关的事项，也就聘使黑衣大食那件事，可他为什么要不远万里往大食去？中国有一句老话，叫作“礼下于人，必有所求”。大唐聘使大食，所求者何？

让我们回到荣新江那篇文章上来。荣新江认为，这要从唐与吐蕃关系上来找原因。安史乱发，唐弃西域，回师中原，吐蕃乘虚，挥军北上，取河西走廊。唐无奈，与之清水会盟，划定边界。可紧接着，长安兵变，朱泚称帝，德宗奔逃，遣使吐蕃求救兵，条件是，若讨平朱泚，唐诺许安西、北庭土地，而杨良瑶就是随同出使的人员。当时主使是秘书监崔汉衡，可《神道碑》却把主使那顶高帽子戴到了杨良瑶头上，说“公乃感激出涕，请使西戎，乞师而旋，遮寇以进”，“再造寰区，不改旧物，繄我公乞师之力也”。

然碑文仅言“请使西戎”，所“请”究为何国？似未明确。张言回纥，荣曰吐蕃。我们取荣说，有两点好处：一来可将杨良瑶两次出使，前一次通西域，后一次下西洋，使它们围绕着一个目标——吐蕃，串联起来，形成个来龙去脉，展示出前因后果；二来可以显现安史之乱以后，中唐拨乱反正以来，东西方国际化地缘政治格局，以及这一格局中阿拉伯帝国与中国式天下互动的战争与和平的样式，如此大视野，是张文不具备的。

荣文说道，朱泚国破了，吐蕃军也退了，可唐朝却不认账了，蕃使来索要安西、北庭之地，被拒绝。另有一说，唐向吐蕃借兵，吐蕃应然之后并未出兵，待唐复国时却来坐享其成，故被唐拒之，据此而言，则非唐毁约，而是吐蕃未履约在先。

其时，帝师李泌就这样认为，他说：吐蕃观望不进，何功之有？还说：安西、北庭两镇控制着西域五十七国及十姓突厥，可以牵制吐蕃东侵，奈何拱手与之？关键是人心，李泌说：两镇之人，势孤地远，尽忠竭力，为国家固守近二十年，诚可哀怜，一旦弃之以与戎狄，其心必深怨中国，他日从吐蕃入寇，如报私仇矣。所以，绝对不能放弃。

总之，吐蕃欲得安西、北庭之地，当抢先出兵，占据长安，拿长安来换，才有可能，这也就要求吐蕃军必须血战叛军，而不是跟在唐军后面捡便宜，捞好处。于是，德宗纳李泌言，拒绝索求，吐蕃放纵兵马，大举入寇，游骑掠京畿，长安为之戒严。

以往唐蕃关系，有战有和，时好时坏，虽有破裂，尚能修复，然此番崩塌，遂成决绝，故须立制蕃之国策，定战蕃之大计，因之而有李泌大战略和杨良瑶出使。

李泌的战略设想，那真是空前的“大”，大到覆盖东亚和西亚，把两个大帝国都装进来了。汉武帝当年没做到的，他做到了，唐太宗用和亲来应付的，被他彻底解决了。他画了一个圈，将吐蕃圈在里面，从四面围住，东面是大唐，西面是大食，北有回纥，南有南诏，他要做的就是一件事，即建立一条统一战线，形成一个包围圈。

后来，唐德宗问他如何能做到，谈话从回纥可汗遣使上表时“称儿及臣”谈起。德宗见李泌“与约五事”，可汗“一皆听命”，大喜，对李泌说：回纥为何如此怕你？李泌赶忙回答说：我哪有这么大的力量？这都是陛下您的威灵所致！德宗又问：回纥已被搞定了，为何还要招云南、大食、天竺一起来？李泌回答：招来回纥，只能使吐蕃“不敢轻犯塞”；招来云南才能“断吐蕃之右臂”；而大食国，“在西域为最强，自葱岭尽西海，地几半天下”，而且“与天竺皆慕中国”，更何况，它们世代“与吐蕃为仇”，所以我知道，它们都会参与这个战局。

在这里，李泌又提到了天竺。天竺如何与吐蕃有仇？这仇的来由也许牵涉唐朝。唐太宗时，贞观年间，王玄策等出使中天竺，不料其国政变，唐使团遭截杀，王等逃脱，遂发檄文，招兵征讨，得吐蕃兵和泥婆罗兵八千余，出奇计，灭其国。

王等凯旋，为大唐取了个外势，但印度北部的实地却被吐蕃趁机占了，颇显盛唐气象看似“以一人灭一国”的英雄壮举，实则不过为吐蕃火中取栗而已。不过那时唐蕃友好，大唐又鞭长莫及，只好让吐蕃去打理。但蕃人惧湿热，只能盘踞北部山地，浅尝辄止，不敢南下深入印度两河流域，故其所得反成鸡肋，当利好出尽时，反被牵掣。

因此，到了李泌的棋局里，天竺也成了一枚制约吐蕃的棋子，在吐蕃身后拱卒，就如同扎在背上的一根刺，或紧趴在背上的一只牛虻，虽不致命，却难以忽视。

对吐蕃而言，天竺这块地盘，在地缘政治方面，虽可谓得失参半，但它却赋予了蕃人文化的灵感和信仰的源泉。其在与大唐的对抗中，除了军事上兵戎相见，还有文化相争。蕃人固有的苯文化已不足以与大唐抗衡，在汉字文化圈扩张和遣唐使普及的大唐文化洪流中，吐蕃却未参与，因为它还可以选择，对印度文化和中国文化做选择。

松赞干布时期就是这样一个选择时期。松赞干布用抢亲与和亲两种方式引进了两种文化：从泥婆罗（今尼泊尔）抢来尺尊公主，尺尊公主给他带来了印度佛教文化；从大唐，他抢亲不成，便改以和亲方式，迎娶文成公主，文成公主带来了汉传佛教文化。他分别为这两种文化各建一寺——大昭寺和小昭寺，然后，将当地的苯教文化作为壁画，在寺院里呈现出来。这样的做法还是兼收并蓄，在文化上搞平衡。

但当时的主流文化是理性化的佛教文化，而苯教文化只是一些本土性的东西，还没有脱离巫术的影响，所以只能对内，不能对外，上不了国际化的大台面。而吐蕃不是一个地区性的小国，它东阻大唐，西拒大食，与之鼎足分立，在佛教化的世界里，正在成长为一个帝国。在其成长过程中，松赞干布要填补一项空白，一个佛教化的帝国的空白。

自从贵霜帝国解体，西域就再也没有出现过一个佛教化的帝国。他也知道，佛教化的帝国不可能从汉传佛教产生，因为大唐帝国本身就不是一个佛教国家。因此，两种佛教文化，孰为正宗，孰为二手，岂非一目了然？他虽然还在维持平衡，但其倾向性也越来越明显。他派高僧去印度取经时，玄奘还得偷渡，唐朝可以尊佛，但不会成为一个佛教国家，而他则不然，他要以佛法立国体，以梵文立国语，他的后裔比他走得更远，搞了两次辩论，让汉传佛教和苯教都出局了，结果引起内外分裂。对外与唐朝决裂，导致唐蕃战争，对内与苯教决裂，导致灭佛的宗教政变，加上大食帝国一步步蚕食过来，一代吐蕃王朝，一个佛教帝国，就这样崩溃了。

李泌画的那个圈儿就像个绞索，套住了吐蕃，将其套在四战之地，四面受敌。蕃人善战，四面出击，亦无奈何，唐虽无力西进，但大食还在东扩，慢慢勒死吐蕃。其时，那画过《五牛图》的韩滉上了一道《请伐吐蕃疏》，说吐蕃“西逼大食之强，北病回纥之众，东有南诏之防”已然衰落。《唐会要》卷一百中也说，大食“与吐蕃为劲敌，蕃兵大半西御大食，故鲜为边患，其力不足也”，故唐欲联手大食拉紧绞索。

杨良瑶出使大食，就是要去联手。他没走陆路，因为陆路上可能会遭遇吐蕃，所以走海路，如《神道碑》所言，“届乎南海，舍舟登陆”。“南海”，也就是广州。荣文指出，天宝年间，广州曾一度改为“南海郡”，后虽复为广州，但“南海”仍是广州别名。

杨良瑶一行从广州出发，走海路，往巴格达，那是黑衣大食的首都，在阿拉伯世界里，被人称作“中国国王的礼物”，也许城里充满了中国皇帝赏赐的礼物？

《新唐书·地理志》里记录了从广州到缚达——巴格达的航路，写法同《汉书·地理志》相似，但所载海域扩了不少。汉唐之分，若以印度半岛东部沿海为一条分界线，那么此线以东，乃汉人曾经海域，以西，从印度河到幼发拉底河，中间海茫茫那一片，汉人未知，由唐人新启。唐以前，国人海通，以下南洋为主，唐以后，开始下西洋。所以有人就说杨良瑶是“中国下西洋的第一人”，比郑和下西洋早了六百多年。

写《神道碑》，写手不能不吹，不管为了什么，既然树碑立传，按惯例，那就得吹，吹喇叭，抬轿子，那才符合碑文体式。至于我们读《神道碑》，那就别跟着往下吹，尤其是将碑文当作史料来读时，首先要做一番去伪存真的考索，从歌功颂德里走出来。

碑文中涉及出使大食那一段，一上来就一通吹：“昔使绝域，西汉难其选；今通区外，皇上思其人；比才类能，非公莫可。”吹得大唐满朝已无地自容。接下来，“赐绯鱼袋，充聘国使于黑衣大食，备判官、内傔，受国信、诏书”。那“绯鱼袋”又是个什么东西？《事物纪原》溯源“鱼袋”制度出于三代时期，曹魏时，曾改为龟形，唐高宗恢复鱼形，用丝袋盛鱼符，其制为“三品以上，其饰金，五品以上，其饰银”，“赐紫则给金鱼”“赐绯则给银鱼”，作为官员出入宫门的凭证。武皇起，以其姓武，自命玄武，又改回龟形，其后唐复辟，又回到鱼形。由此可知，杨良瑶为五品以上宦官。

宦官出使，在国内习以为常，出国就非同寻常了。我们不妨先问一下，此次使命，那“充聘国使”的主使是谁？是杨良瑶，还是另有其人？他是被“赐绯”的，还有没有被“赐紫”的？若牵涉国家结盟，一个“赐绯”的宦官够格吗？“赐绯”二字也许别有暗示，它偷偷地告诉我们，那“充聘国使”的应该另有他人，杨良瑶有可能是此次外交的监察使。

那主使是谁？没人认领。这么重要的外交活动，到头来却偃旗息鼓，无人提起，这到底为何？盖因天朝上国，聘使海外，礼下于人，必有所求，其于个人，或称有功，其于国家，却无脸面。皇皇大唐，何等威仪，天下归心，所向无敌，今有求于夷，乞师于宿敌，其事虽可行，但话头别提，故此一重大事件，未见于唐史，仅见于宦官神道碑。

碑文中还有一蹊跷，竟然出现了“公讳良瑶，字良瑶”，即一个人的名和字完全一致，这很不寻常。德国汉学家萧婷在《唐朝杨良瑶出使黑衣大食的历史探究》一文中指出，杨良瑶名与字同，有可能是将正式姓名隐藏了起来，其姓名或与国家秘密有关。

杨良瑶领了使命，从长安出发，来到广州，面对大海，举行了“剪发祭波，指日誓众”的出海仪式，待到“阳侯敛浪，屏翳调风”——风平浪静时，他便挂帆举棹，放船出海了。下西洋的船，诸如“师子舶”之类的就不行了，当时可供选择的有波斯船、大食船和唐船，唐船当然是最好的，但大食船最方便，关键还要看怎么个走法。

很显然，唐朝不能像后来的郑和下西洋那样，组建一个国家船队，浩浩荡荡，耀武扬威地去。若有这可能，大唐也就不会漂洋过海去搞什么外交了，如果不能带着天朝上国的体面去，那就要保密，将官船与商船混搭，唐船与大食船并用，悄悄地去。

这回是大唐要去朝贡大食了，这不是什么体面的事，不能大张旗鼓。“播皇风于异俗，被声教于无垠”，这是写在碑文里的漂亮话，用来表态的。使团追求的目标正相反，要雁过无声，不事张扬，要羚羊挂角，无迹可寻，总之，要早去早回。

他们日夜兼程，“黑夜则神灯表路，白昼乃仙兽前驱”。“神灯”，即航标灯。“仙兽”，指海洋动物，如海豚等。难道当时人发明了用海洋动物来导航的导航术？就这样“星霜再周”。星霜一周为一年，再周，就是两年，往返两年，“经过万国”，从广州出发，下南洋，过中南半岛，途经暹罗湾，沿马来半岛南下，经由苏门答腊岛东南部，抵达爪哇岛，然后，出马六甲海峡，下西洋，横渡孟加拉湾，顺着印度半岛西岸航行，过阿拉伯海，通过霍尔木兹海峡，到达大食国弗利剌河（今伊拉克境内幼发拉底河），改乘小船，北行至末罗国（今伊拉克巴士拉），再向西北陆行千里，到达终点巴格达。

那巴格达是个什么样子？碑文里一字未提，亦未将它与长安做一下对比。杨良瑶归心似箭，提不起那样的雅致，总之，他如期而归了。碑文里说他“成命不坠”，看来他达到了此行目的。只要看吐蕃此后一天天地烂下去，再无力来侵扰大唐就可知了。

大食国两位先贤的墓地，泉州灵山伊斯兰教圣墓

在泉州城东灵山上，安葬了两位从唐初来这里传教的阿拉伯先贤。这是伊斯兰教传入中国最早的史迹之一。唐朝统称阿拉伯人为“大食人”，称阿拉伯帝国为“大食国”。

记录先贤事迹的阿拉伯文碑（1322 年），泉州灵山伊斯兰教圣墓

郑和行香碑，泉州灵山圣墓回廊右侧

1417 年，航海家郑和第五次下西洋之前，特地赶来此地行香，以祈求两位先贤保佑他航海成功。当时的镇抚蒲和日立下了这块行香碑。

03

大唐重商主义的一次挫折

——从怛逻斯之战谈起

大唐时期，亚欧大陆有三个大帝国，它们彼此注视着。

位于亚欧之间的阿拉伯帝国——大食，同其他两大帝国——拜占庭帝国和唐帝国都有互动，因而更富于世界性，其互动无非两种方式：战争与和平。相比之下，它与拜占庭帝国的互动大多以战争方式，与唐帝国互动主要以和平方式，这是由地缘政治状况所决定的，符合国与国之间“远交近攻”的大原则。还要看帝国的势头是扩张还是收缩。两个扩张的帝国相碰，难免一战。大唐与大食就碰过一次，发生了怛逻斯之战，后来因安史之乱，大唐收缩了，两个帝国就再也没有碰撞过，而吐蕃却膨胀起来，也要成为帝国，阻挡了大食东扩。

在怛逻斯之战前，大唐与大食曾有过一回共灭苏禄的合作，那应该是两个帝国的第一次合作吧。王小甫在《唐、吐蕃、大食政治关系史》一书中，专门谈到了那次合作。那一次也是大唐主动的。唐派使者张舒耀去同大食商量，提出两路出兵，夹击突骑施。大食认可，约定出兵日期。那苏禄便是突骑施可汗，他选择了与吐蕃结盟，西拒大食，东阻大唐，欲重温突厥帝国旧模样，结果却被大食灭了，大食东扩，遂势不可当。

大食此前曾多次遣使于唐，其攻波斯，波斯求救于大唐，大食亦遣使至，求得大唐中立的立场，大唐默许，使大食得以迅速扩张，在波斯亡后，大食反戈大唐。

大食帝国在倭马亚王朝时期，扩张势头很旺，以大唐边疆为其扩张对象，故与吐蕃结盟，蚕食大唐。起初冲突多次，大食并未占到便宜，怛逻斯之战才扭转了战局。

怛逻斯之战发生在唐天宝十载，即公元 751 年。怛逻斯城得名于塔拉斯河，在今哈萨克斯坦塔拉兹市西约 18 千米。其名最早见于唐玄奘《大唐西域记》，记此地为“呾逻私城”，曰“城周八九里，诸国商胡杂居”。再次提到其名的，便是参与了怛逻斯之战的杜环的《经行记》。他说，碎叶川“西头有城，名曰怛逻斯”，这座城市由“石国人镇”。

杜佑著《通典》，在《边防类总序》中，以《经行记》为依据，也提到了“怛逻斯川”这个地方。后来，贾耽作《皇华四达记》，其中就记有自安西即龟兹至怛逻斯的行程，那行程或许就是高仙芝军团自安西奔赴怛逻斯的行军路线。当然，也有人认为战场不在怛逻斯城，而在塔拉斯河中上游西岸的伊特莱赫，也就是今天的吉尔吉斯斯坦西境普科罗夫卡。

战争起因，或曰西域藩邦石国“无藩臣礼”，安西节度使高仙芝发兵征讨。石国请降，高允降后，却一举攻占石国，屠城掠财，虏其国王，献于阙下斩首。石国王子逃脱，向大食求救，高仙芝率军长途奔袭，深入七百余里，至怛逻斯，与大食军战之。

怛逻斯之战，非独大唐受挫，大食亦受伤，也可以说是两败俱伤。真正的赢家是吐蕃。战时，大食帝国仍在改朝换代，阿拔斯王朝取代倭马亚王朝。大唐内部，接踵的是安史之乱以及藩镇割据。吐蕃趁势而起，也来争霸西域。大唐与大食因为脱离了地缘政治的接触，反而转向贸易，进行合作了。

怛逻斯之战在军事上本来是一场地区性和局部性的冲突，并非两个国家之间的全面战争，但人们喜欢将它解读成大唐与大食的国运战，看来这有点过分。因为这一战并未动摇大唐在西域的根基，只是使它的霸权受到了挑战，而大食也没有通过这一战取得决定性的胜利，西域霸权的空落被吐蕃王朝来充填。

一代吐蕃王朝，要成长为一个佛教化帝国，蕃人抓住了有利时机。

但，有得必有失。历史没有“如果”。假设我们非要“如果”一下，例如，“如果”吐蕃王朝没有选择佛教，而是选择儒教，那么它会如何呢？也许它的眼光就不会局限于西域了，而会转向中国，要懂得儒教文化，才知道如何利用安史之乱，逐鹿中原。这也许是大唐之幸，不然的话，吐蕃早就发了辽、金、元的先声。

吐蕃并非一直与大食为敌。其与倭马亚王朝曾结盟，一起对抗大唐，其与阿拔斯王朝，则敌多和少。被大唐与阿拔斯王朝东西夹击，两面挤压。而阿拔斯王朝之于大唐，除了开国之初的怛逻斯之战——那一战其实还是因倭马亚王朝扩张留下的惯性运动导致的——便再无战事，转入和平，从此开启两大帝国合作的共赢期，成为帝国关系一范式。

大食与大唐，从公元651年至798年，一直有往来。杜环在《经行记笺注》之序言中指出，“大食遣使来华的，就有三十六次之多”。而大唐聘使海外，因唐史讳言，多无记载。若统计之，大唐遣使大食，应该不止《杨良瑶神道碑》记载的那一次。

那么《经行记笺注》是一本什么书呢？是唐人杜环对自己在大食旅行的经历所做的记录，其经行范围从中亚到北非，可以说是自汉唐以来西行所至最远的一位。但他的经行可遇不可求，是作为战俘所得的最无可奈何的补偿。

在成为大食战俘之前，他是大唐军中文职人员，高仙芝麾下一名书记官。唐军怛逻斯战败，高逃了，他被俘了。逃回去的，高官依旧，厚禄照享，不料却在安史之乱中，被宦官说几句坏话就给说死了。就这样死去，可谓窝囊，死得哪里还像个名将！

不知这位将军临死前是怎么想的，我们倒很想问他个问题，那就是，他那支十万人的军队里，为什么会有那么多的工匠？难道他认为自己能马到成功，为战后城市重建做准备？若果真如此，显见他对这场战争的艰巨性估计不足，犯了兵家之大忌。本来西域用兵贵在神速，带了一大堆非战斗人员去千里奔袭，如何能“速”得起来?

这样明白的道理，他当然不会不懂。可懂了为什么还要这样做？这就跟他的军队体制有关。我们知道，汉唐治西域，耕战合一，均行屯田制，以军屯为主，民屯辅之，培育持久战力。

但西域毕竟是一条商道，财源滚滚，利之所在，务农不如经商，耕战不如商战，利在召唤，谁不趋之？故转型悄然而至，从唐初的屯田制转向军工制，以军事－工业复合体的方式经营西域，使兵农合一转化为兵工合一，将耕战合一转化为商战合一。

战时，以战养战，可以之维持军工产业，提高战力；平时，以商养战，将其转为民用，逐利于“天下熙熙，皆为利来”的西域，在国家经制外形成新的经济体。但历史经验告诉我们，在中国传统里，军队可以务农，却不宜经商，因为军队主体来源于农民，而非来自商人，所以，不仅要从制度安排上重农抑商，还要在文化认同上重义轻利。

汉唐时期的中国，尚未出现国家本位的重商主义，但在某个局部和某个特定的历史时期，则有可能产生了重商主义的活跃因子。例如，唐朝中后期，随着府兵制改为募兵制，出现了新兴的军工复合体，似乎就萌芽了重商主义的苗头。唐史评价高仙芝，说他贪利，皆曰其个性，忽略了他个性背后的重商主义，军工复合体的本质就是重商主义。

这样一个中世纪的军工复合体究竟是个什么样式？这样的问题，过去从来没人问过，我们好奇，想问一问。我们心中有一个谜团需要解决：何以一支大唐边军竟然会有那么多改变了世界历史进程的无名氏工匠？这就如同我们惊讶，何以有那么多来历不明的画家聚集在文艺复兴的敦煌千佛洞?

正是那些工匠用造纸术造出的纸张，书写了大批敦煌文书，促成敦煌文艺复兴，还通过他们的经历，将文艺复兴的薪火传到阿拉伯世界，经由阿拉伯世界又传到了欧洲，取代纸莎草纸和羊皮纸，为欧洲文艺复兴准备了全民阅读的物质基础。

除了造纸术，还有指南针，也为即将到来的大航海时代做好了准备。据说，阿拉伯人获得这些关键技术是通过一次战役，就是怛逻斯之战。高仙芝军败北，那些随军工匠都做了大食俘虏，被掳至亚俱罗——亚述之地，参与巴格达城市建设。杜环在《经行记》中提到他们，并认出其中几位，有名有姓的被记录下来。

对高仙芝来说，一次军事上的失利不算什么，士兵损失了，还可以招募，可军工复合体瓦解了，就难以重建，毕竟那些卓越的工匠要长期物色，非一朝可得。

自商鞅变法以来，中国传统军队就形成了以农民为主体的兵农组织，一直到唐朝的府兵制，也还是这样一个兵农组织。军工复合体出现在唐朝，是一个新生事物，它主要涉及三个方面：一是军队，二是军工业，三是国家授权。国家授权包括经制内和经制外两方面，也就是说，除了授予军政首长经制内财权，还要授予经制外的经济开发权。这刚好适应了从府兵制向募兵制转变，军工复合体在募兵制里出现。

府兵制的特点如杜牧所言，乃“三时耕稼，一时治武”，也就是“平时为民，战时为兵……兵不识将，将不知兵”，这样的军队，保家卫国还可以，开疆拓土就不行了。唐初府兵制，乃均田制下寓兵于农，农民受田，就有义务向政府纳税，为国家当兵。义务兵就是府兵，府兵从军，要自备粮资，自带兵器，就像个国家主人翁。

可府兵制要以均田制为基础，农民若无田可受，府兵制就难以为继。唐初，府兵可用，是因为国家拥有大量荒地，可以不断分配，分得土地的府兵跟随太宗出征，居然把突厥灭了，那样的开国气象——耕战合一，兵农合一，真个是“试看天下谁能敌”！所以，太宗说，中国强，戎狄弱，以我徒兵一千，可敌胡骑数万。这话成了有唐一代士人的政治理想。例如，《白居易集》卷第六十四《策林三》中就这样说道：太宗既定天下，以为兵不可去，农不可废：于是当要冲以开府，因隙地以营田。府有常官，田有常业。俾乎时而讲武，岁以劝农……故有虞则起为战卒，无事则散为农夫。

这岂不就是以民为本的国防全民皆兵的国家？可惜呀！还是失去了。

李泌与德宗“议复府兵”时，提到了“武后以来”，府兵“为人所贱，百姓耻之”，丧失了为国家尽义务的最后一点残余，竟然不惜自残——通过“蒸熨手足”来逃避兵役。何以至此？有客观方面的原因，如均田制下已无田可授，府兵制的兵源也随之减流，渐至枯竭；还有主观方面的原因，那就是武周取代李唐，当然要变革。首先要变革军制，因为“枪杆子里面出政权”，所以武皇看着府兵制烂下去，却无动于衷。李泌为之叹息不已，于是当德宗表示想恢复府兵制时，他应声对曰：倘若府兵之法常存不废，安有如此下陵上替之患哉！陛下思复府兵，此乃社稷之福，太平有日矣。

理想归理想，现实归现实，现实已经回不去了，但理想之光并不因之而熄灭，而是如薪火相传，传给了宋人，影响了宋人治史。《新唐书》和《资治通鉴》一而再地赞美兵农合一，即以唐人的理想为根据，却未能注意到从西魏到唐初府兵制演变的历史。

也有现实主义的，刚好相反。针对府兵制两百多年一以贯之的说法，南宋浙东永嘉事功学派的叶適就认为，哪有什么兵农合一？两百来年的府兵制都是兵农分离。

对于这两种观点的偏颇，陈寅恪在《隋唐制度渊源略论稿》中分别做了指正。他指出，欧阳修、司马光等人忽略了府兵制自西魏起就是兵农分离的，而叶適则有见于西魏以来兵农分离，而忽略了府兵制从西魏部落兵制向唐初国家兵制的转型。府兵制的国家化取消了部落兵制的独立性，赋予了国家的统一性，统一性的基础就是均田制，统一性的实现要通过国家授田，府兵从国家那里分得土地，这才有了兵农合一、耕战合一。

开国之初，国家多荒地，宜于府兵制，久之荒地渐少，虽说“溥天之下，莫非王土”，但“王土”亦非无限可分，分到一定程度便难以再分。府兵制动力越来越不足，加上已分得土地的府兵在土地兼并中又失去了土地，就从根本上动摇了府兵制的基础。

接踵的募兵制，从某种程度上，我们也可以将它看作府兵制的回归，从兵农合一向兵农分离回归，从绝对统一性的国家兵制向相对独立性的部落兵制回归。回归不是复原，而是螺旋式上升，不是回到部落酋长，而是从大一统的裂痕里产生了像酋长那样的节度使。节度使不仅是军政合一的首长，可以动用地方财政力量供养军队，他还是军工复合体的发动机，要不断地扩军和扩充军备，这就需要从政府财政以外去开辟财源。

募兵制下的兵是雇佣军，不是义务兵，是靠领军饷生活的职业军人，不是肩负国家使命的国民军，他们眼里只有雇主，没有君主，这成了藩镇割据的军人基础。

正是在此基础上，出现了军工复合体的雏形。为了保障职业化军人的来源，就有必要发展世袭军户，为了保障专业化的军工生产，还有必要发展世袭匠户，加上原来的屯田兵，就形成了工农兵一体化的军事单位。高仙芝率领的大唐西域军团应该就是这样一种组织形式，否则，我们很难理解一场战役失败何至于有成千上万名工匠成为战俘。

让我们试想一下，一个这样的军工复合体，在面对一条财源滚滚的商道时，岂不很容易走向重商主义？在丝绸之路上扩军，重商主义应该比重农主义更有利可图。

在怛逻斯战争结束后，战争的另一个谜底才开始浮出，让我们看到了中亚地缘政治背后的财富动机及其重商主义的本来面目。宋岘在《杜环游历大食国之路线考》一文中，指出“怛逻斯之战发生的原因并非如《新唐书》等中国古文献讲的那么简单”。

作为战争导火索的石国与拔汗那国，为争夺一批中国财货而交恶，提供这批财货的是大唐帝国的安西都护府，说得更具体一点，就是高仙芝。他将这批财货，或曰售于拔汗那国，或曰请其代为营销，石国王子得此信息，欲夺，见有唐军护卫，更激发其亡国之恨，遂求大食出兵邀击。另一说，则称这批财货有可能就是高仙芝军的随军品。

所以高仙芝要出兵护卫。本以为大旗一举就所向披靡，没想到这回碰到了铁板，艾布·穆斯林率领呼罗珊大军早就做好了圈套等他到来。他长驱七百里，明知有伏，却不退兵，反而进击，欲一举冲决网罗。何等藐视敌人！但藐视的结果只有一个，那就是失败。

战后，那批中国财货先是被一个中亚小国所获，其国名，宋岘文中称“史”，也叫“渴石”。此等小国，还能信托？或曰其趁乱所得，总之，艾布·穆斯林放不过，派了大军追去，灭其国，夺其货，将财宝和战俘一并收入囊中。其时人在撒马尔罕，高仙芝打造的军工复合体被艾布·穆斯林将人财物全面接管，大唐军工之花在中亚开放了。

这还没完，怛逻斯之战围绕中国财货还有余续。中亚夺宝事件引起阿拔斯王朝关注，于诛杀艾布·穆斯林的第二年，就派兵攻入其老巢，夺得这批财宝。

严格说来，怛逻斯之战并非两国间的地缘政治战争。实际上，它是两个军团之间的一次重商主义较量。战争的起因是对商道的争夺，对贸易枢纽的控制，决定这场战争的，不是两国朝廷，而是两军统领。艾布·穆斯林是自作开战主张，高仙芝也是随便找个理由，跟朝廷打个招呼，没有形成国策就轻启战端，所以，战争局限在两个军团之间，没有扩大。战后，两军统帅也被各自的朝廷杀了，因为他们都是朝廷失控的军阀。

高仙芝的失败是大唐重商主义的一次挫折。一盏刚点燃的军工复合体的耀眼明灯，在一场刀光剑影的厮杀中被打灭了，一个兵工一体、商战合一的军事组织，被一场充满了叛变的战争解体了，叛变的何止是外藩军队，应该还有唐军中那些逐利而来的军人吧？一支重商主义的军队，它可以战无不胜，但大都有着一个根本的缺点，那就是容易被收买。只要有人出更高的价，就会出其不意地将其瓦解，也许正是收买导致了唐军的失败。

所以，在杜环的《经行记》中，我们看到参与怛逻斯之战的杜环提起这场战争的地点，只说了一句话：即天宝十载高仙芝军败之地。本来，应该有着千言万语可以诉说，结果就这么一句便打住了，是真的无话可说，还是有着难言之隐呢？

当然，还有一种可能，那就是《经行记》原书已佚，今行于世者，于《通典》中辑录而成。《通典》言西域及海外事，多引《经行记》，故原书虽佚，尚能由之以见其一鳞半爪。也许原书之中并非仅有这一句，只是我们所能见到的只此一句罢了。

唐墨绿地狩猎纹纱，长 35 厘米，宽 18 厘米，新疆维吾尔自治区吐鲁番市出土

唐墨绿地狩猎纹纱：

唐时代的丝织品残片，因少有而非常珍贵，狩猎图案尤为特别，表明西域风，也许是工匠在西域将东部的丝织技术普及。高仙芝主持西域时，工匠们到达阿拉伯地区的也不会少，后因海上丝绸之路畅通，阿拉伯地区的工匠也会往东方来，带来沿海港口的繁荣。

撒马尔罕：

据说撒马尔罕是善于经商的粟特人的故乡，唐高宗时期，称康居，大唐在此设置康居都督府。唐玄宗天宝十载发生怛逻斯之战，高仙芝败，康居成为大食国土，而高仙芝所携财宝皆流入撒马尔罕。

04

一位大唐战俘的西海游历

——重读杜环《经行记》

大唐航海第一人，应该就是杜环吧。他不仅到过南海，还到过西海——地中海，他的书，就是那本《经行记》，其中所记录的国家，有许多就在地中海沿岸。

可《通典》引《经行记》仅有1511字，杜佑何以未将全书收入？他只节选了这千余字，致使近人岑仲勉阅之喟然而叹曰：杜君卿与环既同族，不将《经行记》全部纳入《西戎典》，而使人莫窥全豹，是亦天壤间一恨事！

那杜君卿，也就是杜佑。杜佑介绍杜环是这样说的：族子环随镇西节度使高仙芝西征，天宝十载至西海。宝应初，因商贾船舶，自广州而回，著《经行记》。寥寥数语，才三十余字，对杜环参与"西征"后发生的一切，杜佑一概不提，仅以"至西海"三字统言之，致使其本人记事亦如其书《经行记》之"原书已佚"，亦可谓"本末皆失"。

杜环失落大食国十余年，这十余年，杜佑只字未提，怎么说呢？一个战俘有什么好说的。如果还为大食所用，做了叛徒，那就更没什么可说的了。至于他为什么回来，回来以后又去哪儿了，何以销声匿迹，且不知所终，这些问题，都是应该问一问的。

荣新江在《记唐贞元初年杨良瑶的聘使大食》一文中，提到了"杨良瑶之选择广州作为出发地，也可能还有一个原因，就是了解杜环在阿拉伯地区的见闻和他回程所经的海路情况”。怎么了解？是面谈吗？跟谁面谈？是跟杜环谈，还是跟杜佑谈？

杜环回到广州是在公元 762 年，杨良瑶出使大食是在 785 年，其间已过二十多年，如果杜环还在，那就证明他已定居广州了，可杜佑明明说杜环“自广州而回”，那个“回”字表明，杜环回原籍了。不过可以肯定的是，那时杜佑正在广州，任广州刺史和岭南节度使，如果两人见面，这种可能性极大，不见反而意外。由此我们大致可以断定，杨良瑶出使有可能随身带着《经行记》，作为他下西洋的地理和地缘政治的指南。

我们不妨再往前推一下，也许李泌制定“联食抗蕃”的战略就参考了《经行记》一书。或许杜佑摘选《经行记》就是为大唐“联食抗蕃”提供地缘政治的参考，同时，也为从大食归来的杜环做了一次救赎。本来，一名战俘从敌国归来，怎经得起国家安全的拷问？如何应付得了国家利益的打量？可有了《经行记》就不一样。作为《经行记》作者的杜环，比张骞更加深入西域以至于西海，其《经行记》中的记载为“联食抗蕃”战略提供了重要参考或功不可没。

大唐开疆拓土，有两本游记起了重要作用：一本是唐玄奘的《大唐西域记》，为大唐定西域提供指南；另一本就是杜环的《经行记》，为大唐向西海做了参考。前者进取陆疆，为大唐盛世开光，后者开拓海洋，把东亚和西亚用政治和贸易联系起来。连汉唐盛世都没做到的，却被逆势的唐中期做到了，千军万马没做到的，被一本游记做到了。

杜环归来是个意外。怛逻斯之战后，他是死是活，已无人晓。也许杜佑会去高仙芝那里追问，高亦必是无可奉告。过了十来年，某一天，他突然回来了，除了给家人一个惊喜，也要给国家一个交代，将十来年的行迹说个明白，也许这就是《经行记》一书的由来。由于原书已佚，我们无法从杜佑引用的资料里确认其行迹，好在宋岘有一篇《杜环游历大食国之路线考》，用阿拉伯文献做参照，将《经行记》的行迹考述出来。

宋岘追寻杜环在大食国的历程，可他的目光却转向一位大食人。那人就是大食国东道使艾布·穆斯林。此人在推翻倭马亚王朝过程中立有殊功，阿拔斯王朝创立之初，他手握重兵，也就是那支打败高仙芝军团的呼罗珊大军。

战俘的命运跟着财宝的线索走，先是跟着艾布·穆斯林走，于是，艾布·穆斯林所在的位置就成了确认杜环行迹的坐标；然后跟着阿拔斯王朝走，从呼罗珊走向亚俱罗，走到巴格达去。在王朝的动向里，杜环的行迹变得越来越清晰了。

我们还是来看一看宋岘对杜环在大食国的历程所提供的线索吧。他一上来就提到末禄国，为什么？张一纯笺注曰：此地为呼罗珊首府，黑衣大食之发祥地，艾布·穆斯林的故里。对艾布·穆斯林来说，还有比这里更重要的地方吗？他本应将这批中国财宝和中国人才送到亚俱罗去，献给阿拔斯王，为王所用，可他没这么做，他觉得自己作为阿拔斯王朝的开创者，有权享用这些来自中国的人、财、物。于是，他把那些人、财、物，统统带到自己老家，留为己用。他的军队沿着阿姆河向西行，先从撒马尔罕即康居到达亚梅国，再从亚梅国到达末禄国。

康居，其地在今乌兹别克斯坦境内，或曰“以土地肥饶故名”。亚梅，即《后汉书·安息传》之“阿蛮”，位于里海南岸。《经行记》里未见有专列一国，只在“末禄国”条里提了一句其“在亚梅国西南七百余里”。也许原书列有专条，杜佑摘录时，本其“小国无异闻者，则不暇录焉”的原则给省略了。末禄，《后汉书·西域传》作木鹿，即今土库曼斯坦梅尔夫（Merv）城。

杜环在末禄待了多久？据宋岘推算，大约待了六年。这六年中，阿拔斯王朝换了四任东道使，加强了对呼罗珊军队的控制。杜环被俘以后，加入呼罗珊军，适逢西边摩邻国动乱，阿拔斯王朝征调呼罗珊军前往讨伐，杜环就成了一名随军记者。

《经行记》就是对漫漫征途所做的记录。宋岘认为，“《经行记》所言之地，皆应是杜环亲自游历过的”。这样一说，就出了问题。拂菻国呢？他去过吗？应该没去过。因为拂菻国亦即拜占庭，“胜兵约有百万，常与大食相御”，为此，拂菻曾多次遣使大唐，从贞观到天宝的一百多年间，前后凡七次，其欲与大唐结盟，令大食两面受敌。

拂菻与大食“相御”，说明两国处于战争状态。杜环随军游历，不可能进入拂菻，故其关于拂菻的记载，除了“西枕西海，南枕南海，北接可萨突厥”一句，是无须进入其国内，仅从外部就可以确认的地理位置，其余就是“鬼市”与“女国”之类的传闻。

此外杜环所言各国都在大食势力范围内，应该是他亲历过的。杜环随呼罗珊大军从末禄往摩邻国去，他发现“从此至西海以来”，波斯人和大食人“参杂居止”。因为大军走的是呼罗珊大道，它不光是一条连接和平城——巴格达到呼罗珊的有邮传驿站的官道，还是一条连接波斯帝国和阿拉伯帝国的历史通道。在这条大道上，大食文明历历在目，波斯帝国文化遗产也闪闪发光，有琐罗亚斯德（拜火教创建者）的故里，还有波斯帝国的君王走向拜火圣殿的步行登基礼。

从末禄到和平城——巴格达，行程约 2340 千米。大军从巴格达所在的亚俱罗继续西行，其行军路线是沿着幼发拉底河溯流而上，往苫国（约今叙利亚）去。

按照部署，呼罗珊大军在亚俱罗和苫国补充食源、兵源和水源，足足待了两年的时间，然后由苫国转道南下，沿苫国大道走向大马士革、约旦、巴勒斯坦。其间，杜环经过耶路撒冷，他称之为“秧萨罗”。宋岘说，他应该在耶路撒冷的一个清真寺里听了一次阿拔斯王朝第二代君王阿蒲恭拂（即阿布·贾法尔）做的有关战争动员的演讲，然后，从耶路撒冷出发，往摩邻国，即今之摩洛哥一带去。《经行记》曰，摩邻国“在秧萨罗国西南，渡大碛，行二千里至其国”。“大碛”是大沙漠，在西奈半岛上。不过，张一纯笺注，却以“秧萨罗”为“秋萨罗”，地点不在耶路撒冷，而在西班牙，在此，我们依据宋岘之说。

这一路行来，杜环涉猎了文明古国的两个源头：一个是亚俱罗所在地的西亚两河流域，古巴比伦文明源此；还有一个就是北非尼罗河流域，古埃及文明源此。

在古巴比伦文明的遗址上，一个新的帝国正在冉冉升起，那就是大食国。在《经行记》“大食国”里，杜环如是说，“大食一名亚俱罗”。但“大食”又是什么？张一纯笺注，诸说之中有这样一说：“阿拉伯”的意思为“明哲”，而波斯语则将“明哲”称为“大食”，中国人因波斯而知有“阿拉伯”，故因袭波斯人的称谓。当然，这是从文明上来说的，把大食说成了一个“明哲”的国度，这样的国度要建立在做学问上、求知上，一如其国之圣训：学问虽远在中国，亦当求之。只此一句，便道出大食对中国的向往。

可当时的中国人又怎样看大食呢？杜环是这样看的——“其士女环伟长大，衣裳鲜洁，容止闲丽”，完全符合衣冠人物标准。但与中国士女又有所不同。他注意到，大食国人，“女子出门，必拥蔽其面”，要把脸遮蔽起来，不可示人，还有其国人“无问贵贱，一日五时礼天”，从早到晚，一天要做五次礼拜。他还注意到，该国有斋戒月，斋戒时，竟然“食肉作斋，以杀生为功德”。斋戒期间，夜里饮食，照旧吃肉，而且提倡凡有余财者都要宰牲，把肉分为三份，一份自用，一份送亲戚邻居，一份济施贫穷。这大概就是做“功德”吧。

张一纯指出，王国维校本“食肉”作“不食”，“杀生”作“不杀”，有误。显然，王国维是想当然地用了中国礼仪来校读大食国教礼拜，其误就误在过于自信。

杜环还发现，大食国人崇尚节俭，不但“断饮酒，禁音乐”，而且“葬唯从俭”，这一点很像中国的墨者之徒，但节俭并非出于短缺，而是基于富足。对于那份富足，他是这样描写的：土地所生，无物不有，四方辐辏，万货丰贱，锦绣珠贝，满于市肆。这几句，将亚俱罗那一方水土及其物产，还有交通与市场以及商品又多又便宜，都说清楚了。

他还特别提到了几种商品，眼见作为交通工具的“驼马驴骡”，满载货物，“充于街巷”，其中有石蜜，即今之冰糖，“刻石蜜为卢舍，有似中国宝舆”，而且“粳米白面，不异中华”，看来，这是一个容易使人联想起中国的地方，更何况市面上还有数不胜数、为中国所稀罕的琉璃器皿。那些琉璃多为大食国自产。宋人赵汝适在《诸蕃志》里也提到过大食国琉璃，言其烧炼之法原与中国相同，只是多加了一料，就变得贵重。

看来这是个中国人宜居的地方。果然，他在此地见到了不少中国人，其中有几位还在《经行记》里留下了他们的名字。他们都是令当地人羡慕的中国工匠，是织匠、机匠、画匠、金银匠等，通过民间贸易渠道，不远万里，来到大食国。他们来做什么？

当时，在两河流域文明古国的遗址上，一个新帝国的帝都正在兴建，世界上哪里还有比这更大的商机？哪儿有市场哪里就有唐人，世界上最早的唐人街可能就出现在这里。这个新兴的城市，它叫什么名字？叫“巴格达”。那么“巴格达”又是什么意思？

宋岘在《唐代中国文化与巴格达城的兴建》一文中引用了中世纪阿拉伯学者雅古特《地名辞典》里的说法：“巴格达”一词源于伊朗语，“达”是礼品的意思，“巴格”是中国国王的名字。用“中国国王的礼物”来命名一个城市，尤其是一国之都，说明两国之间建立了何等深厚的友谊！然而，究竟是什么值得用这样一个名字来命名城市？

贸易！除了贸易，还是贸易！唯有贸易，才有这么大的魅力！想想吧，那些大食商人带着他们朝贡得来的“中国国王的礼物”——瓷器、丝绸等回到大食国，将它们陈列于市场，人来询价，他们会怎样回答？当然不说“来自中国”，这太一般了，一般的产品哪能卖出高价？要说是“中国国王的礼物”，也就是“巴格达”，高额利润就产生了。

当一座城市，你也“巴格达”，我也“巴格达”，虽然有真有假，鱼龙混杂，但它先是作为一张城市名片出现，后来又被当成了城市标签，由此爆发巨大的广告效应，收获了丰硕的经济效益。正是对高额利润的不断追求，命名了一座新兴的城市——巴格达。

除了那些传统商品，还有当时的高新技术——中国造纸术，那就更是“中国国王的礼物”——“巴格达”了。造纸术在它的发祥地中国，从汉到唐，并未产生过世界性的影响，可在大食国却不一样。造纸术带来革命化的浪潮，掀起了一个又一个巨浪。

它先是在9世纪掀起了一个革命的浪头，革了来自古埃及被称作“法老财产”的纸莎草纸的命；百年之后，又掀了一次浪头，革了欧洲人羊皮卷和牛皮卷的命。这一时期的革命，在市场经济里进行。阿拉伯人用中国纸打败了古埃及的纸莎草纸和欧洲的羊皮纸，统一西方书写市场，获得垄断利润，可以说是市场革命。

与之并行的，还有文化上的变革。以中国纸为媒，伊斯兰教得以广泛传播，其普及性较之犹太教和基督教均有过之，因为经书之推广，教义之发扬，都有赖于纸张，正是中国纸推动了伊斯兰教的扩张，没有哪一种力量比造纸术更能传播宗教信仰。

文化上的变革围绕着造纸工人和中国纸市场，形成了文化与科学的大都市。巴格达的荣耀不在其君王，而在市场，在于它不但是个百货齐全民生富足的商品市场，更在于它是个书籍密集、思想者众多的文化市场，是学者思考和诗人吟咏的大雅之堂。

从撒马尔罕到巴格达，只有在巴格达，在文明起源与文明冲突的地方，造纸术才显示其革命的力量——市场的力量和文化的力量。伊斯兰教掌握了造纸术，就比基督教、犹太教更有利于传播其宗教信仰，阿拉伯文明利用其造纸术就能赢得同基督教文明的较量。总之，造纸术在中国波澜不惊，显得很平常，在大食却掀起了文明的巨浪。

杜环随军从中亚来到西亚，从西亚来到北非，终于到了摩邻国。“摩邻”，乃阿拉伯语音译，意为“日落之地”，用来称呼“西方”。

此次远征，除了对付叛乱，还触及了文明冲突的深层次的问题，当远征军带着中国纸和造纸术来到北非时，古埃及文明流传下来的成果之一——纸莎草纸，就被中国纸取代，而整个北非也就被阿拉伯文明所覆盖，希腊化世界随之退出了历史舞台。

北非亚历山大港，自托勒密王朝以来，就取代雅典成为希腊化世界的中心。值得一提的是，它有个特别的标志，那就是图书馆，用纸莎草纸造的图书馆。

为什么希腊人要在古埃及建世界最大的图书馆？因为只有在埃及，才能解决图书所需要的纸张问题，唯有古埃及文明的遗产纸莎草纸能为其知识的生产和普及提供具有足够产能的纸质载体；那是当时世界上唯一能像模像样地建个图书馆的地方。

那时的中国怎么样？还只能书写在简帛上，不能为图书提供纸张。

作为最初的图书馆，它第一次将人类知识汇集起来。在此之前，知识是区域性的，但自从建成这一世界性的图书馆之后，人类的知识也随之成为世界性的了。它像一块巨大的知识和思想的“磁铁”，吸引了世界各地的学者，来这里“为学术而学术”。

应该说，这是希腊化时代的希腊人对雅典的一次文艺复兴，也是世界历史上的一次文艺复兴，但这次文艺复兴被罗马人用无情的战火毁灭了。前两次，跟恺撒有关，是因为战争。第三次，则跟宗教有关。罗马皇帝颁布敕令，定基督教为国教，要求人民做基督教徒，令毁异教教堂、庙宇以及图书馆。

然而，在这片纸莎草纸的产地上，充满了一种再生的力量。图书馆毁了，还可以重建，正所谓“野火烧不尽，春风吹又生”。等到阿拉伯人纵横这片领土时，发现这里又兴起了图书馆，于是，再添一把火，又给烧了，此后，这里就再也没有图书馆出现了。

因为在市场的革命中，纸莎草纸被中国纸淘汰了，没了纸莎草纸，谁还在这里建图书馆？当杜环路过此地时，图书馆早已灰飞烟灭，再无半点文艺复兴的星火。

如果需要重建一个新的图书馆，应该选在哪里？当然是中国纸的产地，还得到“中国国王的礼物”——“巴格达”去。果然，阿拔斯王朝开始了图书馆建设。

图书馆在巴格达延续了波斯人的说法，被称为“智慧之家”。大食国人受到《古兰经》的指令，将“智慧”神圣化，信奉“学者的墨水比殉教者的血水更为神圣”的圣训，对世界采取“拿来主义”，开启了以“翻译运动”为主导的“黄金时代”。其知识范围从希腊到中国，无所不包。虽然那时中国并未形成世界学术中心，但在国内出现了不少书院。

可见，那一时期的世界似乎都在为文艺复兴的到来做准备。当然，这些都是后话，都是后来人总结出来的。杜环当时想不了那么多，他只有一个想法，那就是回国。我们不知他从摩邻国回来以后是否回到了巴格达，也不知他是以怎样的身份回来：究竟是作为战俘自己逃回来的，还是作为自由人自己选择回来的？或者是作为阿拔斯王朝的使者被派回来的？若是前二者，他有可能从红海回来；若为最后一种，或从波斯湾返程。

如果我们假设他是作为阿拔斯王朝的使者被派回来的，那么他就应该回到巴格达去，从巴格达出发，经由波斯湾往“中国海”。那时的大食人没把印度放在眼里，他们直接就把印度洋称作“中国海”了，仿佛中国不在万里之遥，而在其家门口。

雅古特《地名辞典》卷三“苏哈尔”条，称波斯湾南岸阿拉伯半岛上的苏哈尔港为“中国走廊”，说它“是东方和伊拉克的宝库”，是个放舟万里、四海通商的去处。杜环很有可能作为大食国的使者从这里前往中国。我们为什么要假设他是个使者呢？因为他或许已信奉伊斯兰教。《经行记》“大食国”条里有一条线索值得一提。他说：大食国里有可容数万人的礼堂，“每七日，王出礼拜，登高座为众说法”。显然，他在场听过，若非身临其境，他不可能如此叙及“王曰”：“人生甚难，天道不易，奸非劫窃，细行谩言，安己危人，欺贫虐贱，有一于此，罪莫大焉。凡有征战，为敌所戮，必得生天，杀其敌人，获福无量。”若非信徒，他岂能参加礼拜聆听

“王曰”？

他还说，大食国人对于“王曰”可谓“率土禀化，从之如流”，他本人多半也就“从之如流”了。总之，他从巴格达回到长安以后就再次失踪，或者回巴格达去了？

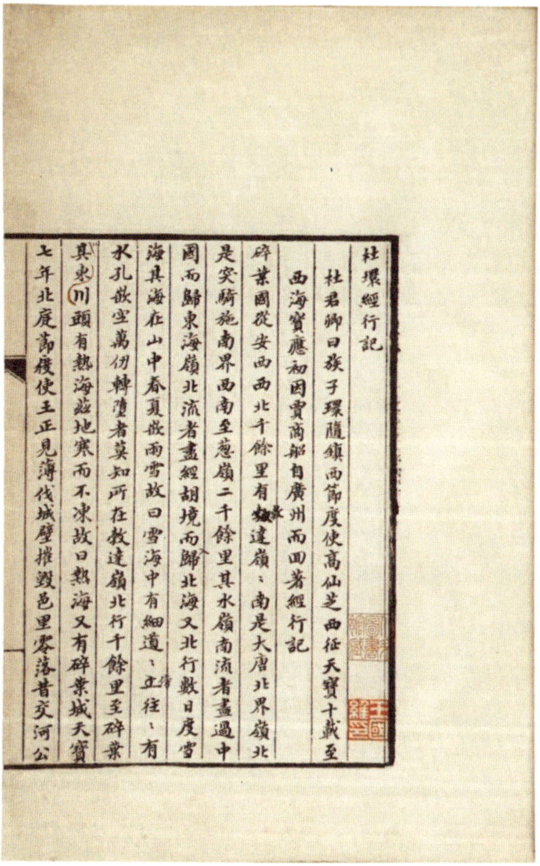
杜環經行記
杜君卿曰族子環隨鎮西節度使高仙芝西征天寶十載至
西海寶應初因賈商船自廣州而回著經行記
碎葉國從安西西北千餘里有勃達嶺〻南是大唐北界嶺北
是突騎施南界西南至葱嶺二千餘里其水嶺南流者盡過中
國而歸東海嶺北流者盡經胡境而歸北海又北行數日度雪
海其海在山中春夏常雨雪故曰雪海中有細道〻傍往〻有
水孔嵌空萬仞轉墮者莫知所在勃達嶺北行千餘里至碎葉
其東川頭有熱海茲地寒而不凍故曰熱海又有碎葉城天寶
七年北庭節度使王正見薄伐城壁摧毀邑里零落昔交河公

《经行记校注》，（唐）杜环撰，王国维校注，稿本，中国国家图书馆藏

唐朝丝绸之路，重点看海上路线，从威尼斯和热那亚起航，途经阿拉伯大食国、印度、狮子国等南洋诸国之后，到广州、泉州、福州、温州、明州等港口，再向北，最后抵达新罗、日本。海上丝绸之路带来了造船技术和航海技术的进步，为商旅、留学、工匠互通提供了便利。

05

一位阿拉伯商人的大唐见闻

——苏莱曼东游记

杜环从海路回国，可海路上，《经行记》里只提到一国——师子国。宋岘《杜环游历大食国之路线考》只考了陆路，没考海路，所以，海归的行程尚不清楚。

不过，我们可以参考另一本书。这本书据说出自一位名叫苏莱曼的大食商人，在中国有两个译本：一本译作《苏莱曼东游记》，题苏莱曼著，为刘半农、刘小蕙父女合译本；另一个译本，书名为《中国印度见闻录》，未署著者，译者为穆根来等人。书中附有一张 9 世纪到 10 世纪阿拉伯人航海东来路线图。这张路线图能为杜环海归行程提供一个大致的路线参考，同时能为其行程展开一个文化比较的背景。

谈起世界，《中国印度见闻录》卷一第二十四说，印度人和中国人一致认为，世界上有四个国王：排在第一位的是阿拉伯人的国王，说他是“最伟大的国王，最富有的国王，最豪华的国王，是无与伦比的宗教之主”；排在第二位的是中国国王；第三位是罗马人国王；第四位不说他是印度国王，而说他是穿耳孔人的国王，用了鄙视的眼光。

这当然是阿拉伯人的观点，只是用了中国人和印度人的口吻来说。印度人会怎么说，我们不好揣测，但印度人总不至于把自己说成“穿耳孔人”吧？中国人会怎么说？那就更不劳阿拉伯人来代言了，肯定也要自认为天下第一，否则就不是天朝上国了。

每一位国王都拥有一个帝国，将他们各自的势力范围统合起来，就形成了世界。前面三位，相应的有阿拉伯帝国、唐帝国和东罗马帝国，而第四位印度，其时已难称帝国，但它在亚欧大陆居于中心地位。从阿拉伯到中国，无论陆地，还是海洋，它都是必由之路。即便不能成为世界的地缘政治中心，它也是绕不过去的世界地缘经济中心。三个大帝国，阿拉伯居中，西与罗马为敌，东同中国贸易，连接东西方，表现出世界文明的样式。这大概是阿拉伯人除了宗教信仰以外所具有的文明底气的由来。

这一时期，阿拉伯人对中国的认知，郭筠在《阿拉伯地理典籍中的中国》一书中做了综述。其中有一种说法很有意思，将大地的形状比作一只巨鸟，中国是鸟头，印度是右翅，易萨是左翅，麦加、汉志、叙利亚、伊拉克和埃及是它的胸腹，北非是它的尾巴。很显然，这是对伊斯兰化世界的一个描述，因为整个基督教世界都没有包括进来。可出人意料的是，它竟然以中国作为鸟头，难道当时的中国已被阿拉伯人纳入其伊斯兰化世界的蓝图?

带着这样的蓝图，阿拉伯人纷纷前往中国，对中国格外关注。最先关注的当然是商人。最早有关中国的书写也出自商人之手，由苏莱曼开了个头，这个头，开得比马可·波罗早了四百多年。不过这两位有一个共同点，那就是他们都是商人。推动阿拉伯人去认识中国的，虽有圣训作为流传的口碑——“学问虽远在中国，亦当求之”，但第一推动力显然并非求知，而是求利，是在求利过程中，为了利益最大化而去求知。

阿拉伯学者跟在商人后面舞文弄墨，可最终还是没有一人来到过中国。相比之下，可以说那时的阿拉伯学者还没有一人像杜环了解大食国那样真懂中国，但这并不妨碍他们一个接一个地拿“中国”来说。有一位名叫雅库比的历史地理学家在其著作中提到:“中国是个幅员辽阔的国家，如果从海上去中国，需横渡七海。”

这“七海”，也就是从波斯湾到中国南海，若按照那时的说法，便是从法尔斯海（Fars）到涨海中间所经过的海。出了波斯湾（法尔斯海），就是阿拉伯海，那时称作拉尔海（Lara）或啰啰海；接下来是孟加拉湾，时称哈尔干海（Harkand）或哈尔康德海；再往东是安达曼海，那时叫箇罗海；由此而南就到了石叻海（Salahit），石叻，为马来语Selat音译，意为海峡，此即马六甲海峡，石叻海，乃海峡附近海域；由此往东至中南半岛，于湄公河口入海处，有昆仑岛，其所在海域称军突弄海（Kundrang），亦马来语音译，中译为“昆仑”；再往东去，到达中国南海，阿拉伯人称“涨海”，即阿拉伯语Cankhay音译；涨海尽头为海南岛，由此入“中国之门”。

了解了阿拉伯人说的“七海”，我们就大略可知杜环的海归路线了。其归路当与苏莱曼的来路同为一路，但在时间上，两人前后相差约九十年，分别处于中唐、晚唐两个不同的历史阶段。正是这两个阶段的差异，使得大唐与大食两个帝国此消彼长。

杜环那时，新兴的巴格达作为“中国国王的礼物”，尚以大唐长安做榜样。到苏莱曼来华时，巴格达在蒸蒸日上，而大唐长安却已是一副衰落的模样，所以，苏莱曼在他的见闻录里将大食国王排在世界第一，并非其妄想，将大唐皇帝排在第二，那也是照顾了大唐的面子，借了中国的光，因为，丝、瓷、茶等美好之物实在要比皇帝强。

如果杜环从巴格达出发，他先要到巴士拉，并在其附近找到一个名叫斯拉夫（Siraf）的海港，在此登上一艘装完货就要“抢路”，亦即正在扬帆起航的中国船。

为什么不直接在巴士拉下海呢？因为中国船大都在斯拉夫港装卸货。斯拉夫是波斯湾最大的港口，城里没有田野，没有牲畜，但人口密集，有的是豪华建筑，港口聚集着往来于印度和中国的商船。为什么中国商船多停泊斯拉夫港等待装运？由于两河流域出海口及其附近海域多浅滩，且风浪大，使得体积庞大的中国商船殊难航行，故将货物先载至斯拉夫港，然后用小船转运到巴士拉和巴格达。至于阿拉伯本地物产，也是由小船先载运至斯拉夫港，然后再由中国商船运往东方。

那时大唐虽已内乱，但繁荣尚在民间。那些中国民间商船，就像大航海时代西班牙的“马尼拉大商帆”，自由地往来于东洋和西洋之间，以其对海洋的征服和对利益最大化的追求，承担起海上物流的功能。那些商船的船长之中，应该不乏哥伦布那样的航海家，可他们的名字一个也没留下，因为他们不入史官文化的视野。真正的航海家失踪了，一不留神，像杜环、杨良瑶那样的海客便成了中国大航海的代表。

真正的航海家，是那些自己驾驶船只，自我指引航程，开辟航线的人。而杜环等人只不过是海船上的一名过客，一个搭渡的海洋边缘人。可一部中国航海史，多半是由这样的海洋边缘人记录的，记录中没有航海家的名字，更谈不上为他们立传了。

用史官文化来看，航海记录之海域，应当成为在王朝史观主导下的域外地理志的一部分，作为王朝中国天下观里的海国舆地之例示，王朝中国的海通在思想上最多也就通到了这里。从《汉书·地理志》到《海国图志》，都是有志没史，见地不见人，只留下一连串航海记录的地名，而看不到一个与这些地名有关的人——那些航海家。也许中国的航海家换了一种形式出现，非以历史而以神话，非以历史人物而是作为神仙，出现在方士传或神仙传里，如秦汉徐福、安期生等。

王朝中国海通，在唐以前，除了朝贡，便是游仙。自唐设市舶司以后，海外贸易才上了国家利益的航船，派了朝廷官员，尤其太监来监管，但对民间自发的航海活动还是不闻不问。一部中华航海史，依然被海外奇谈充满，只留下了“海客谈瀛洲”。

没想到纷纷“海客”中，竟然有一位像杜环这样有来历的人。他有族父杜佑关照，虽不至于被“烟涛微茫”所埋没，但杜佑对他知根知底，也使他难有“传奇”。

若将他放在秦汉时，他或许能成为海外仙人，或位列海上方士，但隋唐以来，踏浪而至者多是佛法僧人，接踵的亦多为传教士。他们来东土传法，来传“大食法”——伊斯兰教、“大秦法”——基督教，还有“寻寻法”，亦即波斯人的拜火教。他本人显然不在僧人之列，似乎也不太可能作为传教士来华。即便他信了伊斯兰教，他也不会以传教士的面目出现。我们从经过杜佑摘录的《经行记》里看到的杜环，依然是那个有着中国传统士人底色的杜环，是用中国式天下观来打量世界的杜环。

杜环和苏莱曼一样，也是从波斯湾北部沿岸的斯拉夫港起航，然后泛游七海来到中国。苏莱曼写在游记里的那些海域见闻，想必杜环多少也会有所经历。例如，《中国印度见闻录》中提到了“在真主创造的人类中，中国人在绘画、工艺以及其他一切手工方面都是最娴熟的”。对于这一点，杜环在巴格达时就已领略了。那些中国工匠、画匠若在本土长安很平常，可出现在巴格达，就出类拔萃了，以至于阿拉伯人认为“没有任何民族能在这些领域超过他们，中国人用他们的手，创造出别人认为不可能做出的作品”。

阿拉伯人对中国人的手艺佩服之情溢于言表，不过谈到宗教就不以为然了。苏莱曼说“中国人没有宗教，他们的宗教上的实践起源于印度”，这对一个宗教至上的民族而言，心理上会有怎样的一种感觉？奇怪的是，他们并不因此而小视中国，与中国为敌。那时阿拉伯人早已在西域开始进行用伊斯兰教来取代佛教的工作。他们前来中国，不能说完全没有传教企图，但主要目的还是经商。对商业利润的信仰可以量身打造天堂。

那时的中国政府就专门为阿拉伯人搞了个伊斯兰贸易特区：以河流为界，同中国人的城市分开，让穆斯林自治。苏莱曼在其见闻录里提到在商人云集之地广州，就有这么一处“蕃坊”，由中国皇帝委任一个穆斯林来管理，授权他以伊斯兰法律“办理前往该处经商的”穆斯林之间的“诉讼事务”，还说这是“已得中国皇帝允许而”，“这是中国皇帝的好意”。

看来，苏莱曼对那位被中国官长任命的穆斯林还比较满意，因为每当节期，就由他领导着大众行祷告礼，宣讲教义，并为穆斯林的苏丹“向阿拉伯祈福”，还说“Irak 的商人，对于他的判断总是服从的，因为，他无论做什么事，他心中所挂念的只是真理；他所感悟的，只是‘阿拉的书’，与‘神力与传大’，与伊斯兰训规”。他对这样的管理——将阿拉伯人的重商主义与其宗教伦理结合起来——赞不绝口，其中亦含有对大唐政治文明的赞誉。

在宗教方面，印度人是中国人的老师。苏莱曼从中国人那里听说，“印度人给他们带来了佛陀，给他们讲经说法”。总之，印度人的佛教已经在中国先入为主了，后来的——如基督教、伊斯兰教等——几乎所有的宗教来中国立足，但都难以为主。即便一神教来到中国以后，也不得不与其他宗教和平共处。在中国，没有宗教战争，也没有由于宗教而引起的文明的冲突。中国形成了一个不同信仰都能各得其所的共和的大格局。

苏莱曼还说，他在印度和中国，“没有见到过一个穆斯林，也没有一个会讲阿拉伯话的人”，但他却没有什么违和感。那时，阿拉伯帝国还在上升时期，阿拉伯人的心态也很开放，要把各国优秀的文化都拿来为我所用，他们喜欢拿不同的文化来做比较。《中国印度见闻录》里就有许多中印文化比较，这些比较的素材可以拿到他们的“智慧之家”去提升，使其成为新文明。

在第一卷里，苏莱曼讲他如何看待中国和印度。他是这样看的：“在印度，医学很兴旺，哲学也很发达。中国也有医学”，主要是灸，“中国有天文科学，但印度的更为发达”。这样的看法当然是片面的，由此可见那时阿拉伯人未将其目光投注在中国学术上，也就是说，吸引他们的不是中国人的学术思想，而是关于中国的“帝国想象”。

苏莱曼认为，大唐国土规划与制度安排以及衣冠人物等，都与大食相像，都有那么一副“帝国模样”，而“印度的面积比中国大两倍，印度有更多的国王”，但都是一副“小国寡民”的模样，相比之下，“中国的人口要多得多”。“在印度，很多地区是荒无人烟的，而在中国，所有土地均被耕种，全国各地人口密集。”“印度大部分地区没有城市，而中国人那里则到处是城墙围绕的城市。”因此，“中国更美丽，更令人神往”。

除了人口众多，苏莱曼还发现“中国人比印度人更为健康”，“中国人看上去较为健壮”。他告诉我们，“在中国，疾病较少”，很少见到一个残疾人，而在印度“这一类的人则是屡见不鲜的”，而且“中国人比印度人好看得多”，好看的不是长相，而是衣着，他说“中国人的礼服很像阿拉伯人衣着，他们穿长袍，系腰带”，而印度人则“不分男女，一律披两块布当衣服”。

在制度安排上，印度比中国有更多国王、更多军队。印度军队不用国王发军饷，“国王只是召唤他们去作战，战士们自己花钱去打仗”，而中国却不一样，军队必有军饷，还另有犒赏，阿拉伯军队也如此。这反映了部落国王与帝国君王的差异。

最后，苏莱曼用了一个传说来为他的中国想象结尾。他说：中国东部面临大海，海上有锡拉诸岛，岛民是白色人种，每年向中国朝廷纳贡，他们对苏莱曼说，“如果不向中国君主纳贡，那么他们那里就不下雨”，而苏莱曼却表示“我们谁也没有去过这些岛上，因此也就不能谈有关岛上居民的情况”。苏莱曼同他们相遇，或于通往朝贡之路上。这本来是为了讨取赏赐的一句说辞，可说着说着，虽未能说成真理，却也说成了传奇。

杜环归来时，正是传奇盛行时，苏莱曼到来时，已快接近传奇的尾声了，再怎么传奇，到了“中国之门”的海域，都必须等待南风起，因为只有在起南风时，方可在南海扬帆，乘风北上，直抵一条大江的喇叭形河口，从那河口上行，这便到达了广州。

这位大食国的旅行者，现藏于中国国家博物馆“中国通史陈列区”。从他的姿态来看，似乎在徒步，也许是从陆上丝绸之路来到大唐的。不管他从陆上丝绸之路还是海上丝绸之路前往大唐，他都是大食人的模样，都是像苏莱曼那样的大食商人。

大食国旅行者陶俑，唐代，高 27 厘米

“中国之门”——海南都督府：

海南岛在唐朝的行政区划中属于岭南道管辖，岛上当时设有崖州、琼州、儋州、振州、万安州，或有变迁，公元 789 年至 807 年设琼州都督府。

那时，大食人即阿拉伯人从波斯湾到中国南海，也就是从法尔斯海（Fars）到涨海，具体路线是：出了波斯湾，是阿拉伯海，而后是孟加拉湾，再往东去是安达曼海，再往南，即马六甲海峡，从海峡附近海域往东，至中南半岛，于湄公河口入海处有昆仑岛，继续东去，到达中国南海，阿拉伯人称“涨海”，涨海尽头就是海南岛，由此入“中国之门”。

06

大唐盛世传奇的终结

在阿拉伯商人苏莱曼的东游记里，大唐还是个缤纷的盛世。

虽然盛世的日影就要落幕了，但苏莱曼却兴致未减，在第一卷结尾处，依然用了传奇的叙述方式，还在述说大唐黄昏的美丽，没有预感到黑夜将来的危机。

后来，哈桑说他“奉命审阅”“此书”——《苏莱曼东游记》——是为了对书中所载关于中国和印度的海上交通诸事以及沿海各国状况进行考证；同时对“此书”没有述及而又为其所知的事情加以补充。于是，他补录见闻，续了第二卷。

他指出，“此书谈到的一切，都是真实可信的”，但也有一个例外，那就是“关于中国人在死者灵柩前供奉祭品的一则记事”。“记事”说，如果祭品不翼而飞，那便是被死者吃了。他不信，便去问一个人。那人从中国回来，“否定有这样的事情，说这犹如崇拜偶像的人，认为偶像也能同人谈话一样，是毫无根据的”。这样的回答令他满意，因为如此回答引用了伊斯兰教的教旨。

这位哈桑不知是何身份，从他“奉命审阅”来看，有可能是大食王朝里的人，或许是一位学者，能出入于“智慧之家”的门径。对于他，我们唯一确切知道的是，他是斯拉夫港人，因为他开篇就说“尸罗夫港的阿布・赛义德・哈桑这样说道”。斯拉夫港在《中国印度见闻录》里被穆根来等人译作“尸罗夫港”。看来这位哈桑同苏莱曼不一样，他本人大概没到过中国，但为了求证苏莱曼的见闻，在斯拉夫港访问了那些络绎不绝的“从伊拉克去中国和印度的商人”。在他的采访中，那些商人基本上确认了苏莱曼的说法，其中虽然有一位提出一点反对意见，但从我们中国人的角度来看，中国民俗文化完全有可能会印证苏莱曼的说法。

可哈桑为什么要特意拿这一点来说事，而且还要上升到偶像？我们猜想，有可能是因为他奉了王朝使命来审阅，难免有其政治正确和信仰至上的考量。所以，我们在他补录的续闻里，就看到了这一倾向。卷一关于“四国王”的说法，苏莱曼就那么一说，说得比较概括，有点比较的味道，可在卷二里，就变成了“五国王”，被哈桑讲成了一则故事，讲得有鼻子有眼，让主人公出场。

他说，“从前，在巴士拉城，有个名叫伊本·瓦哈卜的库拉伊斯族人”，自称是先知亲族的子孙。当巴士拉遭难时，他离开了这个城市，来到了斯拉夫港，“正好在这个时候，有一只船要开往中国。他在好奇心的驱使下，搭乘这只船，漂洋过海，去中国了”。到中国以后，他起了一个念头——想拜见一下中国皇帝，于是“从广府启程，历时两个月”，来到皇城胡姆丹。

那“胡姆丹”，或译库姆丹，为 Khumdan 不同音译，应该就是长安。2003 年，在西安北周史君墓出土的一件文物联系着“胡姆丹”与长安，其中有粟特文题铭，曰“胡姆丹”，有汉文题铭，曰“迁居长安”，墓主为粟特人史君。还有更早的证据。有人指出，1907 年，斯坦因在敦煌西北汉代长城烽火台遗址中，发现八封粟特文古信札，其中二号信札中，有西晋末年粟特商人称长安为“胡姆丹”。其语义来源亦有众说。有人认为是“可汗堂”（Khan T’ang），或称“宫殿”，也有人认为是“咸阳”古音，或称其原语读音，出自中古时期汉语之关中方言。西方人就这样称长安。不但粟特人这样称，阿拉伯人和拜占庭人也这样称，不但苏莱曼、哈桑的《中国印度见闻录》这样称，《大秦景教流行中国碑》也这样称。

那先知族孙，日复一日候在宫门前，多次上书求见。皇帝听说来了个先知亲族后裔，就传令吩咐臣下给他安派住处，提供用品，然后诏告广府大吏，命其查访来历，确认身份。大吏回禀，证明其血缘可靠。皇帝便准其求见，并赐他许多金钱。后来，他带着这些钱财返回了伊拉克。哈桑采访他时，他已年迈，但他对于中国往事记忆犹新。哈桑特别提他对往事“保持着正确的理解力”。他给哈桑讲了这样一个故事。

他说，托真主庇佑，皇帝召见了我，向我打听阿拉伯的情形，还问阿拉伯何以打败波斯？我回答，那是因为波斯人亵渎了真主，他们只拜火，并向日月下跪叩头。皇帝又问，你们怎么划分世上帝王的等级？我回答，我没有评论各国帝王的知识。于是，皇帝举了五个国王为例，让翻译转达：首先，是伊拉克的王，皇帝说，我们中国人称之为“诸王之王”，因为他的王国位于世界中心，其余王国都围绕着它；其次，便是中国皇帝，自称“人类之王”，因为世界诸王都不如他会治国安邦，君臣关系比哪一国都密切，臣民对他的忠诚，也是任何国家的民众所不能比拟的；再次，就是被称作“猛兽之王”的突厥王，还有被称作“象”之王的印度王；最后便是他称之为“美男之王”的拜占庭王。皇帝认为，唯有这些王，才是诸王之中的佼佼者，其余的王都不及他们。

然后，话头一转，皇帝问道：“如果你看见上帝的使徒，你能认出自己的主（是什么模样）吗？”我说：我怎能见到我的主呢？他在真主身边。皇帝说：我说的不是他本人，而是他的画像。当我回答可以时，皇帝便叫人拿来一个匣子，从里面取出画卷让我看。我看到了四位先知：第一位是坐在方舟上的挪亚，第二位是拿着权杖的摩西，第三位是骑着驴子的耶稣，第四位便是骑在骆驼上的穆罕默德。画像上都写有汉字，记录先知的姓名和来历。

皇帝对这几位先知都做了点评：对于挪亚，说挪亚时期的洪水并未淹到中国，亦未淹到印度；对于摩西，则说其国十分狭小，而且人民总跟他捣乱；对于耶稣，却道他传教时间太短；唯独对于穆罕默德，只有赞美，再无异词，说他和他的臣民统一了一个最大的国家，遗憾的是，他没能看到统一后的盛世，不过，他的后继人倒是看到了。

熟悉中国历史的人很难相信，这样一席话竟会出自一位中国皇帝的口。我们先来看有关洪水的问题，大概没有一个中国皇帝会不知道大禹治水吧？偏偏这位大唐君王，不但知道挪亚方舟，还了然于西方宗教源流，却不知中国也有过洪水，只是这洪水并非来自宗教起源的源头，而是跟国家起源有关。大禹治水，标志着中国的国家起源就是治水，哈桑等人对此有所不知，故观其所言，难免令人生疑：此言究竟出自皇帝本人，还是他们为中国皇帝代言？毕竟他们来自天方国，将中国皇帝纳入天方夜谭语境是信手拈来的事儿。假如我们信了哈桑访录所言，那么就等于让中国皇帝活在了一千零一夜故事里，活成了一个鲜明的伊斯兰化传奇；从中我们可以看到，把中国皇帝伊斯兰化正是他们的一个目的。

关于胡姆丹这座城市，哈桑也从伊本·瓦哈卜那里打听到了消息。伊本说，胡姆丹是个大城市，一条长街将全城分为东、西二区。东区，为政府所在地，故皇室、官邸及权贵的家人皆宅于此，不允许百姓同他们杂居，沿街开凿了小河，淌着潺潺流水，路旁树木葱茏有序，第宅鳞次栉比。西区，在大街左边，住着庶民和商人。这里有货栈和商店。每当清晨，人们就可以看见从东区前来采购的各式各样的人，他们或骑马，或步行，鱼贯式地出入于这个市场化的街区，采购完毕便立即返回。不到翌日清晨，他们不能再来这个街区。一边是市场，一边是官场，如此泾渭分明。一方面，固可见国家的傲慢与偏见；另一方面，也可见市场的宽容与力量，那是经济基础对上层建筑的制约的力量。

伊本还说，“在这个国度里，有可供人们享乐的一切”。这显然要靠市场的力量。还有美丽的森林以及大河奔流。充沛的水源显示了自然的力量。唯一美中不足的是，没有枣椰。那枣椰是阿拉伯人挥之不去的乡愁。

除了城市，还有航海，阿拉伯人也有新发现。他们发现了什么？发现了“周海”。“周海”是环绕亚欧大陆的海，就在大陆周围，不仅连接中国海和印度海，还贯通叙利亚海和拜占庭海峡。那时，苏伊士运河未通，从红海不能直接通往地中海，如哈桑所言，那是真主设置的障碍，无人可以逾越。但他们却在叙利亚海上，发现了从印度来的龙涎香，据此认为，应该还有一条海道，连通了亚欧大陆。

那条海道有可能绕着大陆的另一面，将中国和新罗、土耳其和黑海连贯起来，而龙涎香便从印度洋流出，不是往西去，而是向东来，漂过一海又一海，经由中国海，转入土耳其和黑海，通过拜占庭海峡，到达东地中海——叙利亚海。

龙涎香本不足以为凭，因为他们并未亲历，只是以航海人的立场做海通世界观的联想。其实海陆联运已行之，更何况，欧陆丝路早有往来，对此，他们岂能无知？知而不言，何也？其欲以“周海”新世界观为亚欧大陆开启大航海时代耶？

用世界观引导航海，最著名的便是哥伦布。有人说他受了地圆说影响，这才自西向东，一往无前，从大西洋此岸出发，驶往大西洋彼岸。他相信，中国就在那里，到中国去！就这样，他发现了新大陆，使得世界历史一中心，从地中海转向大西洋。

而另一中心——中国，则成为引导西方历史进程的一个想象的目标。无论是欧洲人哥伦布的想象，还是阿拉伯人的“周海”的想象，都把历史的箭头指向了中国。哥伦布的中国想象为欧洲开辟了新大陆，阿拉伯人的“周海”想象如果像哥伦布那样贯彻到底，在环绕亚欧大陆的“周海”航行中会发现什么？很可能会发现一条从太平洋进入北冰洋的航道。但面对冰冻之海，他们只能掉头了，不可能破冰而行。

“周海”世界观是基于亚欧大陆的陆权思维的产物，而哥伦布航海则基于地圆说的世界观，其想象摆脱了航线对陆地的依赖，完全走出了地中海时代，走向一个新的大西洋时代。正是在从地中海走向大西洋的自由航行中，产生了真正的海权思维。

这是两个截然不同的大航海时代，阿拉伯人与中国互动的航海，还是在陆权思维影响下的航海，而欧洲人与中国互动的大航海，则已有了海权思维的自觉。

当然，这些都是后话，我们还是回到苏莱曼与哈桑的叙述中来。

他们讲的虽然还是传奇，但主体却变了。哈桑将跟朝贡有关的中国传奇，变成了中国皇帝的伊斯兰化传奇，后来，中国出了一件事，传奇也随之消失。哈桑说，那事出现在苏莱曼“此书”撰成后。对它带来的变化，哈桑用了“世变日亟”一词称之，还特别指出“尤其是中国的情势，发生了前所未有的剧变”。

中国的情形，全都变样了，不但国土荒芜，国势衰落，而且曾经主宰那里一切的王法和正义也荡然无存，从斯拉夫港到中国的航运，因事变频仍已经中断。

如此剧变，乃苏莱曼所未知，故哈桑要接着苏莱曼补录，将中国的变化讲出来。他说：倘若真主乐意，我愿意就我所知，将中国的变化及其原因做一说明。

于是，他说出了事件的起因：在中国出了个名叫黄巢的人。此人非皇族出身，乃从民间崛起，初以仗义疏财名世，继而纠集徒众，打家劫舍，攻城略地，人马所至，家亡国破，其兵临广府，一举终结了大唐传奇。

哈桑说，广府居民，群起抵御，被黄巢的军队围困了好些时日，攻破之后，城中居民，罹难无数，连那些寄居城内经商的穆斯林、犹太教徒、基督教徒、拜火教徒也都被杀害，计有十二万人。人数确凿是因为政府对他们收人头税。

哈桑还提到，黄巢不仅把那里的人都杀了，还把那里的桑树也都砍了，这就等于将丝绸之路的基础挖断。没了桑树，那就从根本上断了丝绸之路。可黄巢并未就此止步。继洗劫广府后，他接二连三地捣毁其他城市，不仅断了中国的外贸之路，而且破坏了中国内部的经济基础，连皇帝也被他搞垮了。不久，黄巢率军打到了京畿，直逼胡姆丹——长安，逼得皇帝逃离京师，逃往邻近西藏边境之地的穆祖。此乃藏语，阿拉伯人用来称呼成都。

哈桑认为，黄巢不是皇族出身，所以极具破坏性。他认定，黄巢不是那种抱有野心，想要独揽大权的人物，他只是个破坏者，“破坏一切城市”。

哈桑的说法都是转述，可惜只知其一，未知其二。他特别强调了“皇族”的野心，可见他熟知的是皇族那一套，其目光专注于权力顶层，看不懂中国民间。

中国民间是个野心的渊薮。打开世界历史，你能看到，只有中国农民，喊出了“王侯将相宁有种乎”的口号，放出了“苍天已死，黄天当立”的革命的天炸。黄巢便是其中一个。据说，他是一个天生的反叛者，有诗为证。宋代张端义《贵耳集》卷下载：“巢五岁侍翁父为菊花联句，翁思索未至，巢信口应曰：‘堪与百花为总首，自然天赐赭黄衣。’巢之父怪欲击巢，乃翁曰：‘孙能诗，但未知轻重，可令再赋一篇。’巢应之曰：‘飒飒西风满院栽，蕊寒香冷蝶难来。他年我若为青帝，报与桃花一处开。’”说这诗作于五岁时，可以当作传奇，不可立为信史。再说另一首。明代郎瑛《七修类稿》引《清暇录》说，黄巢下第，咏菊花诗曰“待到秋来九月八，我花开后百花杀。冲天香阵透长安，满城尽带黄金甲”。明太祖亦咏菊曰“百花发，我不发；我若发，都骇杀；要与西风战一场，遍身穿就黄金甲”。看这二诗，彼此一意，成则为明，败则为黄也。在王朝史观里，最重要的是“成败”二字。同样咏菊花，也要分个成王败寇，成了，得天下，就做那开国的明太祖，败了，自身难保，只能去做亡命黄巢。

关于黄巢之死，《旧唐书·黄巢传》说，巢兵败，入泰山，至狼虎谷，部将林言斩黄巢及其弟黄邺、黄揆等人，并将其妻、子都送往徐州大营，进献唐军首领。而《新唐书·黄巢传》则有另说，曰黄巢临死前，对外甥林言道：尔取吾首级，献天子，可得富贵，毋为他人利。林言不忍，“巢乃自刎”，让林言提头去了。对此，宋人邵博《邵氏闻见后录》别有一说，说那头颅是假的。据“旧老相传，黄巢实不死”，“自髡为僧，得脱”。陶穀

《五代乱离纪》也说，巢既遁免，祝发为浮屠，有诗云：三十年前草上飞，铁衣着尽着僧衣。天津桥上无人问，独倚危栏看落晖。连生还是死都成问题，此诗是真是假，当然，也就成了个谜。

英雄末路时，却峰回路转。从千军万马的拥趸中淡出，脱了征战的铁衣，换取古寺僧衣，当年，经由“天津桥”——天子渡口，曾为过客往来，有过天子权威，而今一改过往，不再落草——“草上飞”，从此天津桥上，知他是谁？相视而笑，唯有“落晖”。

中国民间，历来崇尚的是那英雄情怀，而非哈桑所谓“皇族野心”。黄巢故事流传民间，见之于元末明初罗贯中编《残唐五代史演义传》，其中有李卓吾的点评，曰“僖宗以貌取人，失之巢贼，致令杀人八百万，血流三千里”。在演义里，黄巢当为武举状元，却因其貌不扬，未入唐僖宗昏眼，黄巢一怒之下与唐朝决裂，于民间起兵反唐。这样说来，虽然有戏，但不可据。一般认为，黄巢是落第秀才，被科举制抛弃，故反戈大唐，谚曰“秀才造反，十年不成”，可黄巢却是十年有成。

进士未成，便去行盐，他武装聚众，成了盐帮首领，且以流动方式同官军作对，转战半壁江山，从山东到广东，经由两江及闽浙之地，然后北上反攻洛邑，破潼关，入长安，立了个帝号称大齐，终于过了把皇帝瘾，在“天津桥”上踱了个落日余晖。

施耐庵《水浒传》中，有宋江醉后题诗浔阳楼，曰“他时若遂凌云志，敢笑黄巢不丈夫”。还有明太祖朱元璋，元末于民间起兵，亦题菊花诗，依然杀气冲天，一如黄巢还魂。咏菊之于黄巢，发生了根本转变。此前，诗人咏菊，多随陶渊明，概取“东篱”立场，趋于“落花无言，人淡如菊”，然自黄巢始，菊风乃变，一改其孤独之姿，淡泊之志，转化为“黄金甲”，变成帝王花，“我花开后百花杀”，不是主张生，而是宣言死的肃杀。

黄巢开了秀才造反的头，将有唐一代终结了，可他的影响未随大唐而消失。他作的诗成了朱元璋的先知，他做的事也成了另一个落第秀才——洪秀全的先驱，他的部将朱温降唐，而篡夺了唐，拉开了五代十国的序幕，故史家曰：唐室实亡于黄巢起兵。

哈桑说，中国皇帝虽然已经回到了京城胡姆丹，但国库枯竭，兵将殆尽，皇帝本人变成了军阀把玩的傀儡，没了税收来源，只能接受军阀的些许救济。

哈桑看当时中国的情形，就如同亚历山大杀死大流士以后，波斯国土也曾出现诸侯割据一样，军阀混战，列国争霸，不仅捣毁一切，甚至“连平民百姓也都杀尽吃光”。

不光大唐传奇终结了，就连阿拉伯人对中国的伊斯兰化也终结了。

北周凉州萨保史君墓棺椁，石堂正面（南壁）

哈桑在为苏莱曼《中国印度见闻录》做补录时讲了一个故事，故事的主人公来到中国的皇城“胡姆丹”。恰巧2003年，考古学者在西安发掘出土了一座北周凉州萨保史君墓，就在唐朝大明宫附近，其中石棺椁的门楣上有两段文字，一段是粟特文，一段是汉文，粟特文题铭，曰“胡姆丹”，有汉文题铭，曰“迁居长安”。墓主为粟特人史君，这位史君曾任职凉州萨保。“胡姆丹”是粟特人对长安的称呼，“萨保”是粟特人祆教教主或者商团首领之称。

北周凉州萨保史君墓棺椁上的粟特文、汉文门楣，北周大象二年（580年），2003年6月出土于西安市未央区井上村东史君墓，西安博物院藏

故事的主人公伊本继续说，胡姆丹是个大城市，一条长街将全城分为东、西二区。东区为政府所在地，潺潺流水，树木葱茏，第宅鳞次栉比，故皇室、权贵及其家人不允许百姓同他们杂居。西区住着庶民和商人，有货栈和商店。一边是官场，一边是市场，如此泾渭分明，一方面，固可见国家的傲慢与偏见，另一方面，也可见市场的宽容与力量，那是经济基础对于上层建筑的制约力量。

北周凉州萨保史君墓棺椁，前壁圣火坛、人身鹰足的祭司

大秦景教流行中国碑，高 279 厘米，宽 99 厘米，
唐建中二年（公元 781 年），西安碑林藏

此碑螭首龟座，楷书“大秦景教流行中国碑”九字，上端线刻十字架。碑文楷书，共计 32 行，每行 62 字。碑文包含景教的教规、教义以及在中国流传的情况。在碑的正面下部和碑侧刻有叙利亚文记事和僧徒题名。碑文是研究中西文化交流的珍贵资料。中国古代称东罗马帝国为“大秦”，景教是基督教的一派。大秦景教流行中国碑于明代天启三年（1623 年）在陕西周至出土，曾引起世界各国的重视。咸丰九年（1859 年），在陕西做官的杭州人韩泰华访碑，为保护此碑，重造碑亭，并于碑石左侧刻题。在崇仁寺中静置 200 多年后，此碑于清光绪三十三年（1907 年）移入西安碑林。

骆驼载乐三彩俑，唐代，陕西省西安市西郊中堡村出土，陕西历史博物馆藏

骆驼是阿拉伯人与大唐人通商以及文化交流的陆路交通工具。而这件骆驼载乐陶俑，会让人产生他们就是一支流动的大篷车乐队的联想，从长安唱到罗马。

章怀太子墓壁画《客使图》，陕西省咸阳市乾县出土，陕西历史博物馆藏

那可是大唐初期，章怀太子李贤是唐高宗与武则天的儿子，被立为太子，自然也就难逃唐朝宫廷骨肉相残的厄运。

孔雀蓝釉三系陶瓶，高 75 厘米，口径 17 厘米，底径 16 厘米，五代十国（闽国），福建省福州市北郊刘华墓出土

钱镠铁券，长 45 厘米，宽 29 厘米，厚 0.3 厘米，唐乾宁四年（公元 897 年），中国国家博物馆藏

五代十国时期，包括刺桐（泉州）在内的南方各大港口，进口大量的外国奢侈品，令北方君主垂涎三尺。这件古波斯孔雀蓝釉瓶出土于福州闽国第三任君主王延钧的妻子刘华之墓。

经过黄巢起义的打击，继安史之乱之后，衰唐愈衰。公元 897 年，唐昭宗为笼络地方节度使，赐给钱镠这块免死铁券，钱镠在公元 907 年建立吴越国。哈桑提到了黄巢屠城广州和唐朝的衰落。

二　海通举国体制

有宋一代，辽、金压迫北疆，西夏阻断西域，故贸易转向海外。于是乎，下海！海域大开！塞翁失马，竟然开启了大航海时代。日本人内藤湖南说，唐朝是中世纪结束，而宋代是近代化开端。西方学者也说，宋代是中国“文艺复兴”时代，新社会诞生了。那新的社会，究竟是什么样式？我们先来看一看那时的开封城。

01

帝都的选择

——向运河靠拢

开封，春秋时原名启封，汉初为避景帝刘启名讳改称开封。

开封作为一国都城，从战国时期就开始了，那是公元前361年。那一年，魏惠王为避秦攻，从安邑迁都至大梁。其时，大梁位于开封城西北部，地势低洼，附近有几条河道，魏惠王又开了两条运河——大沟和鸿沟，沟通了那些河道，而有四通八达之利，同时，水患也多，不光易遭水灾，军事上还易受水攻。

秦统一后，大梁变小了，成了一个小小的县治，汉封梁王，或都定陶，或都睢阳，总之，没有人愿意回大梁去，但隋唐大运河开通后，形势又起了变化。

隋炀帝以洛阳为中心，开凿大运河。从黄河到淮河一段，原有战国鸿沟，汉代重启，代之以汴渠，三国、两晋和南北朝沿用之，但直到隋炀帝修了通济渠，引洛水入黄河至汴地，与汴水合流入淮，开封才有了新的转机——成为中原与江南的枢纽。且因战国时曾名大梁，至东魏，改称梁州，五代时，北周又改为汴州，这大概就是开封又被称为汴梁的由来。至于东京，则以北宋四京制，立东京于开封。

四京——东京开封府外，还有西京河南府、北京大名府、南京应天府。

东京为首都，建在开封府。西京在洛阳。南京是宋州，即商丘，乃太祖龙兴地，也就是宋之所以为宋的宋州。北京亦非今日之北京，而是现在的河北大名。其中洛阳为古都，自周秦以至于汉唐，历来皆为东都，从宋开始，称西京，由此可见，中国政治地理发生了大变迁，政治中心从西往东移动，向运河靠拢。

五代，唐势已衰，那“秦川雄帝宅，函谷壮皇居”的长安地利亦被耗尽了，朱温从汴州攻入长安，遣散居民，拆毁房屋，迁昭宗于洛阳，运木材到关东去。我们知道，迁昭宗是为了篡权。那么，把房屋拆了，运木材走，又是为了什么呢？当然是为了使长安彻底变成废都，使之无法重建，从此绝了帝都根。

据说，太祖时，曾起了据关山之险以建都的念头，后来，这念头被太宗打消，太宗的回应，还是吴起说过的那句话：在德不在险。德者，得也。得什么呢？当然要得民心。得民心靠什么？靠市场经济。民心所向，即为地利，哪里市场发达，哪里就是地利。以市场为导向的地利，已非关山之险，而是河海之便。

因此，宋人建都是市场经济新思维的产物，摆脱了“在祀与戎”的传统约束。据《续资治通鉴长编》载，太祖欲迁都洛阳，说了两个原因，一是“生于洛阳，乐其土风”，二是“吾将西迁者无它，欲据山河之胜而去冗兵，循周、汉故事，以安天下也”。这两个原因，一跟祖宗之地有关，一跟“去冗兵”有关，还是“在祀与戎”的考虑。太祖的想法，一嘴说出来，大将李怀忠便第一个站出来反对，说：东京有汴渠漕运，每年都要输送江、淮米数百万斛，禁卫军“数十万人仰给于此，帑藏重兵皆在焉”。

李怀忠是个带兵的人，他当然知道兵心。若谓民心以市场为本，则兵心以财赋为本。所以他说“根本安固已久”，一旦迁徙，即动摇国本，“臣实未见其利”。

运河是宋朝的生命线。它在权力支配经济的帝制格局中，开了一条市场经济的通道，甚至让自由贸易的天风海浪通过浙东运河输送到了京师。

说起大运河，都说是“京杭大运河”，其实不妥。“京”非一个，而是有三个：隋唐大运河的“京”，是西京，宋元大运河的“京”，是东京和北京，而“杭”只有一个。

杭州被当作运河在江南的起点，其结论如同板上钉钉，但我们只要再往前看一看就会发现，那钉子根本钉不住，因为再往南去，还有一条杭甬运河，也叫浙东运河，若以最南端为运河起点，那么起点在甬不在杭。京杭大运河跨河连江，据江河文化，可称京杭运河，若加以海通文化，也可以说是京甬运河。

浙东运河始于春秋时山阴故水道。据《越绝书》载，该水道自范蠡修建山阴大城时就有，起于大城东郭门，终于上虞东关练塘，长约二十千米。晋时，会稽内史贺循修建了西兴运河，即从钱塘江东岸西兴至会稽城的一段运河。该运河与山阴故水道以及姚江、甬江等自然水道相连形成了浙东运河，南朝时，运河形制已经成形。

我们之所以强调浙东运河，是因为东南沿海的这一段运河对宋朝极为重要。北宋时，它的终点位于今宁波出海口，那时属于两浙路，称为明州。北宋京甬运河连着汴京开封和甬上明州，其以汴渠，北引黄河，南控江淮，遥制东海，而其出海口就在甬上明州。隋唐大运河虽亦另有出海口，如越州、明州，但主要在扬州，那时，“扬州富庶甲天下，时人称扬一益二”，扬州第一，益州第二。

扬州第一是真的，益州第二倒也可能。古人喜欢作对子，以益州来对扬州，从东南对到西南去了，并非真的要排什么名次，一入名次，便无风雅。那风雅去处，便是诗人杜牧“十年一觉扬州梦，赢得青楼薄幸名”的所在，是个“十里长街市井连，月明桥上看神仙”的人间仙都，有着长安短缺的“夜市千灯照碧云，高楼红袖客纷纷”的市井诗意，更有诗仙“举头望明月”“举杯邀明月”的“明月夜”，脱了长安的樊篱，来扬州诗意地璀璨，看那“天下三分明月夜，二分无赖是扬州”。

那样一片广陵风月，竟以“无赖”言之，怎讲？此二字若用之于人，那人便是无底线、不可靠之人——无赖之徒，若用之于风月，便有几分无常的感觉。

风月本来有常，然而天命无常。“天下三分明月夜”，凭什么扬州要独占“二分”？这样的好日子——“明月夜”，且过一日是一日，它终究会有个尽头。

我们知道，扬州风月靠地利——运河与港口。唐时，大运河过扬州，将大唐立国的关山之险与河海之便枢纽贯通了。这样一条从东南往西北去的运河，正应了太史公说过的那句话，中国之事，事起于东南，而收成于西北，于是，中国收获了盛唐。

到了宋朝，不仅扬州那一片唐时风月难以回头，就连它自身的那一点魂魄，也被东京汴梁勾走。扬州失魂落魄，失落于汴渠，流入《清明上河图》和《东京梦华录》里。宋立国于长安与扬州之间，有两种文化样式可以选择，或以政治正确的长安样式，或取市场优先的扬州样式。宋人虽然像隋炀帝那样选择了扬州样式，但还未到“但求死看扬州月，不愿生归驾六龙”的地步。对于扬州，宋人遗其形而留其神，失其体而得其魄。

总之，宋人不会跟着唐人走，写诗不跟唐人走，不但写出了新理路，还写出了新诗体——宋词，那宋词岂不就是诗歌中的扬州样式？宋人写字也不跟着唐人走，仅仅路过了一下唐人的书法空间，就奔着晋人去了，在自由化的“我与我周旋”中，宁做我！

宋人的文艺如此，其经史又如何？那就更是推倒汉注唐疏的靠山，自己跑到山林里搞个书院开宗立派，不是像唐人那样跑到禅宗里，而是就在儒门中体现“我思故我在”，在书院里，通过自由的讲学活动，硬是讲出个理学与心学的互动来。

因此，宋立国，不但忽略了大唐开国的关山之险，而且冷落了大唐那一片扬州风月，这固然跟宋人的自我期许有关，但也跟当时的地理有关。

运河毕竟人力所为，怎敌天地之变？也难逃割据之乱。晚唐，除了天地之变带来的溃决，使得运河西行被泥沙淤塞，积淀为污泽，因而停了航运，又有割据之乱将运河切断，使得运河治理告停，同时，滔滔长江也泥沙俱下，长年累月地冲击长江口岸，扬州港口消失变成陆地，如此，断了大唐江海之便，其关山之险也就无据了。

自安史乱后，朝廷沉浮，便取决于“扬一益二”：一靠扬州，以运河调度东南财赋，挽大唐于既倒；二靠益州，以蜀地为避难所，长安一破，就南下益州。

唐末，“扬一”不再，“益二”难续，长安遂成废都。朱温降而复叛，颠覆大唐，盖因其割据运河一段，能截断大唐财源，以此拉开了五代序幕，至其末，后周世宗兴起，五六年间，取秦陇，平淮右，收复河北三关，就因为他已先手统一了运河。

汴州居河、淮间，地平水阔，河道纵横，扼关中与东南水陆要冲，东西向，枢纽隋唐大运河，朱温以此为据，故能篡唐而立，称后梁，后唐继之，弃洛迁汴，亦都之，后晋、后汉接踵，至后周，世宗柴荣深谙“得运河者得天下”，把河南、淮南、江南打通，整治运河，重启航运，将政治中心和经济中心连成一体，宋以之为立国生命线。

但宋运河不是唐运河。大唐已死，有宋当立。宋人没有在长安、扬州的废墟上修补大唐老例，没让运河给长安输血，而是任其地老天荒，自生自灭，对扬州，也没去重修，运河虽然还是枢纽，但作为海通的港口却因海岸线的变化彻底失去了。

宋运河形成了新的运河体系——汴京四渠。它以汴渠为主，兼以广济、金水、惠民三渠，南通江淮，北达燕赵，以运河得天下、治天下。宋以此而为立国之本。宋人张方平《乐全集》里有《论汴河利害事》一篇，对于汴河的作用，他是这样说的：汴京，在古代叫作“陈留”，它所处的地理位置乃“天下四冲八达之地”，既不像长安那样有关中之固，也不像洛阳那样“宅九州之中，表里山河，形胜足恃”，故汴之患在“畿甸无藩篱之限，本根无所庇也”，但宋立国，“不还周汉之旧”，仍以汴梁为基业，何也？张方平指出，不是那些开国者都喜欢这里，而是国家形势不得不然。

此地虽无关中那雄伟蓬勃的帝王气象，也无洛阳立国形胜，但它却是个“下克上”的好战场：汉末，已有曹操陈留起兵，挟天子以令诸侯；唐末，则有朱温受封于梁，亦据此以篡唐，且定都于此；石敬瑭如法，以后晋克上，取代后唐，亦都于汴梁。鉴于此，非以重兵拱卫京师，不足以镇之，京大也，师众也，大众所聚，便叫作“京师”。

唐之患在兵。唐以兵强扩张而盛，也以兵强失控而亡，为防失控，宋“依重师而为国”，驻大军于京师，便于调度、监控，故建都于前线，立国于四战之地，采取“国依兵而立，兵以食为命，食以漕运为本，漕运以河渠为主”的方针，浚河渠三道，通京城漕运，尤其汴河，上供年额，斛斗六百万石……一色粳米，相兼小麦，乃太仓蓄积之实。“仰食于官廪者，不惟三军，至于京师士庶，以亿万计”，所以，漕事之于有宋一代，至急至重。

民以食为天，政以食为本。子曰“足食足兵”，“足兵”者，京师也，“足食”者，汴河也。国初三渠，广济、惠民已罢，大众之命，唯汴河是赖，汴有食，京师可立，汴河废，则大众难聚，汴水之于京城，乃建国之本，非一般沟洫水利可与同语。

汴之食，来自大运河。运河者，天南地北，中国统一之大市场也；连山通海，中国贸易之总枢纽也。“足食”要靠市场，不能靠官场，这是宋人新思想，故宋立国，不光在京城的区域选择上尽可能靠近河海，靠近市场经济发达的地区，而且连京城本身也开始市场化了。最为明显的便是宋城的格局突破了唐城的坊市分离制。

有人将宋人的选择称为“城市革命”。“革命”表现在哪里？在“市”上。“城”还是那个城，“市”却有了别样。唐宋时代的“市”明显不一样，就大体而言，唐为坊市，宋为街市。街与坊的区别在于，坊是行政规划出来的，街是市场活动形成的。街市取代坊市，说明城市内部市场活动增强，其在城市发展中市场经济发挥了主导作用。

中国城市化由来已久。从战国到南宋是城市化上升期；有宋一代，达到城市化的高峰；此后转而下降；降至晚清，与西洋五口通商，又有所回升。从城市化的趋势来看，我们看不出有什么“城市革命”的迹象。从战国到汉，从汉到唐，城市化率一直上升，上升幅度同从唐到宋差不多，为什么不说汉、唐城市革命，而说“宋代城市革命”呢？有人说，那是因为当时对城市的管理出现了制度转型。但那转型，让城市转出了权力支配经济吗？显然没有。那么转向了市民社会吗？也没有。只不过是为了维持官场日益增长的欲望，不得不更加重视市场。

“城市革命”说最早出自日本学者加藤繁。1931 年，他发表《宋代都市的发展》一文。他在文中提出“坊市制崩溃”，为内藤湖南的“唐宋变革论”提供了一个实例。但“坊市制”真的如其所言“崩溃”了吗？不见得。中国历史上城市发展都是因地制宜而建设，因势利导而兴起，像唐代长安那样的城市，作为首府，作为皇城帝都，它是唯一的，没有代表性，它是最高的，缺乏普遍性。它本身只能作为一个制度安排的特例，我们只要看一看那个位于运河枢纽和沿海港口城市的扬州与它的不同就知道了。所以，不能以长安作为唐代城市标准，泛言“宋代城市革命”。

以四大港口城市为例，不但扬州风貌与长安定式有别，其他三大港口，交州、广州、泉州也与长安不同。三大港口都是通过海外贸易发展起来的，不可能严格服从坊市制的特殊的政治要求，对它们来说，最重要的是市场、海关、码头，“宋代城市革命”恐怕革不到它们的头上。

还有另一类城市。赵冈在《中国城市发展史论集》第四章“中国历史上的大城市”里，特别提到了“苏州与景德镇”，把它们作为这一类城市的代表。他指出，这一类城市的发展与繁荣不是靠政治因素，而是以交通与工商业为其主要推动力。

苏州在春秋时期就已经位居中国大城市前列，那时是以政治为动力的，后来吴国败亡，政治动力退化，苏州转型为工商业城市。赵冈说，推动苏州成为大城市的有两大动力：一是交通便利，二是农业发达。苏州四通八达，任何交通工具皆可直达，尤其是运河之利。苏州本来就是运河源头，隋唐大运河把江南与中原串联起来，苏州同扬州一样，一同成为中国市场经济地标。

还有一个更加特殊的城市，那就是景德镇。它交通既不便利，又无军事价值，始终是个镇，连个县治的名分都没有，却纯以瓷业兴盛了千余年。可以说景德镇是个奇迹，放在世界历史上来看，恐怕也绝无仅有。作为一座以瓷窑为主的纯工业城市，它的窑业以外人口很少，而且很少迁徙，所以人口相当稳定，或曰其人口曾高达数十万，但赵冈认为，人口在十万上下浮动，还说十万人也不算少了，超过一般府治，属于大城市。

最后，赵冈还做了总结，他说："从上面两个实例可以看出，以政治因素而形成的大都市很不稳定，会随着政治因素之无常变幻而大起大伏。工商业城市则能避免这种起伏变动，相对稳定。"确实如此。放眼世界，当时同苏州一道兴起的大城市，国内长安、洛阳，国外希腊、罗马，发生了多少兴衰变化，有几个能像苏州那样持续发展到今天，并一直保持良好的发展势头永居第一流？而景德镇更是世界工业史上的传奇，以一个行业造就一座城市，还绵延千年至今未衰，全世界也找不出第二个吧？

由此看来，"宋代城市革命"与这样两座城市同样无关，仅仅是针对唐代长安而言的；若就此而言，应改一词，将"宋代城市革命"改作"宋代都城革命"可也。

包伟民在《以历史思维看唐宋城市史》一文中，对"宋代城市革命"说也提出了批评。他指出，作为城郭居民区的坊治，从唐到宋，直至后代，一直都存在，但它们是否如加藤繁所言，都被围墙"封闭"起来，并在多数州县城市推行，则缺乏证据。同时，他还指出了加藤繁在论证方法上的问题，那就是以都城个案论及全国。他先据《唐会要》卷八十六所载敕文提出"坊墙"说，又引《唐律疏议》卷八"坊市者，谓京城及诸州县等坊市"一条，以为天下通制，将针对京城长安的专条，拿来通用全国，而实际的情形是，大量州县连外郭城墙都没有，更不可能在它们的内部反而筑有坊墙。

帝都长安，为朝廷所在，乃大政府也，故其发展非以市场增长，而靠官场做大，市场为官场服务，以坊为主，市为辅，市之于坊，似《周礼》“工商食官”。其布局，君位北极，向南而治，分宫城、皇城、廓城三部分。宫城在北，居中央，面积约占全城5%，其南门外，立为皇城，乃政府所在，面积约占全城6%，皇城外为里坊区，面积约占全城86%，以朱雀大街为界，分东、西两边，各53和55坊，共108坊，对应着在天的108星宿，置坊墙隔离，设坊正管理。坊居者，以《周礼》所谓“五服”制——甸、侯、绥、要、荒，按照“凡仕者近宫，不仕与耕者近门，工贾近市”的原则，分别里坊等级，安排坊区，那108坊正，就如同《水浒传》里“108将”，这样安排，其思想的源头远在《周易》，一如汉人故事，做天人感应设计。

用《周易》和《周礼》搞出来的长安格局，全中国除了洛阳，很难在别处实施，所以，那一套叫作“雍洛之制”，将城市整齐划一，摆出一副君临架势，如白居易诗所言，“百千家似围棋局”。城市是帝国的棋局，居民是王朝的棋子，而“十二街如种菜畦”，就让我们看到了均田制的影子。还有，日复一日主导城市的节奏是什么？当然是上朝。诗曰“遥认微微入朝火，一条星宿五门西”，晓起时，天色微明，官员们步出坊居，打火把上朝，星火点点，宛如星空里有“一条星宿”的宇宙流，定时定向“五门西”。

据白诗所述，长安是一座王官城市。此乃就大体而言，但108坊如108个小城，拥有108个土围子。坊外设巡街使，实行城市统一管理，坊内未必服从入夜闭市，把门关起来，照样做生意。每个坊都有配套的商业网点。长安城内，除了东西两市白天营业，入夜闭市，另有108个坊区商业网点在夜里“自发地产生资本主义”。

何况人口不断增长，这是必然趋势。那一次性规划好的城市，无论其如何严密，又怎样封闭，也会发生松动，或调整原有格局，或扩建新坊区。当土地用尽，而人口还在增长时，就得压缩居住空间，增加人口密度，或扩大资源供给，克服短缺，到那时，坊区内部的商业因素就会溢出。只要在行政权力的围墙上开个门窗，街市就出现了。

唐中叶，关中地区因人口剧增，森林用之殆尽，致使长安建材和薪材短缺。建材不足，不过难以扩建，可薪材不足，如何做饭、取暖？不知日子怎么过也！何况长安城内六街又禁种树。政府虽三令五申，但人民的刚需哪禁得住？所以，违禁种树的风气一度盛行，迫使京兆尹以薪炭供应不足奏请朝廷开禁。

长安格局易建难守。因为市场是一种能动的力量，如竹生根，在地下潜移默化地成长，靠行政权力的规定和规划作用能决定一时，难为永久。严格的坊市制同均田制和府兵制一样，唐初有效，中唐以后便松弛了。官场规矩虽多，但多是红头文件，官样文章，往往人存政举，人死政亡，表现为偶然的力量——无常，反倒不如市场，永远有一只“看不见的手”，掌握着恒定的力量——有常。到头来官场还得让位于市场。即便是一个以俸禄为导向的臣民社会，其中也包含了以商品交换为导向的、向着市民社会转进的契机。

市场如水，水因地而制流，市场亦因势而利导。运河，大水也，非言其独大，乃言其沟通长江、黄河、淮河三大流域，因其势而形成中国统一大市场也，故唐宋之变革无他，乃向运河靠拢，向市场靠拢也，得运河者得天下，得市场者得天下。

《大驾卤簿图书》卷（局部），（北宋）佚名绘，全卷纵 51.4 厘米，横 1481 厘米，中国国家博物馆藏

“卤簿”指古代帝王出行时的仪仗，本图描绘了宋朝中期皇帝前往开封城南祭祀天地时的宏大场面。

隋代运河：

隋炀帝以洛阳为中心，开凿大运河，并修了通济渠，引洛水入黄河至汴地，与汴水合流入淮，开封就有了转机，成为中原与江南的枢纽地。宋代运河形成了新的运河体系——汴京四渠，它以汴渠为主，兼以广济、金

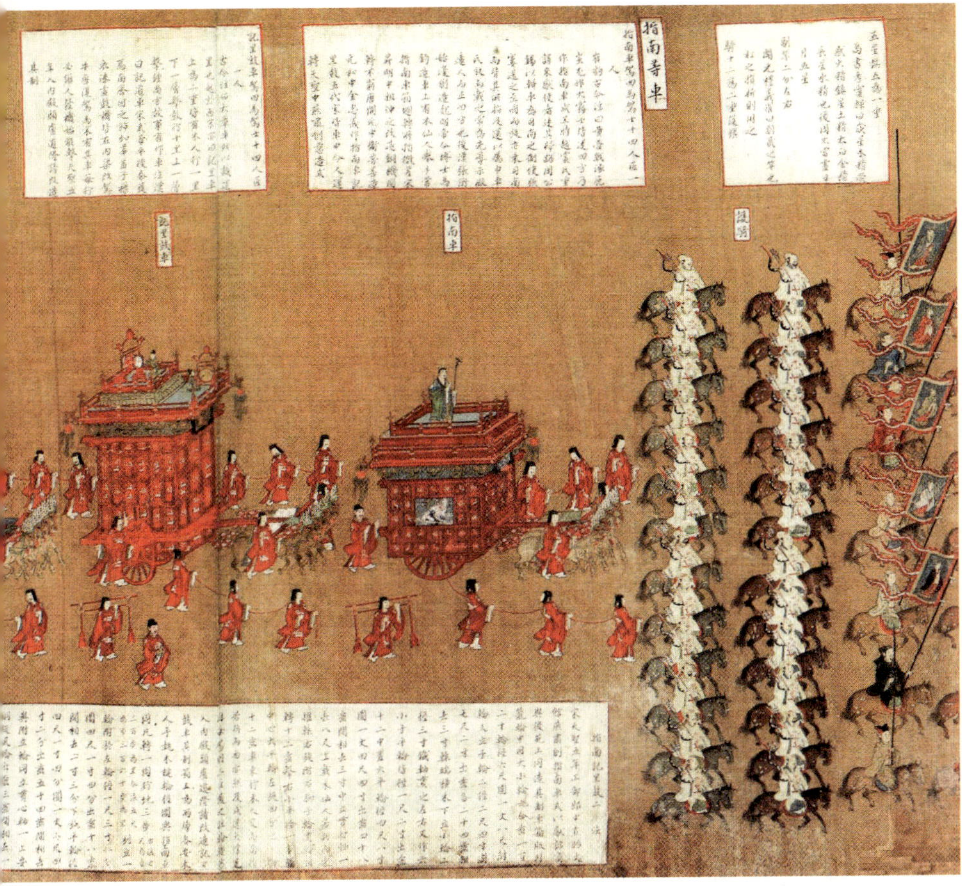

水、惠民三渠，南通江淮，北达燕赵，以运河得天下、治天下，以此而为立国之本。

宋代东京开封与西京洛阳：

洛阳为古都，自周秦以至汉唐，历来皆为东都。从宋开始，称西京，由此可见，中国政治地理发生了大变迁，政治中心从西往东移动，向运河靠拢。宋人建都，是市场经济新思维的产物。

02

王安石的国富论（上）

——构造举国体制

国家的傲慢，要有“取之不尽，用之不竭”的供给来做保证。而王权国家的供给，多半靠的是权力支配经济的行政管理体系。

行政权之于经济，可用于分配，很难用于生产，除非以奴隶制对生产实施超经济强制，否则还得靠市场，通过市场配置资源形成生产力和生产方式。那么，搞国有经济行不行？在特殊条件下，于特定时期内，当然可以。这就如同唐初，国家供给土地，就能搞均田制和府兵制；不能供给土地，那就搞不成。若靠国家开疆拓土，那就难保土地供给，难求制度永存，土地供给有限，制度安排就得向市场转变。

唐末转变，以改朝换代进行，经了朱温最后一击，再来收拾长安。三城之中，他不得不放弃原来的廓城、宫城，只能在废墟上重修残余皇城，以供应原住民。所以，宋太祖的长安念想也就想想而已。他一时心血来潮，也挡不住时代潮流，而潮流就是跟着运河走，不光从汴州走到杭州，还要从杭州走到明州，走向出海口，把京杭大运河走成京甬大运河。隋唐大运河还以扬州为出海口，宋运河改为明州。

明州之于宋朝究竟有多重要？南宋定都杭州，明州就在杭州门口，对于杭州的影响，自不必说。北宋都城，即使是远在黄河边上的汴州，也把明州当作开放社会的海上风向标，海外贸易和海洋文化通过京甬大运河影响杭州、苏州、汴州。

可不，沿着京甬运河走，从明州到汴州，走来了一个要改变中国的人物，列宁称他是“11世纪的中国改革家”，而普列汉诺夫干脆把列宁称作“俄国的王安石”。为什么社会主义的列宁新政和资本主义的罗斯福新政，都提到了11世纪中国的王安石？

这说明，王安石不但是中国历史上的改革家，还是世界历史上的改革家，他在世界历史的转折点出现，并且还在中国做了一次政治改革的实验。当时的中国，在历史的转折上，走在了世界的前面，最早开始从中世纪向近世社会转变。

世界历史上的近世社会，一开始就出现在了中国的运河两岸。在一个统一的国家内，通过大运河形成了统一的大市场，还以出海口连接了约18000千米的陆岸线、约14000千米的岛岸线，以及通往东洋和西洋的航道。试问，在欧洲大航海时代到来之前，世界上有哪一个国家拥有如此巨大的海陆两栖市场？罗马帝国不曾有过，阿拉伯帝国不曾有过，就连中国本土曾经的汉唐盛世也不曾有过。

面对历史转折，宋在文化上准备好了，它消化了来自西域的希腊化世界因素，同时又与来自西洋的阿拉伯文化互动。宋在经济上也准备好了：技术进步、海外贸易和货币经济等导致近代国家产生的社会条件基本上也都具备了。宋在文化上是儒道释，经济上有丝瓷茶，都在向外输出，还有推动历史进程的“四大发明”也开始影响世界了。

但宋也有不足。其不足不仅在于国家的统一性方面，也在于传统的儒教国家观念与王朝国家形态难以适应却必须向着新的历史转折转变。

其时，世界历史的主导权，无论陆权还是海权，都转向了东亚。东亚内陆兴起了农牧混合类型的草原帝国，在中国历史上表现为辽、金、元三朝，再加上一个西夏政权，它们同北宋、南宋互动着，构成了新的南北朝。东亚沿海底蕴里本就孕育了个海洋帝国的胚胎，要通过海外贸易和海权思维将它催生出来。有宋一代，海外贸易足够了，可海权思维准备好了吗？还没有。

就拿王安石来说吧，他对海外贸易的关注在诗里有所表现，可他的海权思维在他的变法主张里有过表现吗？没有，一点儿也没有，至少，我们还没有看到。

王安石未曾航海，却喜欢观海，像曹操那样，写了一首观海的诗，叫作《狼山观海》。“狼山”在哪里？在长江出海口，其时，一峰耸立，孤悬江面，未与地接，海拔百余米，登之，却以“昆仑”自居，而有诗曰“万里昆仑谁凿破？无边波浪拍天来”！

还有比这更有气势的吗？那气势里充满了美少年的气息，洋溢着大宋青春志，像孟子说的那样，有一股子“浩然之气”蓬勃而出，“沛然无御”，连“昆仑”都可以“凿破”，还有什么不能“破”？连苍天都可以滔滔不停地拍打，还有什么是不可变的“法”？五百年出一个。他从《山海经》里出来，海阔天空，独立一人，一出手便掀天揭地，有如刑天。他不再是“遨游半在江湖里”的少年，“始觉今朝眼界开”。他成为从高山来的“阆苑仙人”，往大海去的“灵槎使者”，要“致君尧舜上”，为中国立言。如此境界，其诗性风发，神思飞跃，就非钱锺书《宋诗选注》中一句“把锋芒犀利的语言时常斩截干脆得不留余地，没有回味地表达了新颖的意思”所能道出。

除了写观海的诗，他还写过跟海外贸易有关的诗，那一首《予求守江阴未得酬昌叔忆阴见及之作》就写了港口和外贸。从诗题来看，他求官不成——“予求守江阴未得”，还留诗——“酬昌叔忆阴见及之作”。这样的诗，也就他这样的“非常之人”能写，“诗言志”，多言“怀才不遇”，哪有言“求官不成”的？有之，也就他王安石。

他为什么要“求守江阴”？因为他的诗友朱明之（字昌叔），也是他的妹夫，曾在江阴任职。他在《寄王荆公忆江阴》这首诗中这样对他说道：“鱼是接海随时足，稻米连湖逐岁丰。太伯人民堪教育，春申沟港可疏通。”诗一共八句，这是其中四句。

对于江南，他本就有着很深的乡愁，只一句“春风又绿江南岸”——

那极简的一个“绿”字，便将千言万语道不尽的江南说了个分明。江南之于他并非地域，而是血脉，不但遍及全身，而且入魂。那时，他从塞外使辽而归，能不天南地北，感触尤甚？

诗中，江南湖海之地，鱼米之乡，丰饶岁月……都早已刻在他的骨子里了。真正触及他灵魂的，是写运河的那两句，不经意间，写出他政治的痛点。

他在常州做知州时，就像他在明州鄞县做知县那样，一上来就抓水利。不过，这一回他抓的不是农田水利建设，而是开运河。结果呢？他一跤跌倒在运河上。一番劳民伤财之后，他不得不停了下来。因为他得不到上级支持，只能凭一己之心、一职之力，自食其果。有人嘲笑他，说他在地方上老想着搞改革。

而那时的江阴，就在附近。一条运河从无锡过来，已经开通了。那便是锡澄运河。朱昌叔在江阴任职时，有可能参与了建设。看那四句诗，后两句写的就是锡澄运河。“太伯”，即吴泰伯，于殷商之际，从周原来无锡开了一条运河——泰伯渎，作为运河的源头；“春申”，即楚人春申君，战国时于江阴长江口岸凿沟开港。因其本名黄歇，故曰“黄田港”。宋时，锡澄运河便经由黄田港而入长江。

唐时，长江出海口的港口重心在江北扬州，宋时重心转移，从江北转向江南，运河入海从扬州改为明州，长江入海则从扬州改在江阴了。王安石在运河入海口的明州鄞县做过知县，接下来，他理所当然想在长江入海口的江阴做个知军了。

他对江阴的看法都反映在诗里。我们先来看“黄田港”。假设王安石鄞县三年任职期满，从明州返回汴京，由南而北，他会怎么走？一定会沿着运河走吧！经由杭甬运河、苏杭运河，他进入锡澄运河，而“黄田港”就在锡澄运河抵达长江的口岸，是大运河的一个逗号，其对岸便是扬州——南北运河枢纽。他站在江南岸的这个逗号上放眼一望，诗曰“黄田港北水如天”。对岸的扬州已经看不到了，现在的江阴也看不到，那是宋时独有的胜景。

他在狼山望海，于天人之际，苍茫独立，所见者，唯我而已。而江阴观港，他不仅看到了“水如天”，还看到了船，“万里风樯看贾船”，看到了“贾船”带来的奢侈与繁荣——“海外珠犀常入市，人间鱼蟹不论钱”。

能看到这些不算什么，还有一些别人看不到的东西。比如，他能看到那些“贾船”是中国经济的一个变量，这个变量正在推动中国经济增长。所以，他后来在与司马光辩论时，才那么有底气地说“善理财者，民不加赋而国用饶”。

司马光着眼于国内，看到的就是一个常量。他若睁眼看世界，便能看到国际贸易，而不是一头埋入《资治通鉴》里，也许他也能抓到一些历史转折的头绪。

但王安石看到了又如何呢？他只能看在眼里，放在心里，任岁月蹉跎，时光流逝。想当年，他与朱昌叔一道登高望远，立于高亭，指点江山，谈笑风生，那一番书生意气啊，真是“高亭笑语如昨日”！可今日，风华成昔，已是“末路尘沙非少年”。

他刚从辽国出使归来，“强乞一官终未得”，数不清他辞过多少回京官，辞得都怕人说他以此沽名钓誉了。可偏偏就在这么一个不起眼的江阴军，他要“强乞一官”。然而朝廷自有安排，哪能都遂他愿？他也就跟昌叔这么一说，“只君同病肯相怜”。

他为何宁愿留在江南观海，而辞去汴京上河呢？因为他有独眼。以他独眼来看，他在两地所见不同。从汴京几进几出，于汴河两岸所见，皆如《清明上河图》那样繁荣的景观，在那景观里，资本主义的尾巴高悬如酒旗。那是在小农经济和小商品经济基础上发展起来的市场，是每日每时产生着“资本主义”的温床，是文化消费主义和文化保守主义者岁月静好的天堂。可他看不惯，看着看着，就皱起了眉头。因为他从中看不到增长，只能看到增长的极限，看到在小农经济主体上生长起来的小商品经济的那副小模小样。那小样，怎么看，都看不出是个能“富国”的样，留下一副风流汴梁的富裕皮相，何况还有百万大军的卧榻安放在汴梁城下，那花染人韵又岂能“强兵”？

他不想让运河变成《清明上河图》那样。他要以运河为纽带，形成统一的商品市场；要以运河为基地，形成统一的国民经济。他要以运河建都般构造举国体制。

宋立国，既得运河贯通中国之地利，又适逢世界历史转折的天时。那时，现代国家的苗头隐隐然初现于神州，而第一个预感到它要来的人便是王安石。

现代国家的本质，既非神化的宗教信仰，亦非圣化的政治伦理，而是作为经济集中反映的政治权利。请注意，是权利，不是权力。然而，在《万国公法》译入之前，当时的中国仅有权力，如政权与军权，它们都是权力，而“权利”似乎与当时的中国无缘。

可我们从王安石那里看到了“理财”二字，它已先于“权利”出现。此二者如一枚硬币的两面，价值理性那一面是“权利”，而工具理性另一面则是“理财”。王安石没有翻开“权利”那一面，从而避免了个人权利与国家权力纠缠。他在“理财”那一面做足了文章，做了一篇“以天下之财……兴天下之利”的大文章——《上仁宗皇帝言事书》。

这是王安石变法的纲领性文件，文中提出了一个新的国家观念。中国传统国家是用儒家思想缔造的，号称“礼制国家”，标榜“仁政”理想，两千多年来一以贯之。其间虽有“阳儒阴法”，礼法并用，且造就“汉唐盛世”，但直到王安石问世之前，那样一副国家面孔并无大变，要等到王安石出来才有一变。

王安石怎么个变法？他要把国家重心转移到“理财”——“以经济建设为中心”上来，解决国家“发展”问题，将“礼制国家”发展为“财政国家”，用“财政”的“法式”坐实“仁政”理想。但其“法式”，既不同于商鞅变法打造耕战合一的国体，也不同于韩非法术势三位一体搞君主专制，更不同于汉唐盛世搞“阳儒阴法”。他的思想来自孟子。为什么这么说呢？

我们读《上仁宗皇帝言事书》，发现孟子是个关键人物。因为王安石是打着“法先王”的旗帜来变法的，而高举“法先王”的第一旗手就是孟子。我们知道，孔子是“吾从周”的，所以经常梦见周公。孟子走得更远，直接就到了尧舜那里，走向“法先王”。王安石跟着孟子走，也走向“法先王”——尧舜之道。

尧舜之道在孟子那里表现为“仁政”理想，包含了两个方面：一方面是社会主义，主张土地国有，天下为公，如公有化的井田制；另一方面则是市场经济，主张社会分工，商品交换，强调国家以十一税为基础，发展民生。有人说那是空想。对于小农经济，它可能是个空想，要是在一个统一的国家用统一的市场来发展统一的国民经济——将社会主义与市场经济两者用一种方式结合起来呢？

王安石就这么想。他要用“理财”的方式去实现孟子的“仁政”理想。这有点像后来英国的思想家亚当·斯密以《国富论》的方式坐实其《道德情操论》主张。

18 世纪出现的“亚当·斯密问题”，11 世纪的王安石也遇到了。如果说“理财”是王安石的《国富论》，那么来自孟子的“仁政”理想便是他的《道德情操论》了。但凡从传统国家向现代国家转型，都会碰到这样的问题：既要富国强兵，同时还要为富国强兵提供正义性与正当性，亦即为《国富论》确立一个道德基础。亚当·斯密这样做了，理所当然，因为他是国家现代化教父，要为国家走向指明道路，所以他应当回答人们对他的提问：道德情操是否与自私自利相矛盾？

如果说不同的私利追求通过市场作用能达成国富目标的说法还好理解，那么认为个体逐利行为能满足道德情操的要求又该怎样解读呢？亚当·斯密指出，自然界给予所有动物既定目标，人类具有向往这些目标的天性，自然界指导我们运用原始而迅速的天性来决定实现这些目标的方式，没有被交给我们那迟缓而不可靠的理性来决定。所有动物的本能行动都将实现我们原先所未料想到的结果——伟大的自然界所设定的善良目标。

按照亚当·斯密的指导，我们用天性去读，而非以理性读，这两本书就读通了，从对立中读出了统一，从冲突中读出了互动，从斗争哲学里读出了道德天启。

王安石也这样做了，而且比亚当·斯密早了七百来年。从世界历史来看，当时世界三大帝国只有宋帝国率先来到了国家转型的边缘，徘徊在近世国家门前，而阿拉伯帝国、拜占庭帝国，虽与宋并驾齐驱，但它们未能继续成为世界历史进程的领航船。

毕竟它们没有一条大运河能连山通海，将全国从南到北统一起来，也没有运河两岸那些令苏莱曼和马可·波罗惊叹不已的城市。那些城市不仅人口众多，规模宏大，而且高度发达，极其繁华，让扬帆逐利追求利益最大化的商人们流连忘返。

运河之上，不仅有东京汴梁，还有苏州、杭州，有扬州、越州与明州，其中任何一个城市都足够富裕、足够风流，放到国际都可以名利双收，而王安石却对它们皱紧了眉头。因为他知道，那些城市早已是头顶着天花板跳舞，跳到了极限也没能跳出新的增长点。在小农经济和小商品经济的基础上，难有新的增长，于是，国家必须出场。

嘉祐铜则，高 30 厘米，厚 20 厘米，重 64 千克，北宋，湖南省湘潭市出土，中国国家博物馆藏

铜则是官府颁发的标准衡器。嘉祐铜则上刻有“嘉祐元年丙申岁造”，即公元 1056 年制造。铜则另一面刻有“铜则重壹佰斤黄字号”，当时每斤合 640 克。嘉祐是宋仁宗最后一个年号，嘉祐三年即 1058 年，王安石被调度支判官，进京述职，作万言《上仁宗皇帝言事书》，提出全面的变法主张，对法度疏漏、人才缺失等问题，对北辽的忧患，都提出了自己的主张。宋神宗 1067 年即位，1069 年起用王安石主持变法。

泉州洛阳桥

嘉祐四年（1059年），泉州建成了通往出海港口的洛阳桥，这是第一座建在海港的跨海梁式大石桥。更著名的是它的“筏形基础”，即尖桥墩，可以减少海水、江水的冲击，是中国现存最早的海港桥。除了它的审美和实用工艺外，它还表明了从西京洛阳经大运河通往大海的趋势。

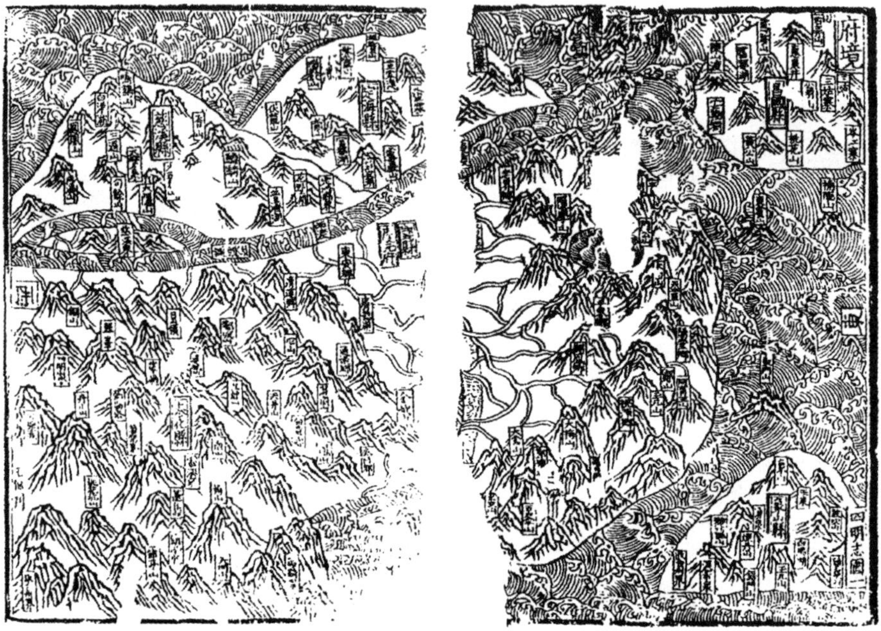

南宋庆元府全境图，载（宋）方万里、罗濬纂，（宋）胡矩修《宝庆四明志》

宁波在宋代作为大运河杭甬段通往出海的港口城市，成为宋代的经济中心。宁波最早的名称为“鄞”，春秋时为越国境地，秦时属会稽郡的鄞、鄮、句章三县，唐时称明州，并将州治设在三江口（宁波市海曙区），标志着宁波建城之始。北宋改称明州为奉国军，属于两浙路。南宋庆元元年（1195年），明州升为庆元府，属于两浙东路，“三江口”是杭甬大运河的枢纽，连通运河与出海口，是海上丝绸之路总领城市。

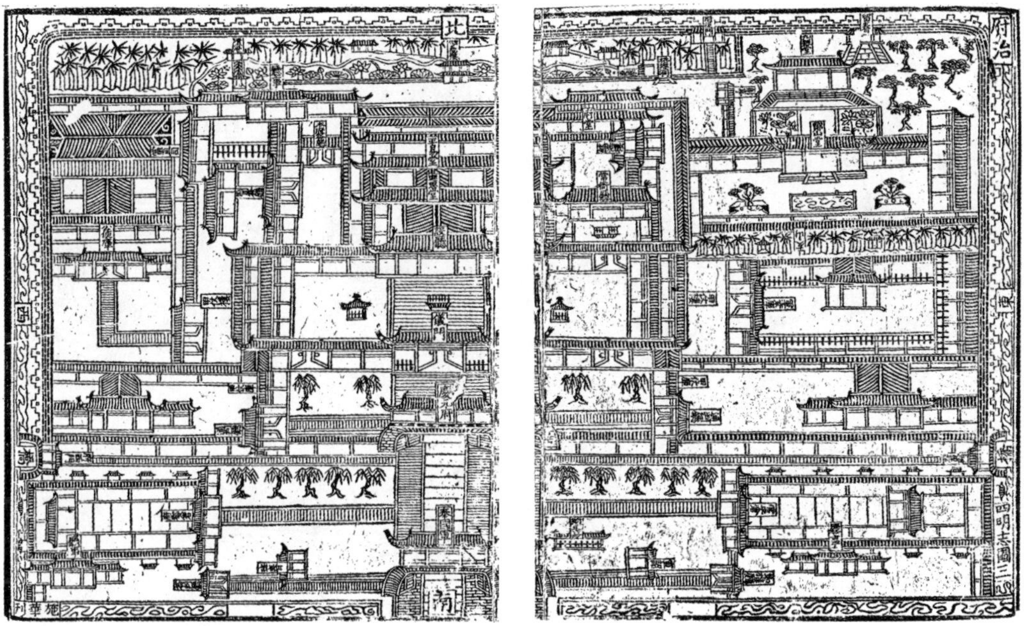

庆元府治图示，载（宋）方万里、罗浚纂，（宋）胡矩修《宝庆四明志》

明洪武元年（1368年），沿海地区实施海禁，唯独明州对外开放。为避国号讳，朱元璋采纳鄞县读书人单仲友的建议，取“海定则波宁”之义，将明州府改称宁波府。从南宋庆元府府境图看，宁波面朝大海，下辖象山县、定海县、鄞县、慈溪县、奉化。

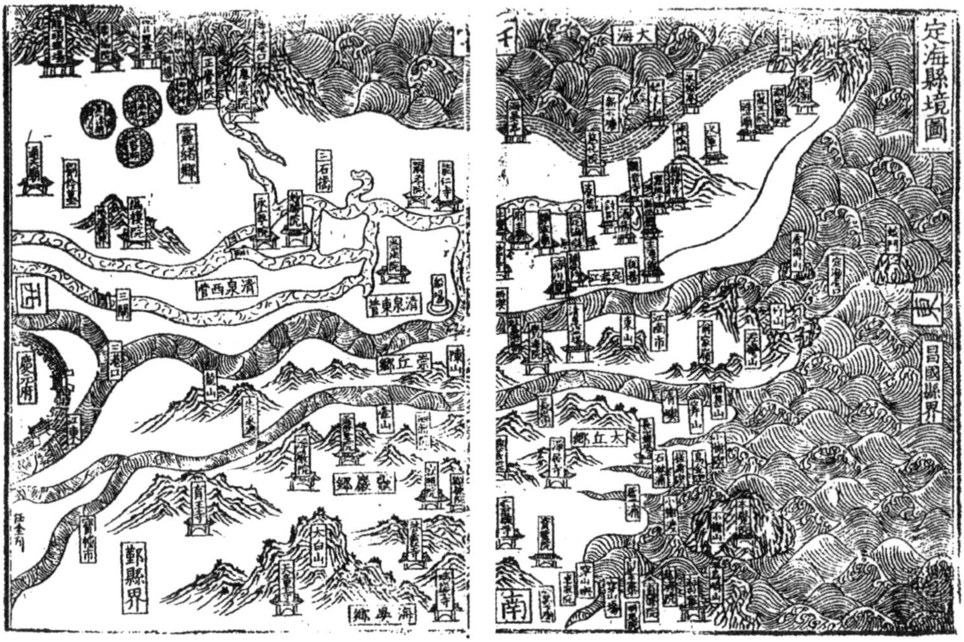

定海县境图，载（宋）方万里、罗浚纂，（宋）胡矩修《宝庆四明志》。
从定海县境可见宁波制海权的意义

宁波的三江口：

王安石21岁进士及第，上任的第一份工作是扬州签判，之后转任宁波鄞县知县，每日瞭望三江口。从大运河内陆枢纽城市的扬州到大运河入海口的三江口岸边，王安石的走向似乎代表了宋代的一种倾向和趋势。

03

王安石的国富论（中）

——成就孔孟之道

国家出场，若不以权力支配经济的方式出场，该怎样出场？

若以国家为经济主体，以国民经济姿态，用“理财”方式出场呢？那就得要求国家转型，从传统行政国家向近代财政国家转变，从政治挂帅转为经济优先。国家理财格局，不再局限于赋税徭役等财政收入，也不局限于诸如盐铁官营之类的国家垄断项目，而是要突破国家行政权力的天花板，以最高经营者出现。

王安石在汴河两岸看到的情形就已经露出了内卷化的苗头。当巨大的经济体量被压缩在小农经济和小商品经济的模式里而无法突破与转化时，内卷化就起来了。小农经济里兴起土地兼并运动，那是经济内卷化的表现。小商品经济里那些越来越精细的消费主义时尚样式，当然是文化内卷化的表现。而科举制对于国家发展的束缚，则是政治内卷化的表现。王安石就在内卷化风头上开始变法。

我们从中国城市发展史中，也可以看到那样的“内卷化”现象。

中国城市化在宋代，碰到了增长的极限，转向了“内卷化”。赵冈在其著作《中国城市发展史论集》的第三章“秦汉以来城市人口之变迁”中指出，宋代不但是中国城市发展的最高点，也是个转折点。他说，中国两千多年的城市发展史上，出现过两个转折点，经历了三个阶段。第一个阶段，从春秋战国到南宋末年，为上升阶段。此时城市人口比重从战国时期约16%

上升到南宋时期的约 22%，最大城市人口亦从 30 万左右上升到 250 万。

那便是最高峰了，亦即所谓“增长的极限”，此后便上行乏力，掉头向下。自元、明、清一路下来，至晚清——19 世纪中叶，降到了 6% 左右。究其原因，或曰由于外族入侵与改朝换代，实乃因近代化受挫之后，转向“全面内卷化”所致。

“内卷化”泛滥时期，自南宋至晚清，历七八百年，于“内卷化”逆流中，王安石被“负评”，其间虽有尊之者，亦仅尊其道德文章，而贬其政经大业。五口通商以后，洋务兴起，近代化重启，中国城市化遂以西化扭转“内卷”趋势，出现了第二个转折点。此时城市化率有所回升，从约 7% 回到了约 8%。

恰在回升浪潮中，尤于戊戌变法前后，王安石的幽灵被人重新唤醒，“变法”二字从光绪“百日维新”获得新生。若将王安石变法与光绪帝变法结合起来看，就会发现，它们是中国传统国家向近代化转型的上、下篇，可惜的是，王安石出现太早，早则易夭，而光绪帝又来得太迟，迟则难达。中国从先进到落伍被内卷化了七八百年。

两次变法，都以科举制为起点，但其归处，王安石并非了然。他不知道还要变出个最高法来，搞君主立宪。他从市场经济出发，以“理财”为中心立法，立了各行各业的法，却不知还应当立一部宪法，也就是管君主的法，作为立法的根本大法。

但中国传统政治思维对于君主另有一法，那就是“法先王”。王安石有一本《日录》记载了他与神宗的对话。第一次对话，神宗问他：“唐太宗何如主？”

他回答，唐太宗据乱世以取天下，所知不远，所为不尽合法。他要求神宗，“每事当以尧舜为法”，不必迎合唐人的法度。

神宗说，用尧舜来要求，对我来说是不是太高了？他回答说，尧舜所为，“至易而不难”，并非“高不可及”，还说，“圣人经世立法，常以中人为制”。

“以尧舜为法”，可尧舜未有法典流传，怎么个“法”？当然是法其心，法其意。“法先王”，可以说是中国式君主立宪，立了个“先王”在君王头上。

有人总结王安石的学术，赋予他“三不主义”——“天变不足畏，祖宗不足法，人言不足恤”，说他否定一切，专门搞破坏。如此说法，显然忽视了王安石本人一直高举着“法先王”的思想旗帜，忽视了他正在做着“致君尧舜上”的道德努力。

在英国人发明君主立宪之前，中国传统里有没有这方面的思想资源？没有。“法先王”算不算？不算。为什么？因为立宪要有契约者，皇权没有契约者。

在英国的封建制中，君王与领主有契约关系，而中国皇帝两千多年来奉行秦制，皇权唯一，君主专制，其于各地，以中央集权行政到底，没有封建领主，哪来什么契约关系？没有契约关系，也就没有契约者，没有了契约者，君主立宪跟谁去立呢？

秦制就是那样，在秦制里不可能产生能与君主立契约者。

除了秦制，中国不是还有周制吗？周制比秦制还早。周制搞封建，封邦建国，比英国早了两千多年，那时，中国也立宪，但立的不是宪法，而是礼制。礼制之于中国，乃玉文化产物。子曰“礼云礼云，玉帛云乎哉”，说的就是玉文化。

谈中国传统政治，有两点不可或缺，一是文化上的周孔之教，即礼教，周公制礼，孔子从周；另一便是制度上的周秦之制，周以礼制，秦以法制，周以封建，秦以郡县，中国士人接受了以秦制取代周制，却又坚持以周制为理想。儒学给历代士人预设了一道历史难题，那就是如何在秦制的现实基础上，去实现周制礼乐文明的理想。

周制立宪，立于礼，以礼为宪，礼是“惟王建国”总纲领，王与诸侯都要奉行。“建国”先要在天地间定个方位——“辨方正位”，然后在那方位上规划国土形成国家——“体国经野”，再以国家设立政府——“设官分职”，来为人民服务——“以为民极”。

此十六字为《周礼》宗旨，没有一点儿暴力痕迹，不但与西方政治学里强调暴力属性的国家概念不同，而且与后来秦制里"马上得天下"那一套也不同。但它却与西方政教之"教"——基督教作用相似。正如西方国家观念里的"天赋人权"思想由基督教所赋予，王朝中国"诗书治天下"则基于对文化中国的认同。

王安石变法，一如孔子从周，所异者，孔子本来就在周制里，而王安石却在秦制里。要在秦制里复兴周制，这就比孔子难多了，要戴着秦制的镣铐跳舞。孔子"吾从周"，只要发个声明，作一本《春秋》，口诛笔伐就够了。而王安石则不然，他面对的不是"尊天子为天下共主"的问题，也不是让"乱臣贼子惧"的问题，这些在秦制里，至少在制度安排上，都不成问题，皇帝是唯一的，无须诸侯国认同，也没有乱臣贼子敢于公然挑战皇帝的权威，他要面对的是国家的本质——财与兵的问题。为何天下富有而国家"积贫"？为何天下兵众而国家"积弱"？不是天下有病，而是宋这个国家有问题。

国不理财，故"积贫"，国不治军，故"积弱"。但根本不在这里。《日录》一开篇，神宗就问："方今治当何先？"王安石回答："以择术为先。"此"术"者，非以权术，乃以学术。故"法先王"原则确立后，接下来就要"明学术"，于是"讲学"便成为头等大事。

他对神宗说"愿陛下以讲学为事"。他把"讲学"与"设施"对应起来，认为"讲学既明，则设施之方，不言而自喻"。可神宗显然更倾向于"设施"，要他先谈谈"设施"。他便为神宗"略陈设施之方"。神宗闻之大喜，曰"此皆朕所未尝闻，他人所学，固不及此"。但他却不以为然，请神宗"以讲学为事"。他认为，只要"讲学"讲好了——明学术，"设施"问题——顶层设计，也就迎刃而解了，"诸如此类，皆不言而自喻"。

"讲学"是明学术，"设施"是定治术。学术未明，治术难定，所以最要紧的便是"讲学"。讲什么？讲《经说》。谁来讲？当今之世，如欲平治天下，舍我其谁也！

神宗听取“讲学”建议，命设经义局，王安石之子元泽奉诏，本其父之《经说》，为《三经新义》。《诗》《书》二者，多出元泽之手。《周礼新义》则为王安石亲笔，有人见过笔迹，说字“如斜风细雨，诚介甫亲书”，以此三经新义，人称“荆公新学”。

“新学”一出，举世哗然。安石欲以汉故事行之于宋，汉学独尊儒术，宋学亦当定一尊，其标志即以“新学”开科取士，凭一家之言择取一国之士。此乃何等幸运？谓之得天独厚可也！历史上，在他之前，还没有一人像他那样，能以所学定国策，能以己学为国学；他之后，一千多年来，朱熹坎坷，阳明曲折。

他之前，汉之末，不是还有个王莽与他神似？但那王莽只有“新朝”，未有“新学”，其新政所依据的古文经出自刘歆，而非王莽本人。严格说来，王莽不是学术中人，而王安石则是以政治为业的学者。神宗需要他的政策，他对神宗说，你要用我的政策，就得接受我的学术，两者不能分割。他要政治与学术两手抓，神宗便由他去了。

后人拿他跟王莽相比，他一定不乐意，因为他在《知人》一文中，不但以王莽为“贪人”，还认为王莽不是一般的贪，而是异乎寻常的贪——“以廉济贪”。他说，那王莽“廉”得不受封侯拜相——“王莽拜侯，让印不受”，一切皆可“让”，唯一物不让的就是皇权。为此，他不惜“假僭皇命”，忍不住“得玺而喜”。

可后人才不管他怎么说，偏要将他们并论，说王莽以《周礼》乱汉，他以《周礼》乱宋，在他身后挖了一个王莽的坑，把他推下去，让他与王莽做伴。

有了王莽在前，他却未收敛，“人言不足恤”，让人说去！有人说，《周礼》之不可行于后世，人人皆知，安石岂能不知？知道了，何以还要做？或曰，安石惧其“富强”之说为儒者所斥，故附会经义以钳儒舌，非真信《周礼》为可行。以此为荆公代言，真应了一句俗语：以小人之心，度君子之腹。

这话若在荆公跟前说，一定会遭到反问：你凭什么这么说？这样说的根据只有一个，那就是王莽曾经这样做过。你用这话说王莽，王安石不会反对，但你要说王莽失败了，就证明“《周礼》不可行于后世”，那你就准备吃他一棒，听他当头棒喝：你竟敢对《周礼》非礼，若不是个乱臣贼子，那是什么！

在他看来，认为《周礼》不可行于后世，就如同说尧舜之道不可行是一样的，“法先王”不但是漂亮的口号，更应该成为实质性的行动。《周礼》亦非仅仅作为显示理想国的摆设，它展示的是一个千年王国“设施”的制度安排，一个中国式的大宪章。

孔子谈政治，最重要的是两句话：第一句是“祖述尧舜”，说的便是“法先王”；第二句是“宪章文武”，说的是“行周礼”。他想想就热血沸腾，怎会不可行？这是他的底气，是他“国富论”的根底，他的根在孔子那里，根本已立，何其深也！正要开花结果时，他在思想上与孟子相遇，如花授粉，圣之时也。

这便是他与王莽的不同了，在他的思想基础里，有孟子打底子，而王莽却没有。同样一部《周礼》，放在孟子的思想上，显然不同于用古文经方式开启。

孟子升格运动与宋代国家转型相应，是近代化到来的一个历史回音。这一点胡適没有看到，就说：“王莽受了一千九百年的冤枉，至今还没有公平的论定。他的贵本家王安石虽受一时的唾骂，却早已有人替他申冤了。然而王莽确是一个大政治家，他的魄力和手腕远在王安石之上。我近来仔细研究《王莽传》及《食货志》及《周礼》，才知道王莽一班人确是社会主义者。”胡適这样的说法，但求其同，而未做汉学与宋学区分。

汉儒尊孔，走荀学路线，忽略了孟子，其于周孔之教，虽曰尊孔，实重周公，走儒家以前的六经路线，忽略了儒学本身才有的四书。六经不是儒学，但儒学奉之为元典，周公亦非儒者，但儒家尊之为祖师，汉唐儒生搞经学，搞着搞着就把经学搞成了儒学，反而将儒学本身搞丢了，本来是表示“吾从周”，可一路“从”来，儒学被遗忘。

推倒汉注唐疏，重新发现儒学，固然有唐代韩愈用“道统论”做了先导，但主要还是宋儒的功劳。宋儒倒转了汉唐儒学，不是以对经的解读来阐述儒家思想——经学，而是把经学放在儒家义理上来确立——理学，这样，儒学本体就发生了转变。

汉立《五经》，立定周孔之教；宋定《四书》，成就孔孟之道。宋儒从《五经》转到《四书》，转以《四书》义理，重启那《五经》堂奥，或曰宋初赵普，自称“以半部《论语》治天下”，而与汉儒“诗书治天下”有别。

《论语》列《四书》卷首；《诗》《书》乃《五经》代言。赵普《论语》说，或有歧异，安石称《孟子》，则言之凿凿。他的《上仁宗皇帝言事书》，以孟子思想为通篇指导，立变法纲要，二人先后推动，推出孔孟之道。

汉唐之世，论治国平天下，但言周孔之教，不谈孔孟之道，可无论何时，不管什么路线，经学路线也好，理学路线亦罢，在儒家的学术与政治格局中，孔子的地位都是绕不过去的；孟子则不然，要有“时机”才会显现，而宋代，便是他开显之时。

他思想里，本有些近世苗头被王安石发现了。中国式立宪——“法先王”，由他发起，还有人民性与革命性的思想因子——“民贵君轻”的政治正义论和“诛一夫”的圣人革命观，也在近世氛围里萌芽了，而王安石却将其请出来，请到宋仁宗跟前。

安石言必称孟子，以孟子为榜样，曾赋诗一首，诗名曰《孟子》：“沉魄浮魂不可招，遗编一读想风标。何妨举世嫌迂阔，故有斯人慰寂寥。”他想为孟子招魂，将已入地上天的“沉魄浮魂”都招回来，重新起用，但现实给他的回应却是“不可招”。

这又何妨？在内心深处，他已为自我意识树立了一个孟子思想的“风标”，于无声处，他与孟子的幽灵进行灵魂对话，迸发思想火花，当世人嫌其“迂阔”，他便自问：孟子如何？这一问，就会问出“当今之世，如欲平治天下，舍我其谁也”的“寂寥”回声。那回声里透出“五百年必有王者兴”的自信，那是孟子在他身上活泼泼的还魂。

他自认孟子为千年知己，在精神上与孟子形影不离，有如孟子附体。弟子蔡卞说他，“初著《杂说》数万言，世谓其言与孟轲相上下”，明人全祖望也说“荆公《淮南杂说》初出，见者以为《孟子》”，以至于当时人都认为，他把自己当成孟子了。

于是，他的政敌为了反对他，只好连孟子也一并反了。反他的代表性人物是司马光，带头反对孟子的，还是司马光。可司马光并未反对写《淮南杂说》的王安石。那时他们是好朋友，彼此相知，而且相惜。学术上的歧异可以让位于友谊，可政治上的歧异，能让吗？

司马光弟子刘安世说，二人同朝为官，本来极相好，正当《淮南杂说》问世，天下推尊之，以安石比孟子，其时又有老苏——苏轼父亲苏洵，人以比荀子。对于那一段思想共和的美好时光，连司马光本人也念念不忘。他亲自记录了那段时间对王安石的看法：窃见介甫独负天下大名三十余年，才高而学富，难进而易退，远近之士，识与不识，咸谓介甫不起则已，起则太平可立致，生民咸被其泽矣……光昔从介甫游，于诸书无所不观，而特好孟子与老子之言。

当王安石开始变法时，当初那个君子人格共同体就分裂了，那一段最美好的时光也只好泪别。王安石也好，司马光也好，还有苏轼，都有抹不去的遗憾留在了心头，思想共和的种子虽然被专制权力污染了，但终于还是在他们的生命里生根开花。王安石去世后，我们看司马光、苏轼对他的评价，又重新感受到当年那个君子人格共同体的温馨与温暖，毕竟他们之间有过那么一段挥之不去的美好时光。

所谓悲剧，就是将美好的事物撕碎了给人看。王安石的悲剧，也可以说是那个君子人格共同体的悲剧。君子人格共同体可是中国历史上出现的一个最美好的事物呀！竟然被他们自己活生生地撕碎。谁是始作者？当然是王安石，谁要他变法？！

变法之前，他们还是完美的，变法一开始，好时光就分崩离析。究其根底，不在王安石，而是由于君主专制的制度安排。君主专制，庙堂之上，容不得君子人格共同体，有之，即以“朋党”视之。虽有欧阳修作《朋党论》为之呼吁：为人君者，但当退小人之伪朋，用君子之真朋，则天下治矣。以此为君子共同体立言，但朋党就是朋党，管你是“同道之朋”还是“同利之朋”，是“君子之朋”还是“小人之朋”，都有违制度安排的初衷，盖因君子不党，忠臣无朋。

欧阳修可以说是君子人格共同体之元老，他要用“同道之朋”“君子之朋”对国家进行改造。当年他与范仲淹就这么做过一回，在历史上叫作“庆历新政”。这还不够，他将王安石、司马光、苏轼等人荐入京师，让他们接着做，形成新的君子人格共同体，造就思想者的共和国，为此，他不惜作《朋党论》挑战君主专制的制度安排，不是从个人权利出发，而是基于个体人格的立场，对国家进行改良。

在宋代国家转型过程中出现的《朋党论》似乎带有某种近代化的因素，但王安石对此不敏感，他只走向孟子，哪怕走向君臣人格平等，走向民贵君轻，也不走向欧阳修的《朋党论》。而欧阳修的论述，可以说代表了那个君子共同体的共识。司马光也好，苏轼也好，与其说他们反对王安石的新政，毋宁说他们反对王安石的独断与独行。

任何一项政策都有得失可论，因为不同的人会有不同反应，而不同的反应要求政治应该妥协、政策要协商而行，思想不可定于一尊，要能共和才行。

而王安石正相反，他宁愿走向独断与独行，也不会走向《朋党论》。他这样做，有其个性的因素——他本来就特立独行，也有制度安排的因素——在国家权力机构不宜结友，更不能结成朋党，必须将自己作为个体彻底奉献出去，连自我都是多余的。可欧阳修却为“朋党”鼓与吹。所以王安石认为欧阳修不宜从政，说他治一地则坏一地，治天下则坏天下。王安石话说得“语不惊人死不休”，完全是一副决裂的样子。

这样子便是制度安排所要求的。当神宗皇帝把家国天下都托付于他，对他的第一个要求是什么？那就是不能搞朋党政治，要他作为皇帝的代表独断独行。

要独断独行就得定于一尊，不光政治上要一尊，学术上也要。可他那位乡贤前辈的学术与政治取向跟他不一样却不自知，即便赞美他，也令他尴尬。欧阳曾赠诗一首，赞王安石“翰林风月三千首，吏部文章二百年”。“翰林”指李白，“吏部”称韩愈，这两位都是光芒万丈的人物，把这两位放在他头上，以为可以为他增光。他按照自己的方式勉强收下“吏部”，据说还有歧异，我们就不追究了。可对于“翰林”，他却没有回应，因为李白不入他法眼，用李白来赞美他，如此礼物，他只好婉拒了。

他喜欢的是人们不吝用“孟子”来称他。在回复欧阳修的那首诗里，他这样说道：“欲传道义心犹在，强学文章力已穷。他日若能窥孟子，终身何敢望韩公。”他说自己精力有限，已别无他求，只有一颗“传道义”的雄心，还在勃勃地跳。若欲成为韩愈那样的文宗，他自知“力已穷”，所以他说“终身何敢望韩公”。言虽委婉，实为拒绝。韩愈非他所求，他不想做古文运动的旗手。

对于汉唐人物，他是不以为然的，就如同他看不上唐太宗一样，他也忽视李白，他反对神宗以唐太宗为榜样，激励神宗越过汉唐帝范，直奔尧舜天理而去。

他这样要求神宗，也这样对待自己，不但于诗格上甩开言不及义又好酒与女人的诗仙李白，且从道学上超越以道统自命却又热衷于古文运动的韩愈，直奔孟子。他认定孟子为人生目标，在人生的道路上，他只能跟着孟子走。孟子最风头的便是“辟杨墨”。辟杨朱“为我”是“无君”，辟墨子“兼爱”是“无父”，他也恨不得跟着孟子“辟杨墨”去。世无“杨墨”，他也要“辟”，不是还有“朋党”吗？看他斩钉截铁地批评欧阳修，那口气显示的语言霸权，不就如孟子“辟杨墨”一般？化友为敌，乃制度安排，作为执政首脑，他无奈，但必须担待。

可在制度安排之外，他还是那个君子人格共同体中的一员。君子之交，风清月白，在制度安排上的评价，并不影响他们在君子人格共同体中相互认同的情怀。在《祭欧阳文忠公文》中，他的赞美之词喷薄而出，无与伦比。他称赞欧阳修“器质之深厚，智识之高远，而辅学术之精微”，从“器质”“智识”“学术”三个维度上，树立了一个“大丈夫”的形象，展示了君子人格的榜样。那是怎样的人啊：其积于中者，浩如江河之停蓄；其发于外者，烂如日星之光辉。其清音幽韵，凄如飘风急雨之骤至；其雄辞闳辩，快如轻车骏马之奔驰。

安石言“其沛然无御”，言其“上下与天地同流”，岂非神似孟子？但孟子有那么好吗？好到百花皆落，唯其独放；百花皆萎，唯其独艳；百花盛开时，唯其一花独立；立于人间四月天，“更无柳絮因风起，唯有葵花向日倾”。正如百花竞放，争奇斗艳，焉能“定于一尊”，似那“葵花向日倾”？

除以诗讽安石，司马光还专门写了《疑孟》一文，对孟子的性善论、君臣观、王霸论、义利观等表示怀疑，尤其在君臣关系上，认为孟子自以为是，太任性，竟然把君臣关系看作对等的，臣之于君，不具有绝对的服从性，而是一种相对的伦理关系。在这种关系中，君处于主动地位，臣只须对君的主动性做出回应。也就是说，臣对于君的回报是有条件的，那条件便是，若君待臣以礼以仁，那么臣报君以忠以义，若君待臣以非礼和不仁，那么臣报君就可以不忠和不义。

在这样的对待性里，有一种平等的伦理关系，那就是个体人格的平等性。这种平等性先于“三纲”而存在，不在体制化的“君为臣纲”里，不属于国家的组织原则，而“尊孟”则难免要将平等性带到君臣关系中来，这就要问一问，何为“君臣大义”了？

司马光开了个头，苏轼跟着也来了。苏轼对孟子有褒有贬，定位于王安石与司马光之间，就如同他的政治立场一般。他称赞孟子为孔子后第一人，同时又喋喋不休地指出孟子的缺点。在他看来，王安石变法放大了孟子的缺点，以“辟杨墨”的霸气将独断独行进行到底，所以，他“疑孟”

同司马光一样，也有很强的针对性，也是冲着王安石来的。

而王安石则依然故我，走自己的路，让人去说。他没有接受欧阳修对他的期望，接韩愈和欧阳修去做古文运动的旗手，但他却自觉地成为“孟子升格运动”的旗手。他不但在学术上以孟子的思想为“荆公新学”奠基，还在政治上以制度安排的方式将《孟子》列入科举制里的必读书，以至于若不读《孟子》，读尽诗书，也难成进士。

书升上去了，《孟子》从子书上升为经，这还不够，人也得升，由贤入圣，升入孔庙，成为亚圣，孔孟之道，由此而立。作为成就者，王安石当为第一人。

后来司马光执政，同样独断独行，不光推倒王安石的新政，连孟子也不肯放过，还想把孟子从孔庙和科举制里请出去。但时代潮流已成，非他一人能变。

吃惊的莫过于苏轼。王安石如此，司马光反对王安石独断独行，反其道而行之，竟也如此，怎么会这样呢？在他看来，新政有好有不好，好的留着，不好的拿掉；孟子有好，也有不好，好的尊奉起来，作为亚圣，不好的指出来，不要重蹈，何至于都要推倒？他不知此乃制度安排所致，王安石和司马光作为制度安排的代表也只能如此。

04

王安石的国富论（下）

——使帝国现代化

构造举国体制，不能靠小农经济。靠什么？靠国民经济。

国民经济自然不是小农经济个体相加之和，就像一袋马铃薯。而国家，说到底，也就是那个装满了马铃薯的袋子，但那袋子不是经济体，只是个政治体，只能把土地与人口以政治的方式用行政权力结合在一起。

传统国家与现代国家的区别就在这里，传统国家主要是个政治体，经济因素比较少，而现代国家，除了是个政治体，还必须是个经济体，而且占据主导地位。这就使得政治从权力支配经济转变成为经济的集中反映，国家利益从对土地与人口的追求转向市场和贸易，表现为国家本位的重商主义和资本主义。

11 世纪的王安石，早早地来到了传统国家向现代国家转型的风口上。他除了从思想上返本开新，从周孔之教开出孔孟之道，还想从制度上回归，从秦制回望周制，从周礼开出《周礼新义》，从封建制的土壤里寻找现代性根底，探索国家转型的契机。

我们看世界近代史，发现传统国家向现代国家转型有两条路径：一条是封建制路径，一条是城市化路径。由此看来，中国春秋战国较之后来唐宋元明清，离现代化更近，也就是说，周制比秦制更有现代性，这也是中国变法总要复古的原因。

孔子起了个复古的话头，叫作“祖述尧舜，宪章文武”——“吾从周”。

复古为什么要“从周”？说来话长，长到国家起源的源头。

东西方历史道路，自新石器文化以后就开始分化了，从人类大同的新石器文化中走出来。以西亚两河流域为中心的西方率先走向青铜文化，而以东亚两河流域为中心的东方则从新石器文化中发展出一种高级的审美形态——玉文化。当西方青铜文化在亚欧大陆上追求世界体系之时，东方玉文化与之融合，完成了这个世界体系，从而以王朝中国的方式加入以青铜文化为代表的文明古国系列，当之前三大文明古国相继衰亡时，经由玉文化改良的王朝中国兴起为第四大文明古国。

西周时，周公制礼作乐，金声玉振，不仅在礼乐文明上完成了金玉良缘——青铜文化与玉文化的融合，而且在制度安排上实现了文化中国与王朝中国的结合，以封邦建国的天下观为标志，成为文明古国世界体系的改良者和集大成者，使古代进入古典。

那是一个元典时代，古代文明聚集于此，形成诗、书、礼、乐、易等政教样式，被后世儒家奉为经典，三千多年前就已经形成了如此完备的封建制的文明体系。

放眼世界，这样的文明古国难觅其二。欧洲诸国之于封建制，则不但要晚得多，而且是在古希腊和古罗马等城市文明被摧毁后，以文明倒挂的方式进入的，所以欧洲封建制文明较之西周政教要简陋得多，但城市文明的因素却残留着伺机突破。

在封建制里，中国以天朝自居，居于文明的安乐窝；即便到了历史的转折时期，也只是在同一个文明体内进行改制，从周制改为秦制，以之缓解文明的危机。

但周制依然是文化中国与王朝中国结合的国体；秦制则是在此国体上产生的一个新的政权样式，国体未变，仍从周，政体更新，分封改为中央集权，诸侯国变为郡县。秦制对于国体的承诺，便是一个更大的文明安乐窝，是一个大一统的中国。

这个样子有如玉文化之于新石器，乃新石器延伸，是对新石器文化的一个审美的肯定。秦制之于周制，当亦如此，也是对周制的延伸，乃集权的大一统延伸。

因此，中国历史进程中，就有了一惯例：一旦作为政体的秦制出了问题，通常就会回到作为国体的周制去找解决方案。《周礼》作为周制的代表，也就成了中国政治体制改革的教科书。王莽变法如此，王安石变法亦如此，康有为变法还是这路子。

历史上，汉承秦制，为救秦偏，遂纳秦于周，使之合一，而有周秦之制，故其治术亦以霸王道杂之。霸道为秦制，乃国之用也，王道为周制，乃国之体也。

汉之末也，当秦制用尽，王莽返本周制，以古文经立新学，以变法开新朝，其业虽败，其国亦亡，然其势未衰，绵延至唐初，均田制、府兵制、六部制皆出《周礼》古意，至唐末五代，其势用尽，以藩镇割据、五代十国，再现春秋战国故事。宋初返秦，集权更甚，尤于财与兵两面，不敢放权，其时，定都开封，较之关、洛，唯一优势即以运河为纽带，能更加集中财权与兵权，然，以秦制集权，其弊又现，以至于国富而积贫，兵多反积弱，故王安石变法欲改秦制集权方式，重启《周礼》，确立宋版《周礼新义》。

秦制之于经济活动，本身并不参与，其作用于经济，表现为权力的支配，即通过支配人口和土地，征税，征兵，征徭役，来满足国家权力意志驱使官僚机器。

西方人的国家观念里有个利维坦，中国也有，叫作"饕餮"。它在秦制里，欲壑难填，天下通吃，吃到撑死，表现了官僚机器特征，其本性就是国家本质反映。为苟延其性命，必戒其暴食暴饮，此之于民，即所谓"仁政"。司马光之流于此立论。而王安石则不然，他不要饕餮节食之仁，而是要改变国家的饕餮本性，使通吃天下的吃货向着"天下为公"的大锅饭转型，为"民以食为天"立个举国体制的大鼎。

国家向来不是生产力，可他却偏要使国家成为第一生产力。国家本来也不提供生产方式，可他却偏要赋予小农经济和小商品经济一个大流通和大市场的国家样式——国民经济，使国家转变为经济活动主体。

这一转型，按照葛金芳《两宋经济结构变迁与海上丝路勃兴》一文的说法，是在“近世农商社会”中出现的。他说，汉唐属于古代农业社会，呈现“茅舍炊烟，春耕秋收，一派田园风光”的文明样式。他指出，在古代农业社会和现代工业社会之间，还有一种过渡形态，那就是“近世农商社会”。这个过渡阶段很长，起始于宋，迄于20世纪，长达千年，其间仍以农业为主，但在工商业蓬勃兴起的驱动下，提速了城市化。

如此划分，可以为宋代国家转型提供一个社会发展的阶段性坐标。但宋代提速太快了，城市化一上来就是高峰，文明的样式很快就从田园风光转向了《清明上河图》那样的城市景观，一下子就达到了“增长的极限”——“近世农商社会”的顶点。

可宋以后，城市化便跌落了。自元、明、清三朝至近代，都不过是城市化的重启与恢复而已，向着“现代工业社会”迈进，算起来也是近百余年来的事。当“世界工厂”出现于中国时，我们才可以说“现代工业社会”已大体建成，或正在建成的路上。

关于这一点，葛文之中亦有言及。他说：晚唐以降，特别是入宋以后，工商业文明的快速成长，是否导致宋代经济结构发生了部分质变？答案是肯定的。他认为，汉、唐以来，单一农业经济已逐步转型，转为农工商并重，其过程甚长，若谓以长三角为中心的江南经济区，从北宋中叶以后就先一步呈现出农商并重的结构性特征，那么直至清末民初，中国沿海地区才转向以机器生产和市场主导为特征的现代工商业文明，并加速前进，直至20世纪后半叶，中国才从整体上进入现代工商社会。

也就是说，在现代化的历史进程中，中国“起了个大早，却赶了个晚集”。王安石就是“起了个大早”的代表，他早就进入现代化之域，却未得其门而入，何也？我们认为，是因为他背负的国体太大。他领着中央集权的大一统帝国，长途跋涉，来到现代化门口，那时，现代化初启，口径太小，帝国难以进入，这就如同让骆驼穿过针眼，比登天还难。

王安石之后，过了两三百年，欧洲国家也经由封建化和城市化两路来到了现代化转型的门口。幸运的是，无论领主国家，还是城市国家，它们都很小，小到正好可以穿入那个现代化的“针眼”。

中世纪后期，西方社会出现了新兴城市。那些城市看起来很小，看上去也不雅，看不到我们在《清明上河图》里所见的繁荣景观，感受不到“天下熙熙，皆为利来”的财富效应，但它们却有个显著特征，那就是自治性，自有其独立的法权和治权。

我们退一步来看王安石变法，其实也是如此。他在滨海小城搞变法，社会效益和经济效益都很明显，朝野上下均交口称赞。那时，他可以“独立自主”，所以他能成功，变法因他而起，他一走便结束了。而东京汴梁却是个小商品经济的美丽泡沫无限膨胀的躯体，胀到破灭为止。破灭前的那些泡沫，都以“兼济天下”自诩，而王安石就得带着它们转型去。

王安石与司马光的辩论就表明，他的变法不会戳破那些个被宋朝“仁政”催生的泡沫，那些有如《清明上河图》一般讲究文化消费品位的民生主义泡沫。

好一句“民不加赋而国用饶”，就是他对泡沫的承诺，一加赋，泡沫就破了。这一点，他知道，司马光也知道，天下人都知道，可不加赋，还能变出什么“法”来？其中的奥妙，除了他知道，只有天知道，谁要他起得那么早！他必须忍受作为先知的煎熬。

他要做一个更大的棋盘，把宋代所有的“仁政泡沫”都装进去。他认为，这个只能由国家来做，而不能从民间自发形成。那时，他还不知道有一只“看不见的手”，谁要他比英国的亚当·斯密早生了七百来年！

或问，他是那么深刻的思想家，难道就看不到这一点？此正所谓“时势造英雄”也，若非有工业革命和全球化贸易，那“看不见的手”就难以开显。也就是说，在小农和小商品经济的格局里，有行政权就可以操作，所以不存在“看不见的手”的问题，而是强调与政权相关的“天命”。只有在行政权管不到的地方——那里的经济不但正常进行，而且发展得更好——才会产生“看不见的手”的问题。

产生这样的问题，要有两个思想前提：一要承认“经济先于政治”，二要相信“市场大于国家”。这两个前提在宋代都有萌芽。国都的选择就是经济优先，而非政治挂帅。还有《市舶法》的出现，也将海外贸易从朝贡体系中划分出来，还其市场经济地位，这里面似乎包含了“市场大于国家”的意识；《市舶法》是以国家方式参与国际贸易。

除了思想前提，还要有现实条件：一要有大航海建立全球化大市场，二要有工业革命推动经济增长。王安石的时代太早，还不具备这两个条件，要到亚当·斯密时这两个条件才成熟，那只“看不见的手”才会伸出来，伸入人的思想，成为一个问题。

《市舶法》成于王安石变法时期，它比英国最早的航海法早了三百来年，比英国航海条例——《扩大商船队和奖励英国航海条例》，早了五百多年。但《市舶法》还是缺了一样最重要的东西，那就是海权意识。它只是针对国际贸易的国家内部管理问题，不涉及国与国之间的对抗与竞争，而英国航海法则不然，其第一部是冲着英法战争去的，而《航海条例》则是要与荷兰争夺海上霸权。这就使我们联想起唐、宋时期中国大航海，何以阿拉伯帝国与唐、宋两帝国海通了好几百年，却未有过一次像欧洲那样的海战，以至于两大帝国之间竟然和平得不知何谓“海权”？

西方文明为了争夺海权，从地中海打到大西洋，又从大西洋打到印度洋，从印度洋打到太平洋，打到哪里，海权就出现在哪里，哪里就出现了殖民地。然而，在欧船驶入东印度洋之前，东方海域曾有过一个很长的和平时期。两汉之于贵霜帝国，唐、宋之于阿拉伯帝国，陆行虽有冲突，绕不开国家主权，海通却畅行无阻，未受制于海权。那是一个从不打着“自由航行”旗号的真正的自由航海时代。

一旦“自由航行”的号角从西方吹到东方，东方固有的自由航行就结束了。叫嚷自由是因为垄断来临，而率先这样叫的人，便是荷兰人格劳秀斯。他在《论海洋自由》中发出了第一声呐喊，他是冲着葡萄牙人喊的，因为葡萄牙人最早从大西洋来到印度洋，又从印度洋到了太平洋，其欲以国家主权姿态君临印度洋，垄断中国海。

而王安石变法时，主权国家还未出现，人类拥有“海洋权利”，它作为天赋人权一部分而自明，所以《市舶法》里没有“海权”。同一时期，欧洲城市国家，如威尼斯、米兰、佛罗伦萨等，也没有标榜“海权”。它们没有直通中国的航道，只能通过阿拉伯人与中国关联，也有了现代性的表现，现代化的第一把火——文艺复兴，由它们点燃。

那时，中国“四大发明”已传入欧洲，其中造纸术和印刷术为文艺复兴提供了技术支持和物质基础，指南针为大航海指引方向，而火药则催化了城市国家。当城市国家从南欧发展到北欧、从地中海沿岸向大西洋海岸伸展时，真可谓“船小好掉头”。它们一转身，欧洲便开启国家现代化转型，借了“四大发明”的东风转型成功。它们都是些小城市，大一点的在南欧，如威尼斯、米兰、佛罗伦萨等，还没有景德镇大。当时伦敦不但狭小，而且肮脏，可就这么个不起眼的城市，却在向国家现代化的转型中拔得头筹。

如今属于意大利的那几座城市，自文艺复兴运动以后就裹足不前了，停留在重商主义里。再往前走，走出重商主义的便是那个小不点的英国城市伦敦。英国从大宪章到君主立宪，从光荣革命到工业革命，从老欧洲到新大陆，终于走到了自由主义。正是在自由主义的光芒里亚当·斯密发现了那只“看不见的手”，正如牛顿在物理学背后发现了“第一推动者”，这是英国人贡献给世界的两个伟大思想。

国家现代化转型，以“海权”推动，由海权国家率先完成，可王安石只是个观海者，并非下海人。他出使过辽，却未出使过海洋，也谈不上有什么“海权”思想，但他却有着深邃的海洋目光，通过海洋，看到了增长，看到了比大运河还要大的市场。

可没有“海权”，如何能抓住海洋？如何能抓住海通大市场？对此，如果硬要他给出一个“国家应答”，那么除了沿用朝贡体系，他还能怎么回应？朝贡体系有它的好处，那就是能维持和平，但以“朝贡”为名义的海通贸易，较之以“海权”为主导的海上贸易，显然多了一条中世纪尾大不掉的龙尾巴，拖着这样一条龙尾巴，怎能实现“国家现代化”？

而王安石带着这条龙尾巴去搞“国家现代化”，当然会被拖累。

作为一个国家，宋失败了，败给了一轮又一轮东亚游牧风暴。当时，唯有地中海一隅未遭遇东亚游牧风暴袭击，还在分享东西方大航海的红利，因而有了《马可·波罗游记》——“到中国去”，催化了文艺复兴的生机。

王安石虽然受挫了，但他是使帝国现代化的第一位改革家，也可以说是唯一的一位，不但阿拉伯帝国没出现像他那样的改革家，拜占庭帝国也没有。就此而言，他是一千年来对世界历史有影响的独一位中国政治家。为什么列宁的新经济政策和罗斯福新政都提到了他？就因为他是使帝国现代化的第一人。然其政术，亦有利弊，有得失，当时人言之已甚。究其弊者，或曰，政由人出，祸因政起，给他扣了个亡国的帽子，说他罪大恶极，不但是奸雄，而且是奸圣。南宋陈渊在《十二月上殿札子》中就这样说过，“自王氏之学达于天下，其徒尊之与孔子等”，这便是奸圣了，而其奸圣手段则是“动之以卓诡之行，而矜之以华丽之文”，这就有如“以锦绣蒙覆陷阱”，引人“悦而从之”，结果是“鲜不坠者”，更何况“行之六十余年”，不光宋神宗被他带到坑里去了，就连整个天下都被他坑了。

陈渊乃杨时弟子，为理学传人。程朱理学与荆公新学皆尊孟子，然尊之有别，分真假也，理学自谓其孔孟，乃真孔孟，却道荆公新学之孔孟乃假孔孟，故荆公之罪，其新政罪小，充其量不过奸臣而已，而新学罪大，因其以假孔孟为奸圣。更有甚者，以之为少正卯，以为当如孔子诛少正卯，必也诛之。

然心学一脉，从南宋陆九渊到近人贺麟，对其新政虽不尽苟同，对其道德文章——新学，却赞不绝口。贺麟在《王安石的哲学思想》一文中指出，儒家看政治家不外乎两种类型：一为伊周型，一为萧曹型。前者要求理想主义的目标，后者采取现实主义的标准。宋人的理想都是奔着前者去的，而王安石是其中最杰出、最完美的代表。还说，他在诗文方面，“皆卓然自成为大家”；在人格上，陆象山称其“洁白之操，寒于冰霜”；他的生平志事，陆象山称其“道术必为孔孟，勋绩必为伊周”。所以，贺麟说他“实在具备了种种条件，使他成为三代以下，伊周型的政治家中最伟大的虽说是一个失败的代表”。不是有宋一代，而是“三代以下”，也就是有史以来“最伟大”的政治家，但话锋一转，又说他是“一个失败的代表”。他真的“失败”了？

这要看怎么说了，生前他是一个成功者，没有人比他更成功。司马光废其新政，不过党争而已，难言其败，况且他本人并未投入党争，反倒是他的那些学生，如吕惠卿、蔡京等，起来将司马光推翻的给恢复了。他死后，骂他之声不绝，但那是将国家失败的坏账、死账都算到了他头上，国家失败这笔账为什么一定要算到他头上？难道一次变法就搞垮了一个国家？这样算来，还真是小看了东亚游牧风暴的能量，放眼看世界，那时有哪一国能抵挡？

若非他在东亚游牧风暴的风口上启动“国家现代化转型”，以举国体制来应战游牧风暴的冲击，有宋一代如何能克了辽、金？可辽、金之后，还有元，大宋帝国再而衰，三而竭，终于被游牧风暴席卷。由此看来，天地之势非人力所能扭转。

有趣的是，19世纪中叶，法国传教士古伯察在其《中华帝国纪行》一书中，除了指出“王安石的文章和激烈言论和我们这个时代报纸上、参议院里的宣传很类似”之外，还提到了王安石对成吉思汗的影响，说追随王安石的改革派遭迫害时，逃往鞑靼沙漠，“把不安的精神和骚动的性格传递给蒙古部落”，“狂热的革命情绪嫁接到这些强悍部落身上”，成就了一代天骄的世界征途。如此看法，显然证据不足，但亦不乏可观处。

王安石本人因之而有了“现代性”，就此而言，他是个胜利者。对其

“现代性”的表现，梁启超认为，青苗法和市易法类似近代国家银行职能，免役法“与今世各文明国收所得税之法正同”，而保甲法则“与今世所谓警察者正相类”，以此认定“今世欧洲诸国，其所设施，往往与荆公不谋同符”，“实国史上，世界史上最有名誉之社会革命”，“呜呼，皋夔伊周，遐哉邈乎，其详不可得闻，若乃于三代下求完人，惟公庶足以当之矣”。

王安石像，江西省博物馆提供

05

拟把温州作杭州

还在司马光主政时，王安石就去世了，新党新政被清算。有人说，他是被气死的。有可能，但不重要，重要的是他一死，他的国富论也没人提了，其学生，如蔡京等，放弃了他的价值理性，把他当作工具来用。

新党变质，新政异化，被司马光折腾了一下，新政理想的光芒熄灭了，没了道德情操，变成了恶之花。恶之花结的果，当然是恶果，最大的恶果是亡国。

几年下来，张择端刚画完《清明上河图》，大半个中国便沦落金人之手，汴梁繁华，被悉数掳走。这一切他都亲历了，1145年他才眼睁睁地故去。但市井文明还是老样子。南渡后没几年，临安便与汴京相差无几了，甚至连茶楼酒肆名称都一样，而西子湖畔则为之平添了一分江南风雅。

汴梁已经丢了，丢了就丢了，当务之急是寻个立足之地。往哪儿去？到杭州去。看一下《清明上河图》，就知那汴州繁华是漕运带来的。“直把杭州作汴州”，其实就是运河的主要功能——为汴州提供财源。

高宗快马加鞭，终于逃到了杭州。杭州背靠东南沿海一线。杭州的繁华，要靠海运。那时，浙东沿海一线是王朝生命线。这一线的港口也就成了王权的命门了，最重要者有二：一在明州（今宁波），另一在温州。

高宗逃难杭州，金兵追至临安，高宗下海，金兵亦下海，追了三百海里，追至明州，被宋军阻击，高宗始入宁海，过台州，沿海漂泊三个月，这才到了温州。

金兵攻入明州，屠城十余日，焚城而去，偶有存者，已剩无几，以至于高宗返回临安途经明州，竟然弃城不入。本来，作为出海口，明、温二州都很重要，但在朝廷建置上，明州处于总领浙东沿海各口岸的位置，自然更重要一些，可是经此一劫后，明州城已破，兵焚之余，形同废墟；而温州如有天佑，金兵至台州，已是强弩之末，势疲而返，故温州无战事。

如惊弓之鸟，高宗避难温州，曾在江心屿上望海潮，望了数月，猛然开窍，发现“市舶之利最厚，若措置合宜，所得动以百万计”，更何况取之于民有限，何如取之于外商？他一回临安，便要对外开放，向海外招商，不光以招商引资为国策，还开始了筹海经略。

从那时起，宋人就与阿拉伯人一道经略印度洋海通。高宗鼓励海商打造海船，购置货物到海外，还在海岸线上每隔三十里就建立一个灯塔，以便导航。

高宗下海时，已将亡国这笔死账算到了王安石头上。可现在，他懂了王安石说的“善理财者，民不加赋而国用饶”是什么意思了，原来是要靠贸易顺差。当年，司马光指出“天地所生货财百物，止有此数，不在民间，则在公家。桑弘羊能致国用之饶，不取于民，将焉取之”？这还是自然经济眼光，两眼盯着土地，没有看见海洋。这样看来，财富“止有此数”是个常量，欲“致国用之饶”，必多取于民，“民不加赋”是不可能的。而王安石所言，则用了增长的观点，认为财富是个变量，只要扩大流通和生产，经济总量就会增长，以增长来“致国用之饶”，自然就“民不加赋”。

高宗是个奇葩，认准了经济增长要靠贸易顺差，既然如此，何必变法？何不定都临安，面朝大海？或问，金陵如何？六朝古都，龙盘虎踞，控引江淮，进取中原，也算得上形胜之地。但他不取，正如东京汴梁向运河靠拢，他建都要向海通靠拢。

他在东南望海，“东南形胜，三吴都会，钱塘自古繁华”，说得太好了！“烟柳画桥，风帘翠幕，参差十万人家……市列珠玑，户盈罗绮，竞豪奢”，富呀！“有三秋桂子，十里荷花”，美呀！“羌管弄晴，菱歌泛夜，嬉嬉钓叟莲娃。千骑拥高牙，乘醉听箫鼓，吟赏烟霞。异日图将好景，归去凤池夸”，乐呀！就这样，他在钱塘江畔定都了。

钱塘多好啊！放眼望去，“海上明月共潮生”，抚摸当下，“有三秋桂子，十里荷花”。他心想，俺就在这里望海，望着海货来！所有海货都要“抽分”——十分之一进口税，然后“抽解”国库，那真是“无边抽分纷纷下，不尽海货滚滚来”呀！

市舶司，那是俺的收银台，收来银子。还有一招，叫作“博买”。凡俺看好的东西，都得由俺限了价来买，不用动俺国库，要靠俺的信用，这才叫理财。

王安石变法，哪是为朝廷理财？他是为天下理财，让朝廷来担待。什么青苗法、市易法，这法那法，老百姓怎么活法，何必管他？我号召人民：下海吧！

下海，就要造船；造船，就要运输；运输，要有货物；而货物，要靠生产，这样就形成了产业链。我纲举目张，只管赚钱。王安石那厮，却偏要为难，不光自己为难，让朝廷也为难。赚钱容易，提高生产力难，他偏要去提高生产力；经商容易，搞重商主义难，他偏要去搞重商主义；为朝廷理财易，为天下理财难，他偏要为天下理财。

南渡之初，俺捉襟见肘，这回俺可要为朝廷扭转乾坤了！

不久，南宋经济就全面恢复了，国土虽然丢了一多半，但财政收入却接近北宋最好的时候，到了孝宗朝，南宋已全面超越北宋了。显然，这是海外贸易带来的成就，国土上的损失用海外贸易弥补了！

人口和土地减少了，可经济总量还在增长，这要靠市场。不断扩大的市场和不断增长的贸易都是大航海带来的。宋初，进口商品仅 45 种，南宋时增至 320 余种，且为北宋少见的“民间常使物货”——药材、木材、棉织品等，单是番布等纺织品就达 30 余种。

那时，东南沿海人纷纷出海，作为“住蕃”华侨，他们开启了中国大航海时代。他们走东洋，下西洋，在哥伦布发现新大陆前，把南洋变成了“中国海”。

出海队伍中，有一支永嘉人。他们下海做市场，做得风生水起，宛如当今温州人的先驱。宋代温州府，昔为永嘉郡，自废郡改府以来，地名温州，人称永嘉。元朝时，有永嘉人周达观随使真腊，就从温州出发，前往吴哥。回国后，周撰《真腊风土记》言，真腊土人见唐人颇加敬畏，呼之为佛，见则伏地顶礼。他发现，唐人中颇多永嘉人，在吴哥，他就遇见了同乡薛氏。更早一些，有南宋周去非，也是永嘉人，曾居岭外多年，东归后，因问岭外事者甚多，书以代答，故名《岭外代答》。“岭”，指南岭，而“岭外”，即海边。他告诉出海的永嘉人，“诸蕃国之富盛多宝货者，莫如大食国”。那时，“大食诸国”正处于阿拉伯帝国解体后伊斯兰教国家联合体状态，以两河流域京师“白达”（巴格达）为共主，有如东周之周室，另以“佛麻霞勿”（穆罕默德）出生地“麻嘉”（麦加）为圣地。他在书中描述了当时“麻嘉”朝圣的盛况。“佛麻霞勿”子孙迁都“白达”是为了出海与中国贸易。大食诸国只要从底格里斯河下海，就同中国联系起来，而白达国则掌握着通往中国的枢纽。

大食之来中国，先要“以小舟运而南行”，经由两河流域入海后，即“易大舟而东行”，时人“言舟之大者”曰“木兰”，或以为“大食国西有巨海”，即大西洋，而“海之西”乃大西洋之西岸，即今之南美洲，因舟所至者为“木兰皮国”，故名之。能跨洋而至“木兰皮国”，当为巨舟。据说一舟可载数千人，航行百日，当备百日饮食，或曰“木兰皮国”为今之阿根廷。果如是言，则谓阿拉伯人已自有其大航海时代，似亦不为过。

当然，也可以说是阿拉伯人和中国人共同开辟了那个大航海时代，这不光因为中国人为那个大航海时代提供了指南针，更由于宋钱遍天下，驱动大航海。

南宋航海，多为商船，故“以巨商为纲首”，与明朝郑和下西洋时以官船而非商船、以官员而非商人迥异。海舶多大船，可载数百人，因海外多盗，船大人众则敢往，又因外国无税，却多贿求，谓之“献送”，不论货物多寡，一例责之，故不利小船。然船大怕搁浅，一旦船漏，以“鬼奴”——黑人——泅水补之。更有舟师引航，但取海底泥，一嗅便知船泊何处，夜观星，昼视日，阴晦以指南针，尤以针路辟航道，代替星象，星空留给信仰，故重番僧，遇难即祷。

这是北宋宣和年间，朱彧在《萍洲可谈》里向我们介绍的情况。他还说，船载货物多为瓷器。瓷器外销，从唐中期就已开始。1998 年，在印尼勿里洞岛海域，打捞起一艘唐代沉船，船载货物约 6.7 万件，98% 为瓷器。因沉船旁有一黑色大礁岩，遂以“黑石”命名为“Batu Hitam”。

唐外销瓷以青瓷为主，所以，盛产青瓷的越州成了陶瓷之路的起点，出口在邻港明州。从明州出海，走东洋，下南洋，还要下西洋，中间在广州转口，因广州为陶瓷之路外商入口，外商都在这里聚集，在这里，他们称瓷器为“支那”——（china）。

不同时期，中国有不同的代表物品，汉唐时期是丝绸，宋元时期是瓷器，到了明清，就成了茶叶，这些都被用来标志中国，但作为文物可以传承的还是瓷器，因而瓷器说占优势。印欧语系里的“支那”一词由来已久，那词根在古梵文里就出现了，三代时称殷人，战国时称秦人，汉、唐以来，因东西方贸易和佛教传播，古老的词根又以陶瓷之路为纽带将东洋和西洋连起来，而印度就在连接点上，将“支那”激活了。流沙河《与瓷器无关》一文，提到唐朝义净法师在《南海寄归内法传》中说过“西国名大唐为支那者，直是其名，更无别义”，但“支那”从一个寂寞词根变成流行语，还是因为瓷器，特别是青瓷，唤醒了沉淀在远古梵文里的“支那”。

先是“越青”代表“支那”，因为唐朝外销瓷，以越州窑的青瓷为主；后来，龙泉窑兴起，龙泉青瓷替代之，代表了“支那”；接着，就是景德镇窑的兴起，随着青白瓷和青花瓷流行，“支那”一词传遍世界各地，由于流行时间长，从宋、元开始，历经明、清以至于今，人们仍以“支那”为景德镇瓷器，作为“china”的来历。

到了宋代，景德镇瓷器虽说已开始流行，但宋代最为流行的还不是景德镇瓷，而是龙泉瓷，那时，景瓷初兴，青白瓷跟着龙泉青瓷的身后走向世界。日本学者三上次男在《陶瓷之路》一书中说道：“一进入这个时期，生产青瓷的中心就转到浙江省的龙泉。这种瓷器的青色，其清澈犹如秋高气爽的天空，也如宁静的深海，这就是闻名世界的龙泉窑青瓷。”从南朝“缥瓷”到唐朝“越青”，再到汝窑“天青”，中国青瓷一脉风——“天青海绿”龙泉瓷，由淡青泛绿之“缥瓷”衍变来。

陶瓷之路的起点转到了瓯江上游的龙泉窑，出口就在温州。从温州出发，走东洋，由明州转口，下西洋，往广州、泉州。

温州兴起了，除了“直把杭州作汴州”，还把“温州作杭州”。北宋时，温州就被人称为“小杭州”。杨蟠《永嘉》诗云“一片繁华海上头，从来唤作小杭州”，诗名“永嘉”，温州府治位于“海上头”，或曰“小杭州”。岂止“小杭州”，简直就是“东方威尼斯”。它临水而筑——“水如棋局分街陌”，依山而建，坐落在瓯江和楠溪江流域的山林水网中——“山似屏帏绕画楼”。人在其中，无非一场花月人生——“是处有花迎我笑，何时无月逐人游”。花儿“迎我笑”，月儿“逐人游”，何止“东方威尼斯”？它更似“东方伊甸园”。

岁月静好时，亦有竞争，然而，即便竞争，也是审美的竞争，是诗意人生的一部分——“西湖宴赏争标日”。“西湖”，非杭州西湖，乃永嘉西湖，“西湖宴赏”，诗酒同祝，为“争标”者祝，祝他们放舟竞渡，永立潮头，祝他们横空出世，成为弄潮儿。

这是在为大航海做准备吗？毕竟是海通给了他们如此美好的一切。“争标”的赢家多半能成为大航海的赢家，成为财富的赢家，所以，“争标日”不知有多少美丽的眼睛在注视着，不知有多少芳心怀着春天般的期许默默祝福——“多少珠帘不下钩”。

还有一首南宋人写永嘉的诗，《汪守三以诗来次韵酬之》云：

江城如在水晶宫，百粤三吴一苇通。

桑女不论裘粹白，橘奴堪当粟陈红。

弦歌满市衣冠盛，缿讼无人刀笔穷。

多荷弱翁今少霁，更能携客谢岩东。

作者陈傅良，永嘉人，因其创立永嘉学派，所以人称“永嘉先生”。永嘉先生写永嘉，写出了永嘉的另一面——精神胜利的一面。

诗云“江城”，在楠溪江畔，其“水流缥碧，千丈见底”，当得起“水晶宫”三字。由楠溪江顺流而下，出海去，连接海岸线，就“百粤三吴一苇通”了。瞧那郭公山下，当年可是一片规模宏大的造船工业基地。而江心屿从来就是航标岛，其东、西两塔，华灯高照，为海船出入导航。此外，它还是避风港，为避风浪，船泊于此，举行祭风仪式，祈求风平浪静。然后，“大船数百艘，乘风挂帆，蔽大洋而下”，海通去了。

永嘉物产，诗里仅提了“桑女不论裘粹白，橘奴堪当粟陈红”。为什么要提“桑女”和“橘奴”呢？乃写诗需要，“桑女”对“橘奴”岂非绝偶？这两句言及永嘉物产，还表达了永嘉学派的主张，“裘粹白”类似“存天理”，而“粟陈红”，则相当于人欲泛滥。人欲泛滥起来，不可怕，怕的是像封闭在粮仓里的陈米一样腐烂。

“弦歌满市衣冠盛”，儒风吹拂市场，永嘉变成“小邹鲁”了。如果说市场经济使永嘉变成了“小杭州”，那么儒教信用社会就把永嘉造就成了“小邹鲁”。

“缿讼无人刀笔穷”，“缿”为罐子，有两用，一为储钱用，一为收集告密信用。在货币经济里成长起来的永嘉人懂得货币的流通价值，不会把钱塞到罐子里。“刀笔”即以讼为业者，在“小邹鲁”，人不会去告密，自然也就没人去打官司，他们懂得人与人之间要讲仁义。

市场环境好，利之所在，人们自会来做生意，本能如此，可如果还有我们称之为“礼义之邦”的信用社会，那就不光来做生意，还会来定居，甚至举家迁徙，以之安身立命矣。安身，不妨安于生意，立命，就要立于忠义，信用社会以忠义为根底。

“多荷弱翁今少霁”，西汉魏相，字“弱翁”，因倡导忠义，且被朝廷采纳，而闻名于世，高宗时，南宋亦以表彰忠义、安顿忠臣之后，而推举颜真卿的后裔。其时，颜氏子弟多有移居永嘉者，故朝廷于永嘉设忠义堂，立颜公像，这便如雨后彩虹，云开雾散日照出，乱世里，那一抹忠义的灿然天光——“霁”。

在忠义的光芒照耀下，“更能携客谢岩东”。“客”为移民，从中原来，“谢”为古邑，出自《诗经·大雅》“于邑于谢，南国是式”，客人来居，邑于“岩东”。

两诗，或吟“小杭州”——消费文化城市，或咏“小邹鲁”——耕读文化社会，向我们展示了宋城文明，优雅如瓷，天青海绿，放之四海，异口同声：美！

瓷美，却易碎，忠义亦如此。当陈傅良的学生叶適在温州西湖长桥边吟出《朱娘曲》的心酸，“由来世事随空花，成家不了翻破家”时，他终于应验了。

尖底海船十三个密封隔水舱，泉州博物馆藏

宋代“望海潮”

“望海潮”是词牌，北宋词人柳永以此词牌填了一首咏杭州词，将大运河通航以后杭州的繁华景象展现出来。杭州在北宋是两浙路治所，东南枢纽，所谓“东南形胜，三吴都会”，尤其是海上丝绸之路兴盛起来，朝廷通过收税和转卖等获取厚利。宋仁宗皇祐年间（1049—1054），“总岁入象犀、珠玉、香药之类，其数五十三万有余”。宋徽宗崇宁、大观年间（1102—1110），“九年内收至一千万”，取平均数，每年收入110万。南宋建立后，市舶收入又增加，绍兴二十九年（1159年），闽、浙、广“三舶司岁抽及和买，约可得二百万缗”。这只是官方的海关收入，还有民间贸易收入和地方官自营收入，应当规模更大，几乎无法统计。南宋丧失了大半国土，收入却超过了北宋，看来南宋收入增长不是靠土地和农业，而是靠海上贸易和工商业。粗略统计，当时的进出口货物超过400种，进口货物以香料、药材为大宗，出口货物以瓷器、漆器、丝织品为主。

宋初，进口商品仅45种，南宋时增至320余种，且为北宋少见的“民间常使物货”——药材、木材、棉织品等，单是番布等纺织品就达30余种。那时，东南沿海人纷纷出海，作为“住蕃”华侨，开启了中国大航海时代，

修复后的尖底海船的雄姿，泉州博物馆藏

他们走东洋，下西洋，在哥伦布发现新大陆前，他们把南洋变成了“中国海”。从杭州到温州，还有泉州，在越来越发达的海上贸易中，其地位逐渐凸显出来，从泉州后渚港出土的尖底大船就是一个有力的证明。

当泉州走向历史的前台时，正是宋代造船和航海走向世界贸易的开始。泉州从宋代开始发展起来，依赖海上丝绸之路，进而成为世界性的港口城市。1974年出土的宋代大船，可以见证泉州在唐宋时期造船业的先进。大船遗址位于泉州后渚港，据考证，这艘大海船造于13世纪70年代，是宋代三桅远洋商船，残长24.20米，残宽9.15米，稳定性和耐波性都是当时最先进的，且造型线条优美。船舱里还残存了许多商品货物。瓷器、铁器、丝织品、香料等，印证了宋人谢履的留言：“州南有海浩无穷，每岁造舟通异域。”

摩洛哥穆斯林学者伊本·白图泰在泉州目睹了当时造大船的场景，他在“游记”中详细地介绍道：“中国船舶共分三等……大船有三帆以至十二帆。帆皆以竹为横架，织成席状。大船一只可载一千人……皆造于刺桐及兴克兰二埠。”

南宋瓷舟，长 17.3 厘米，越窑青瓷，浙江省龙泉窑遗址出土，出自《中国古船图谱》（王冠倬编著，生活·读书·新知三联书店，2000 年 4 月）

海船纹青铜镜，直径 17.3 厘米，厚 0.6 厘米，宋代，中国国家博物馆藏

南宋瓷舟：

高宗下海时，已将亡国这笔死账算到了王安石头上。可现在，他懂了王安石说的“善理财者，民不加赋而国用饶”是什么意思了，原来是要靠贸易顺差。宋代，贸易不再像汉唐那样经营西域丝绸之路，而是转向东南沿海开发海上丝绸之路，带来造船业和瓷器贸易的兴旺。这件龙泉窑出土的瓷舟，充分见证了宋代这两大产业的旺盛。

海船纹青铜镜：

日常照影的铜镜背面，以航海情景装饰，海上贸易恐怕是宋人的生活主题了。

邢窑牙白穿带壶，高 20.2 厘米，口径6.3厘米，足径9.8厘米，唐代，台北故宫博物院藏

越窑青釉“大中元年”铭划花执壶，唐代，上海博物馆藏

龙泉窑青瓷凤耳瓶，高 25.5 厘米，口径 9.4 厘米，足径 9.6 厘米，南宋，台北故宫博物院藏

景德镇窑青花牡丹纹梅瓶，高 42 厘米，口径 5.4 厘米，足径 14.4 厘米，元代，江西景德镇陶瓷馆藏

元青花瓷碗在阿拉伯世界

唐宋外销瓷的主要种类如下：唐以“越青”出土为主，间或“定白”，到宋代以龙泉青瓷为主，间或“青白”。这些瓷器基本转口明州出海。到了元代，景德镇的“元青花”几成国际流行色。

紫灰色绉纱镶花边窄袖袍，南宋，福州黄昇墓出土

南宋紫灰色绉纱镶花边窄袖袍出土于福州福仓山南宋黄昇墓。墓主黄昇是一位贵族少妇，其父是福州状元黄朴，官至泉州知州兼提举市舶司。黄昇 16 岁嫁给赵匡胤的十一世孙赵与骏，17 岁亡。从随葬品可知，她的父亲为她精心准备的陪嫁或夫家为她备置的四季衣裳，丰富而华贵。仅丝织品和服饰就有 354 件之多，而且埋于地下 1000 多年，保存基本完好，可见用料十分讲究，几乎囊括了古代所有高级织物，诸如绫罗绸缎纱绢绮等，见证了宋代丝织业的发达。据考证，其中还有一些是泉州当时的丝织出品。黄昇逝于公元 1243 年，正是南宋末元初泉州海上贸易最为兴盛之际。

06

货币经济是险滩

近代化来自市场经济，而宋代正是市场经济兴起之时。宋与汉、唐不同，未能自立朝贡体系，反而成了辽、金的朝贡国，不得已放下了天朝架子，趋于市场经济。1077 年，宋朝税赋总计 7000 余万贯，其中农业税 2000 余万贯，约占 30%，工商税 4900 余万贯，约占 70%，税之主体已由农业转向工商业。

宋钱改变世界，为世界提供了一个市场经济的新样式。宋钱遍天下，流入日本甚多。据小叶田淳之《日本货币流通史》统计，日本十八个地方出土中国铜钱，有五十五万三千余枚，其中以宋钱居多。东南亚也以宋钱为主。新加坡、爪哇等地，都有宋钱出土。印度、阿拉伯、非洲等地，多有宋钱流布。正如陆路以希腊化货币为主，海路以宋钱为主。

宋钱如何走向世界？或曰其外流途径，有回赐、博买、走私。宋代回赐很少，因其朝贡范围小，故以回赐外流的宋钱不多。朝廷博买，前期有一定数量的宋钱外流，后来改为以物易物。最让政府头痛的便是所谓“走私”，也就是民间海外贸易。海商“自置市舶于浙于闽于广，舶商往来，钱宝所由以泄”，此为宋钱外流的主要途径，但它却造就了宋钱的国际货币地位。那时，海商用宋钱，“每是一贯之数可以易番货百贯之物，百贯之数可以易番货千贯之物”，这本来是好事，可朝廷认为“似此之类，奸民安得而不乐与之为市”。

为什么朝廷不因势利导，走向重商主义和资本主义，而要以刑罚加以阻止呢？由此可见，尽管宋代市场经济有了新的进展，但还是难脱权力支配经济。

不过，一些地方官员为了地方利益或一己私利也加入进来。对于历史机遇，朝廷还没准备好，却被他们先抓住了，他们成为“宋钱遍天下”的推手。铜钱本来是一种贱金属货币，单位重量大而价值小，并不是好的国际贸易支付手段，之所以被各国采用，是因为宋货被世界追捧，故宋钱能为硬通货。

宋代货币经济就在宋钱遍天下的推动下发展起来。这么个好的历史时期，因缺了市场原则而失去了机遇，这就使得货币经济如行销海外的瓷器般易碎。而王安石变法就靠货币经济，其铸钱为当时全球之冠，若估算一下元丰时期所铸之钱，将它们排列起来，可以绕地球三圈，铸量之大，竟二十倍于唐。

除了铸钱造就货币经济外，宋朝还用印刷术印纸币开启社会信用空间。

发行纸币基于信用社会。金、银币为贵金属，因其自身价值成为本币，而铸铜钱与印纸币要靠信用。铸钱由王朝垄断，信用靠王权，纸币因先在市场流通，故信用在民间。以“交子”为例，“官交子”发行时，仿照民间“私交子”，由此可见，“交子”由民间信用产生，始为信用票据，官方介入后，改“交子”为“引钱”，使其有了纸币功能。

货币之于经济体，如同血液之于身体，宋钱亦如当今美元，充当了世界货币的功能，它显示了宋代货币经济之发达，也导致宋代容易缺钱。谁能想到，制钱第一的宋朝，反而多闹钱荒呢？是制钱的规模没跟上经济发展的速度？还是权力支配经济的黑洞，吞噬了货币呢？宋代制钱，可谓开足了马力，铸钱来不及就印钱，可钱荒依然。

针对钱荒，沈括论“钱荒八因”，就提出了货币流通速度问题，主张“钱利于流”，不利于聚，应当“贸而迁之”，加速流转，使钱尽其用——“迁而不已”，则“钱不可胜计”，问题是各级官府知聚钱而不知流通，“今至小之邑”，平时积聚“不减万缗”，如能使之“流转于天下，何患钱之不多也”！应该说，这样的问题是关于近代化的货币学问题，而西方经济史上最早提出类似主张的英国人洛克，比沈括晚了约六百年。

与沈括同时，永嘉学派的周行己先生在《上皇帝书》中，提出有关纸币发行只需三分之二准备金的主张——“常以二分之实，可为三分之用”，因为流通中的纸币，有三分之一可能会流失，或为“水火之失”，或有“盗贼之虞”，此外，才是流通中纸币的存量。起初，官交子是可以兑现的，三年为一界，界满兑换新钞，以铁钱做准备金，称“钞本”，每界发行1256340贯，备本钱36万缗供兑现用，交子准备金率约为28%。

徽宗时，以纸币为“钱引”，改“交子务”为“钱引务”，“令诸路改用钱引”，放量发行，由原来发行120万缗放大到2000多万缗，且未设准备金。据《宋史·食货志》载，因“不蓄本钱而增造无艺”，以至于“引一缗当钱十数”，原值千钱之缗仅当十余钱，使币值狂贬，更以分界发行，用新、旧钞价差敛财，哲宗元符年间换界，新、旧钞为1∶5，至徽宗，王权透支信用过度，事实上，已发生了金融危机，蔡京倒台或与此有关。

周行己主张设准备金，还提高准备金率，从不到三分之一提到三分之二，以确保纸币兑现能力，这在当时叫作“称提”。南宋时期，以提高纸币币值的政策为“称提”。它不仅是对纸币贬值后所采取的补救措施，更是防范纸币贬值的维护措施。

孝宗一朝最善用“称提”，乾道、淳熙年间，“商旅往来贸易竞用会子”，《皇宋中兴两朝圣政》卷五十四中，竟然出现了“楮币重于黄金”的说法。“楮币”，就是纸币。

即便如此，还是遭到了叶適的批评。叶適在《财计》中开篇就说：“天下以钱为患二十年矣！”这二十年的“钱患”，从根本上来说，并非由于铜钱外流——“南出于夷，北出于虏”，而是由于舍本逐末——“凡今之所谓钱者反听命于楮”。“楮”叶似桑，皮可造纸，故纸币又曰“楮币”，从交子到会子，“楮行而钱益少”，叶適断言，这样下去，会使末币驱逐本币——

“用楮之势至于此……则楮在而钱亡，楮尊而钱贱”。叶適此言乃针对“称提”而发，欲使“称提”由提升纸币转向提振钱，建立本币制度。

本来纸币发行，都要以贵金属货币如金、银币为本币，建立金本位或银本位制。可中国历史上，从未有过本币制，这倒不是因为缺少金、银，搞不了本币，而是因为权力支配经济，无需本币，权力就是本币。试想一下，若货币以其自身价值来流通，而非以王权授信来运转，那么在流通领域，就有可能出现王朝害怕的“币权替代王权，市场超越官场”的局面，而这局面，便是近代化开端，可南宋货币经济，从未迈出这一步。

造成“钱荒”的原因，并非钱少，而是钱太多，钱不值钱。如“钱荒”为供不应求，那好办，只要扩大生产，增加供给，就能解决。怕的是贬值，钱越多越贬值，而越贬值就越缺钱，这样就进入了钱的怪圈。一方面，因怕钱贬值而不敢多铸钱；另一方面因贬值后钱不够用，而不能不多铸钱，由此而来的“钱荒”使钱越多越荒，而此“荒”并非短缺造就的荒丘，而是热钱过后的焦土，是与突然高涨的消费泡沫不期而遇的衰退，是过分透支了信用而早产且“寤生”的繁荣。

叶適以铜钱为本币，就基于宋钱的国际流通。宋钱时代，主要是中国人与阿拉伯人互动的世界，从东洋到西洋，宋钱率领“中国制造”进入了阿拉伯人的海。

可铜钱能作为货币流通是靠王权授信，没有金、银那样的作为价值尺度的功能，事实上，还是王权授信赋予铜、铁取代金、银作为市场的价值尺度。

叶適没想到，用铜、铁之类普通金属，固然可作为金钱流通，却不能如贵金属金、银作为本币来用。真正的本币要从王权以外产生。它自有信用，自立根据，其依据便来自三纲五常之外更高的道理。只要还靠王权授信，就难以产生真正的本币。

叶適的可贵在于特别看重本币，尽管他强调的本币难以真正成为本币，可他以本币作为立国财计，主张“称提之政”从末币转向本币，预防本末倒置，勿使“末币驱逐本币”。有人指出，“劣币驱逐良币”作为一种经济学理论，由16世纪英国人格雷欣提出，可“格雷欣法则”比叶適所言晚了约四百年。不过，币之本末说虽自有良、劣那一面，但其着眼还在货币本位，故叶適所言，似为近代化的财计源泉。从货币经济里，中国开始了近代性萌芽。本币制的提出，使货币有了币权，这无疑具有近代性。

但萌芽归萌芽，却未开花，更未结果，究其根底，在于本币未立，统由王权授信。以被黄宗羲赞以“钞之在手，与见钱无异”的南宋会子为例，不管“称提”多么完善，王权无限的劣根性都无法改变，王权不受制约，便使得货币可以无限量发行。

孝宗乾道四年，朝廷发行会子，规定“三年立为一界，界以一千万贯为额，随界造新换旧”，可到了淳熙三年，又“诏第三界、四界各展限三年”，这还是南宋最好时期，便已如此违约，年头要是不好，那就越发可想而知了。对王权来说，本无所谓约，因其唯一，同谁立约？或曰民约，那要有民权对等，方可立约，无此对等，何约之有！

光宗绍熙元年，又“诏第七、八界会子各展三年”，印刷术为货币经济开方便法门。叶適说，这是“补一时之阙而遂贻后日之忧”，“十年之后，四方之钱亦藏而不用矣，将交执空券，皇皇焉而无所从得，此岂非天下之大忧乎”！“大忧”，即金融危机。

明末时亦如此，天朝如一天下银库，银子能进不能出，流进来的是银圆，进来以后，全球流通的国际货币，都变成具有中国特色只能在中国流通的银两了。银圆按枚铸造，不可分割，要完全按照国际标准流通，方为信用。可到了中国，改圆为两，不可分割的货币单位变成可以不断分割的称量单位，怎能作为立国之本的本币呢？

实际上，王权早已包揽了本币功能，要王权从自身外建立本币，乃与虎谋皮。明代中国已然进入白银时代，却用银两，而非银币，为什么？说到底，就是不想搞银本位。因为银两还有个成色的问题，更何况碎银子怎能用作本币？天朝用银两驱逐了银圆，用碎银子那样的末币驱逐了完全标准化的国际货币，天朝还是要用王权收拾银子。

天朝大一统，王权即信用，看似威猛，实则自宫。当银圆都变成了银两，中国也就成了国际货币的黑洞，当各国都抽紧了银根时，才知命根子在谁手里。

读我国历史，常言多难兴邦，穷则思变，何以如此？游牧民族入主，往往不在多难之时、艰苦之日，而在繁荣之后，发达之余，富而无政，那是最危险的日子，个中原委，说来甚长，试以“近代化”言之。

近代化的先机在于解放人欲，而人欲之解放，有待于货币经济。人欲之于货币，如鱼得水，货币变现人欲，使人欲以合情、合理、合法的文明样式。然而，正如本该自由流通的货币总厄于超经济强制，属于自由意志的人欲，即便盛极一时，亦得屈从以三纲为代表的天理，难以在政治上成长为国力。

货币经济是险滩，闯过去便是近代化，闯不过去就要翻船。司马光主张节俭。他认为，就王权而言，过自然经济的小日子最安全。而王安石变法则以国家主义的方式开辟财源，虽然开了个新局面，但他闯了货币经济的险滩，也就将王权推到了近代化的浪尖。就此而言，后世洛学之徒将北宋之亡归咎于王学，亦不为无据。

从王安石变法到张居正改革，中国的王权主义虽然走了一条货币经济的不归路，但走到本币制都止步。市场经济原则还得听命于王权主义，本该自由流通的货币最终还得服从圣旨，而近代化追求的是“货币高于王权，币值大于圣旨”。由此可见，南宋和晚明，一个钱荒，一个银荒，都是王权主义在货币经济的险滩上翻了船。

然而，繁荣的锦簇花团令人垂涎，驱马南下，围猎中原，打断了中国近代化进程。若这些不曾发生，所谓“近代化”就能从王权主义里面走出来吗？康乾盛世后，同光复兴时，不是兴起了规模更大的“近代化”——洋务运动吗？不过，这次运动不是自发的，而是应战西方文明，是对列强冲击的反应。终于有一位皇帝站出来！他就是光绪帝。我们称他为“千古一帝”，盖因其为三千年来唯一的一位欲以立宪救赎帝制，以民主来为民立极的皇帝。他的愿望投映在货币经济的近代化浪尖上，居然掀起了一朵中国本币制浪花。

铸钱与铸币有所不同。铸钱有眼，正所谓“天圆地方”，方孔即钱眼，王权坐在钱眼里，利出一孔，顺风顺水，若一旦钱眼被封，就阴阳不顺，五行不通。中国历史上，真正搞本币的皇帝唯有光绪帝，是光绪帝把钱眼封了，铸了银币和铜币。没了钱眼，王权向何处去？此举前所未有，后来异化，没过多久，又回到了宋代皇帝最喜欢的纸币，不仅因为用纸币便于带动货币经济，更由于纸币能将民众导入国家信用体系，集中体现由国家主权人主导的国家意志，在分享国家信用的同时，奉献自身独立的信用价值。

叶適于南宋时就已提出本币制问题，虽然占了货币经济的先机，但本币未立，反而被王权用“末币驱逐本币”，他那时“大忧”，迄今依然，可谓先知。可本币一立，王权就得退出流通领域，例如光绪通宝发行几乎就成了清朝灭亡的序局。有人说光绪帝铸币坏了帝王家的风水，就像北宋遗老将北宋灭亡归咎于王安石变法一样，晚清遗老则将清朝的灭亡归咎于戊戌变法，而光绪通宝则被他们拿来诉说亡国的故事了。

南宋铜钱：

这批铜钱为南宋高宗、孝宗时期所铸，在马祖东莒岛发现，共约6000枚，包括开元、五铢钱，但以宋居多，有淳化、熙宁、元丰、大观等，年代最晚的是南宋淳熙年的铜钱。马祖列岛位于福建省福州市连江县东部海域中，由一群子岛组成。显然这批钱是被海船载运于此。中国传统对铜钱的使用并无年代限制，所以有不同时代的铜钱，而且这批铜钱被发现时并没有其他遗物共处其中，表明钱主为路经此地。宋代主要在产铜地区设立铸钱机构，如饶州永平监、池州永宁监、建州丰国监等，监管铸钱。宋代铜钱大量输往海外，朝廷虽时有限制却屡禁不止。据《宋史·食货志》记载：泉州、广州出航海外贸易的船只“遣舟回易，悉载金钱”，而“钱本中国宝货，今乃与四夷共用”。又据《宋会要》描述：“得中国钱，分库藏贮，以为镇国之宝，故入蕃者非铜钱不往，而蕃货亦非铜钱不售。”因此，宋代铜钱与丝织品、瓷器等货物一起输往海外的数量甚大，中国前往东北亚、东南亚的航道上经常发现遗留的铜钱。

淳熙元宝，宋孝宗淳熙年间铸造，台北故宫博物院藏

建炎通宝，宋高宗建炎年间铸造，铸量较大，台北故宫博物院藏

乾道元宝，宋孝宗乾道年间铸造

南宋龙泉窑叶適青瓷墓志

叶適墓志为龙泉窑烧制，志铭：大宋吏部侍郎叶文定公之墓，淳祐十年吉立。

07

汪大渊的遗憾

汪大渊出生时，马可·波罗已回国，《马可·波罗游记》也已问世。汪大渊怎么也想不到，800 年后，有人会将他与马可·波罗联系到一起。他不知道马可·波罗是谁，也没读过《马可·波罗游记》，但他却被后人称作“东方马可·波罗”。

在马可·波罗来中国前，对于大多数欧洲人来说，盛产瓷与丝的中国还是个令人向往的传说，而马可·波罗之言，不管真假，都成了大航海时代的预告。

还在西方航海家响应马可·波罗的预告之前，汪大渊就已经行动起来，早早下西洋了。他比郑和下西洋早了 75 年，比哥伦布大航海早了 162 年，比达·伽马绕过好望角早了 167 年。还好，他没有被人遗忘。郑和下西洋时就随身携带了他写的《岛夷志略》。随郑和七下西洋的马欢这样评价《岛夷志略》，说他随郑和“历涉诸邦”，所至之处，对照《志略》，“目击而身履之”，然后“知《岛夷志》所著者不诬”。

同样是下西洋，郑和代表国家，有官船二百多艘，官军数万，公帑无数，而汪大渊只代表自己，自费出海，靠经商维持航行，所以有人就说他是“海商”。

可他第一次出海时才 19 岁，此前，他显然不是海商，此后他有可能成为海商，但很难说成为海商是他此行的目的，更何况，真正的海商通常做转口贸易，不会脱离自己的商业航线去漫游、探险，而他则更像是为了航海的需要而经商。

他究竟为什么要出海？看来是个谜，在《岛夷志略》自序中，他没有说明出海时自己的身份，只说了一句，“大渊少年尝附舶以浮于海”，就再无别的交代。

我们除了从他的姓名——“汪大渊”——来看，似乎跟大海有着宿命之缘，还可以从他的字“焕章”——出自《论语·泰伯》“焕乎其有文章”——为他的出海找到思想根源。

孔子身后，留下一声叹息，“道不行，乘桴浮于海”。如此感叹，最易打动少年心肠，而元朝正是个“道不行”的时代，他便响应孔子的号召，真的“浮于海”。

而他成长的那一方水土，虽非沿海一带，却也是个连山通海的所在。在其出生地——南昌市青云谱区施尧村汪家垄，至今尚存一首排工号子《南昌城南掌故多》：“南昌城南掌故多，将军渡口波连波嘿；象湖源上风光好哟嗬，施家尧去划龙舟啰嘿；王老丞相来迎接哟嗬，相府千金坐花楼啰嘿。汪家垄住航海客哟嗬，漂洋过海到夷洲啰嘿！”号子的最后两句，简直就是冲着他唱的，他不就是“汪家垄住航海客”，曾经“漂洋过海到夷洲”？他是大海之子——汪大渊，他是《论语》之子——汪焕章，他把两者结合起来——“浮于海”，也许孔子那一声长叹成了他大航海的原始动力，而“大道之行也”才是他大航海的目的。他捡起孔子失落的叹息，像孔子周游列国一样航海去了。

带着孔子的感叹，他从南昌出发，由赣江南渡，到了泉州。

通常，人们很难把南昌跟大航海相联，可汪大渊的出现，使人不得不将它们联系起来，问一声：何以大航海时代由南昌人捷足先登？其究竟有二因缘。其一，这跟秦汉以来南昌作为造船基地有关，汉武帝时就有豫章大舡出海；其二，这跟唐宋以来海上陶瓷之路有关，唐宋时景德镇瓷器已多有出口。至元时，景德镇窑便取代了龙泉窑，成为中国瓷业龙头，而景德镇本土的昌江，也就成了海上陶瓷之路的源流，从昌江入赣江，南昌就成了海通枢纽。

南昌人接过景德镇转口贸易第一棒，或经由长江，往太仓出海，或通过赣江，往广州、泉州出海，唐时多往广州，宋、元改由泉州，明、清又改往广州。

汪大渊到了泉州，想必会有一番望海赋诗临波兴咏的冲动，但他却未留下只言片语，也许是命运不济，丢失了文字？可惜了他那一片“浮于海”的心意。

我们没有从他笔下看到泉州的样子，但50多年前，马可·波罗到过那里，后来在游记里描述了泉州的样子。他说“刺桐港”就在那里，印度船至，皆停靠于此，舶来香料及其他一切贵重货物均由此进口，故“商货宝石珍珠输入之多竟至不可思议”。

马可·波罗还特别提到了“蛮子商人”，说刺桐港是“蛮子商人常至之港”，这当然是用了蒙古人贬低南人的口吻——“南蛮子”，来称呼南方商人，说他们由此港贩运货物到“蛮子”境内，还将刺桐港与西方最大的亚历山大港做了一番比较，认为刺桐港的舶运量要大得多。如果说从亚历山大港或其他港“运载胡椒一船赴诸基督教国”，那么“刺桐港者，则有船舶百余”，规模竟然相差百倍，“所以大汗在此港征收税课，为额极巨”。

假如马可·波罗在泉州遇见了汪大渊，他会怎么说？说是蛮子商人，还是蛮子书生？这说明当时欧洲人同中国海商直接交往不多，多由阿拉伯人做中介，所以，若是阿拉伯人，就不会这么说，与汪大渊大致同时的摩洛哥穆斯林学者伊本·白图泰，在汪大渊出海以后，也来到了中国，并到过泉州，还到过杭州，可以说他完全被中国震撼了。

他说，中国地区是最安全最美好的地区，全境无一寸荒地，沿河两岸都是花园、村落、田野，一个单身旅客虽然携带大量财物，行程九个月也尽管放心。像马可·波罗一样，伊本·白图泰也谈起杭州，赞不绝口，因为杭州是他“在中国地域所见到的最大城市”。他说，杭州城里，“每人有自己的花园，有自己的住宅”，“港湾内船艇相接，帆樯蔽天，彩色风帆与绸伞，相映生辉。雕舫画艇，十分精致”。

而泉州的港口，更是世界大港之一，甚至是最大的港口。港内停有大船约百艘，小船无数，大船以帆计，有十帆、三帆不等，帆以藤篾编织，其状如席，船上，有水手600名，战士400名，甲板四层，内有房舱，分官、商舱，官舱附有厕所，并有门锁，且以木槽种植蔬菜鲜姜。他还发现，中国人交易时用纸币，而将金银熔锭封存起来。看来，大船多为官营，所以设有官舱，还有战士随船护航。

泉州万货云集，吸引他的是丝和瓷。丝绸极多，价钱便宜，“一件布衣可换绸衣多件”。谈到瓷器，他说“瓷器价格在中国，如陶器在我国一样或更为低廉”。

汪大渊来到泉州时，他不知道自己的前面已经有了一个叫作“马可·波罗”的先驱，也不知道接踵的还会有一位名叫“伊本·白图泰”的伊斯兰教的传教士。我们若将这三人以及他们的三本书放到一起来读，就可以读出那一时期的一个世界样式。

这三本书中最重要的一本是马可·波罗撰写的——《马可·波罗游记》。为何被当时人认为是最不靠谱的一本书，却变成了后人所推崇的最重要的一本？以本人口述，由他人笔录，本来很难经得起历史推敲，但它却在历史的风口成为一个时代的风向标。

中国瓷器“运销印度，直至马格里布”。“马格里布”指非洲西北地区，意为“日落之地”。宋人《诸蕃志》称“默伽猎”，分布于阿特拉斯山脉至地中海之间，为摩洛哥、阿尔及利亚、突尼斯三国总称，有时也包括穆斯林统治的西班牙部分地区。因此，瓷器进入欧洲，马格里布是一条重要通道，但不是最重要的。伊本·白图泰之所以要特别提起它，或许是由于乡愁，他是马格里布摩洛哥人。

当时，还有另一通道，比马格里布更为重要，那就是埃及。伊斯兰化的埃及大约与宋朝同时，从公元10世纪到13世纪，兴起了法蒂玛和阿尤布两个王朝。它们作为地中海沿岸东西方贸易枢纽，并在与十字军的对抗中，一度成为伊斯兰世界的中心，与之互动的主要是意大利各城市，不但有贸易往来，还有宗教战争。战争造就了阿拉伯人的民族英雄萨拉丁，作为阿尤布王朝的开创者，他不仅顶住了十字军东征，收复圣城耶路撒冷，还用同东方贸易来影响欧洲，诱发了欧洲文艺复兴。

中世纪的欧洲与阿拉伯都是宗教领地，一个基督化，一个伊斯兰化，而东方则有印度和中国，印度也是个宗教领地，其国家一度也被伊斯兰化，可中国一直就是个世俗化的人文世界。本来希腊也是，但希腊作为一个国家，实体早已消失，其人文主义仅以希腊化方式表现，而不能以国家形态存在，唯独中国的人文理想能以国家表达。

对欧洲的人文主义觉醒来说，希腊化与中国化都不可或缺。一个是听从历史理性的召唤，一个是对现实榜样的追求。希腊是历史理性，中国是现实榜样，一起构成了文艺复兴的合力，也可以说，中国是一面镜子，对照这面镜子，欧洲人从文明倒挂中重新发现了古希腊，原来在欧洲的文化传统里，就有那么个人文主义渊薮。

在马可·波罗出现以前，欧洲人还没有以中国为镜子来认识自己，因为他们还得吃阿拉伯人留下来的东西方贸易的剩饭，还得经由阿拉伯人转运而来的丝绸和瓷器接触中国，而阿尤布王朝则通过与中国贸易，使埃及成为地中海两岸最繁荣的国家。

三上次男《陶瓷之路》对中国古瓷在埃及出土情况言之甚详。因丝绸易腐，很难作为文物遗存，而瓷器就不同了，哪怕是碎片，也具有不朽的文物价值，所以研究中国文化对世界的影响，瓷器很重要。他两次埃及之行，访古瓷六七十万片，逐片审查，选出其中万余片，除了对它们分类和测定，同时，还对那时的埃及做了考察。经考察，他发现其时开罗市民不但富有，且嗜好珍奇，喜爱中国产品，尤其瓷器。福斯塔特出土中国瓷器，不限于少数民居，在大部分住房中都有发现，可见已普及到了多数家庭，当时开罗的财富与一般居民生活水平远比我们所想象的要高。而且他还发现，一旦出现新类型的中国瓷器，当地人就能把它仿制出来：输入唐三彩，就仿制出埃及三彩；输入白瓷，就仿制出白釉陶器；输入青白瓷，就仿制出青白陶器；输入青瓷，就仿制出青釉陶器。中国陶瓷受到珍视，同时又烧制大量迎合时尚的仿制品，可能是因为当时埃及盛行中国风尚，掀起了中国热。

阿拉伯人的“中国热”传递到地中海的那一边，那些意大利的城市国家也跟着“热”起来了。萨拉丁做了一件重要的事情，那就是与对岸的威尼斯结盟，同威尼斯一道分享“中国热”带来的东西方贸易红利，那红利培植了马可·波罗的家族生意。

马可·波罗出现，要具备两个条件，光有“中国热”还不够，还要有元朝势力覆盖。欧洲之与中国，原来隔着个阿拉伯世界，这世界造成了欧洲与中国的隔阂，尽可能隔断中、欧之间往来，到了元代，不仅覆盖了中国天下和阿拉伯世界，还深入东欧一带，这样就去除了隔阂，打通了隔断，开放了中、欧通道。

可以说，马可·波罗生逢其时，生在了古代中西交通的一个大一统时期——元代，所以他来中国很顺利，早来有阿拉伯人限制，晚来有奥斯曼帝国制止。

接踵的汪大渊、伊本·白图泰也都生在了这一时期，他们也都成为元代中西交通的天之骄子。那个时代，要努力把中国推荐到欧洲去，同时又召唤着欧洲到中国。据说，忽必烈曾有过一个主意，那就是将中国的瓷器卖到欧洲，用从欧洲赚的钱组织军队去攻打欧洲，这样的大战略，汉人没想过，被蒙古人想出来了。

忽必烈的抱负虽未实现，却推动了一个时代。一船船瓷器，从中国东南沿海各港口出发，下南洋，下西洋，抵达红海岸阿扎布港，经由尼罗河转入地中海。

汪大渊抵达时，形势发生了变化，阿尤布王朝衰落了，北非伊斯兰中心转向马格里布，他有可能到了摩洛哥，那是伊本·白图泰的出生地，若能再进一步，由此跨过直布罗陀海峡，就会到达欧洲，抑或从地中海穿越一下，可率先进入大西洋。可惜，他没有迈出这一步。不光他没有迈出，马可·波罗和伊本·白图泰也都没有迈出，因为，元的势力范围未及于此，其进取也就到此为止。

三人之中，唯有马可·波罗没有被局限于元代。他借了元时的中国之光，启发了一个更加伟大的时代，意大利的文艺复兴几乎同《马可·波罗游记》一同到来，因此，《马可·波罗游记》也可以当作意大利文艺复兴运动的一部分，被抛砖引玉。

终于在一百多年后，引出哥伦布来。据说哥伦布怀里就揣着那本游记，嚷嚷着“到中国去”。但他并未沿着马可·波罗的路线前进，因奥斯曼帝国阻挡，他决定走出地中海，走向大西洋，于是从意大利到西班牙，同元反其道而行了。

这些都是后话，可以暂时放下。我们还是回到汪大渊这里来，再问一声：为何不向欧洲迈开那决定性的一步？这一问，不是问向他那个时代，而是问向他本人，元代的格局到此为止了，他本人为何也裹足不前？有可能跟青花瓷贸易有关。

我们试看一下《岛夷志略》，一百来个篇章，有四十多篇记载了瓷器贸易，其中又有二十多篇谈到了青花瓷贸易。对青花瓷的命名，以目前所掌握的材料来看，最早出现在《岛夷志略》里，汪大渊称之为“青白花瓷”“青白花器”，书中写道：在加里纳（今伊朗），贸易之货用青白花瓷碗，在天堂（指麦加），贸易之货用青白花器。

当然，也有人认为，汪大渊说的“青白花瓷”是指青白瓷，而非青花瓷。这样说来，原无不可，但基于两点原因，我们选择了青花瓷一说。其一，汪大渊出行时，青花瓷已经成熟，此前也不见有人称青白瓷为青白花瓷；其二，若汪大渊未带青花瓷，很可能就迈出那关键的一步了，可为什么带了青花瓷就迈不出那一步呢？因为那时的欧洲人不需要青花瓷，需要的是青瓷、白瓷，所以，去了也是白跑一趟，还有可能生敌意。

为什么会生敌意？这就跟青花瓷的来历及其所蕴含的意义有关了。

青花瓷要以白瓷打底子，饰以蓝彩，而蓝彩以钴料生成。还在古埃及和巴比伦王国时期，蓝彩就已出现，在中国出现也很早，战国时，可见外罩蓝彩的陶胎珠子，到了唐代，给钴料加上助熔剂，使釉上发出蓝彩，从而产生了蓝釉唐三彩。

除了蓝釉，还要有白瓷。而白瓷之于中国，在东汉墓葬中就有出土，至唐代便已成熟，以始于北齐兴于隋、唐的邢窑为代表，相对于南方越窑，形成了青、白两种格调——“越青邢白”。陆羽《茶经》基于品茶，比较它们，称“邢瓷类银，越瓷类玉”，“邢瓷类雪，越瓷类冰”，“邢瓷白而茶色丹，越瓷青而茶色绿”，认为青瓷更宜于其茶道。诗人皮日休没有陆羽那样的偏好，其《茶瓯诗》云“邢客与越人，皆能造兹器”。他以为邢越皆妙，当齐驱，一者“圆似月魂堕”，一者“轻如云魄起”。

唐人重青瓷，亦好白瓷，形成了“南青北白”两大体系，尤其是对新兴的白瓷，更是推广有加，以至于李肇《国史补》说“天下无贵贱通用之”，不但破了青瓷一统天下的格局，而且远销日本和阿拉伯世界。对邢瓷品质，阿拉伯商人苏莱曼在游记中，称“中国人能用陶土做成用品，里面装了酒，从外面能看到”，其所言者即为透影邢瓷。

唐人魄性大，不经意就在“类银类雪”的白瓷上来了几笔蓝花，这应该就是青花瓷的源头了吧？唐青花遗物，那些白地蓝花残器，在扬州出土了一部分。看来，那是准备从扬州港出口的货物，阿拉伯世界是它们的去处。

1998 年，从印度尼西亚勿里洞岛所属海域，人们打捞出阿拉伯沉船黑石号，在出水器物中，就有三件唐代釉下彩青花瓷。据说，它们就出自东都洛阳附近的巩县窑。有人将这三件出水瓷与扬州唐城遗址出土的青花瓷碎片做了对比，发现纹样相似，而其纹样在唐代器物中少见，却同一道打捞出来的金盘纹样类似，当为同一批出口器物，黑石号上的发现表明，唐代不仅可以烧造青花瓷，而且已经用于出口了。

中国首批外销瓷应该是销往阿拉伯地区，先是青瓷，被阿拉伯人青睐，认为有食物侦毒功能，触及有毒食物会冒水，会变色，甚至断裂，故有警示效用。阿拔斯王朝时，为仿青瓷，伊拉克工匠于陶胎涂白色锡釉，伊朗工匠继以钴蓝饰之，这才启发了中国工匠白地蓝花的品位，用白瓷饰以钴蓝，开出青花。

但唐代青花还是跟着伊斯兰化的口味走的，中国本色尚未开显。卢浮宫里藏有一件8世纪的伊斯兰蓝花陶器，从表面看，与黑石号出水的唐青花类似，相比之下，仅有质地的差异，一为陶器，一为瓷器，而其精神气质的样式则与伊斯兰风格一致。

宋代青花开始低调转型，中心产地从北方转往南方，从洛阳转到浙江，龙泉、绍兴两地，已有这一时期的青花瓷残片出土，观其工艺表达，则从釉上青花转入釉下，其纹饰特征亦从伊斯兰化转向中国化。或曰，唐有青花，而两宋未兴，何也？识者多以审美言之，以为宋贵素瓷，不尚绘事，故难免于此，实亦由其中国化未完成所致。

当景德镇窑兴起时，其转型便以两条路线，一条是青瓷与白瓷融合路线，由此产生了青白瓷，不但在工艺技术上，更在审美品位上，完成了南北两大瓷系的综合；另一条是白瓷与蓝彩相加的路线，产生了青花瓷，完成了伊斯兰化与中国化的结合。

青花瓷的完成要到元、明时期。马可·波罗来中国时，还是元初，青花尚未成熟，所以，被他注目的并非青花，而是白瓷，因为“国朝尚白”，亦称“中国白”。他在泉州港，触目所及，也是多为白瓷，其游记提及，泉州附近，别有一城，名曰“迪云州”，即今德化，德化瓷以白瓷闻名于世，如其所言，“既多且美”。据说，他还带了一只白瓷罐回到威尼斯，以此证明他所说的“中国”是真的。对此，我们还是存疑，作为商人，他会只带一只瓷罐回去？他可是来追求财富的，顺便传播一下文化，何以对贸易懒得一提，难道元世祖忽必烈对他另有赏赐？

到了元朝，青花瓷就推广开来，作为文化传播成了元朝大一统的一个显著标志——中国白与阿拉伯蓝相结合，而这一结合正是天主教的欧洲要谨防的。以“东方”为假想敌的罗马天主教，在文明的冲突中难免要将元朝大一统视为整个“东方”——中国式天下与阿拉伯世界的一次总集合，这恐怕也是汪大渊万里航渡而至，却徘徊于欧洲的地中海门口，过其门而不入的深层原因吧。

16 世纪，文艺复兴运动完成以后，元代也早已时过境迁，青花瓷这才源源不断输入欧洲。输入两个世纪以后，青花瓷的青花作为“中国图案”，在 18 世纪欧洲的洛可可风格中大出风头，遗憾的是，汪大渊看不到了。

作为个体，汪大渊差一步就到了欧洲。这一步差，步步差，差得确实有点遗憾。但他遗憾了吗？没有，连一点遗憾的感觉都没有，在汪大渊们看来，欧洲不是非去一趟不可的地方，我们替汪大渊遗憾，是因为我们知道后来欧洲的历史有多么重要。

汪大渊只要往前走一步，就走入意大利文艺复兴了。如果在文艺复兴运动中出现了一位中国人，还是一位名字里有《论语》的商人，那时，文明该多么美妙！

但他毕竟没有迈出这一步，还得回到中国的现实——“无道”中来，行其“文武之道”于域内，所为二事，一文事——写《岛夷志略》，另一武事，即御匪。毛静在《豫章谈概》里，提起这两件事。他说，文事盖因时任泉州路达鲁花赤的偰列篪所请而作。这位偰列篪先生原为西域高昌人，元时移居南昌，曾为南丰刘埙弟子。刘埙何许人也？江右大儒也！其于宋儒诸人中，尤重朱、陆，而于朱、陆间，独尊陆子。元朝，朱学盖世，全面压倒陆学，唯其独白于天下曰：陆学将兴矣。又作《哀文魁天祥陈魁文龙死节》诗，赞美抗元英雄文天祥、陈文龙“同寿乾坤惟二老，增光华夏此全人”，说他们明知宋已日暮，还要逆天，诗曰“已无地载虞渊日，尚与天争汉苑春”。夕阳西下，就要沉入深渊，留得最后一口气，最末一息辉，还要来与天争。争什么？当然是争天命。哪怕用落日余晖，也要为汉家天下争个“汉苑春”。

就这么一位刘埙，竟然做了摩尼教世家出身的偰列篪的老师。须知高昌偰氏乃西域名门，其来中国，本与蒙古人携手共治南人，结果却成为如陈垣所谓“华化西域人”，不但被“华化”为标准的儒生，而且“华化”为地道的南昌人。毛静说汪大渊与之交谈，用南昌方言，其“华化”之深，可以想见。

西域人华化，其初衷欲以华治华，然其结果反而有助于恢复汉家天下。文化之移人性情，夺人魂魄，原在不知不觉间，非权力所能限定，非政策所能管制，人性之趋于文化的优美与崇高，远甚于对一族之认同，对一国之服从，表现出一种超越国族追求普世价值的人类性的冲动，故其所谓“华化”，实为汉文化之优美与崇高所感化。

罗马帝国衰亡，欧洲被蛮族入主，出现文明倒挂，可南宋灭亡，中国文化却未有衰弱表现，不但“华化”蒙古人，还“华化”了文化层次更高的西域人，甚至还把中国文化的影响力第一次以大一统的方式推广到了欧洲的边缘。汪大渊就从欧洲边缘归来，偰列篪之于汪大渊，可是元朝推广中国文化计划的一部分？

第二件事即御匪。毛静说：近读元末明初茶陵刘三吾《坦斋刘先生文集》，卷下有《题汪焕章平汀传》，始知大渊梯航归来，由商而仕，曾为闽省学官，元末闽地，匪患迭起，大渊从容以对，整旅御匪，有功闽省，时人辑为《平汀传》，故刘坦斋诗云：

> 人言儒官工笔砚，马上弓刀非所便。
> 豫章汪公独能之，请看当年平汀传。
> 辛勤捍御五载余，谈笑折冲千万变。
> 气摩寇垒威风高，化谕居民恩泽遍。
> 张纲广陵古所闻，龚遂渤海今复见。
> 功能上荐人共知，恩赏未酬心不勌。
> 呜呼！世人守城皆汪公，四海安得不同风？
> 为公三复歌下泉，为公再拜歌彤弓。

以书生御匪，以学官平乱，一下惊掉多少人的下巴！可这对于汪大渊而言，并非什么难事。他漂泊大洋七年，每日里，与天斗，与海斗，与人斗，什么大风大浪没见过？什么样的海盗没见过？曾经沧海呀，来了一群山中贼，那又算什么！

对此，他处变不惊，临危不乱，虽不至于如诗人所言“谈笑折冲千万变”，但“辛勤捍御五载余”还是靠谱的，以诗谈兵，难免诗意十足，而实效冒泡。

像汪大渊那样的人，我们总以为他能以四海为家，就如同大航海时代那些真正的航海家，但一方水土养一方人物，一种文化造就一种历史，中国文化要回家，汪大渊又怎能例外？他回家了，在南昌城里买宅东湖，用一池春水省略了海洋抱负。

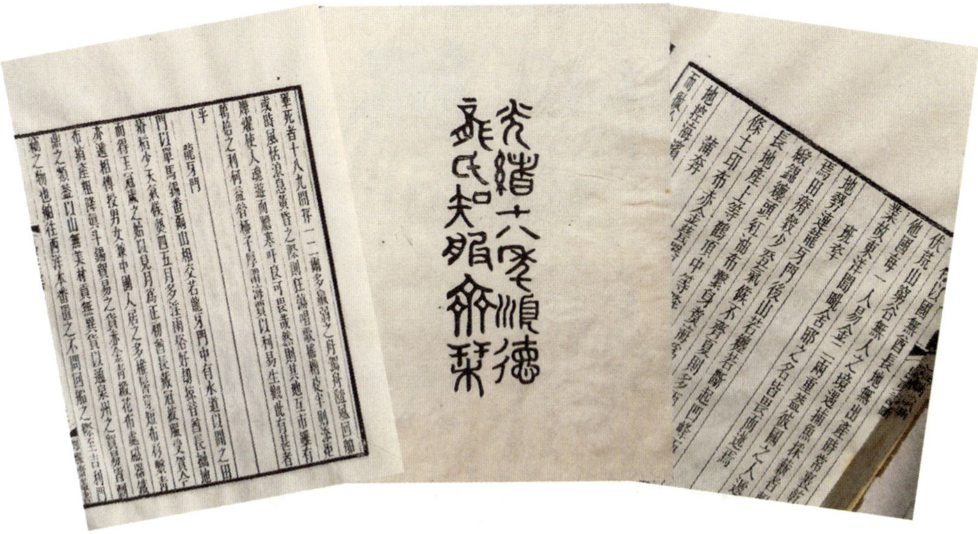

《岛夷志略》

《岛夷志略》成书于1350年，彼时已是元朝末年，作者汪大渊，字“焕章”，江西南昌人。1330年，20岁的汪大渊在泉州搭乘商船出海远航，途经海南岛、占城、马六甲、爪哇、苏门答腊、缅甸、印度、波斯、阿拉伯、埃及，横渡地中海到摩洛哥，再到埃及，出红海到索马里、莫桑比克，横渡印度洋到斯里兰卡、苏门答腊、爪哇、加里曼丹、菲律宾后，返回泉州，历时5年，他的航线也是当时的海上贸易线。1337年，他第二次出海，经南洋群岛、阿拉伯海、波斯湾、红海、地中海、非洲的莫桑比克海峡，有人认为他还到过澳大利亚。汪大渊于1339年返回泉州，第二次出海历时2年。1349年，汪大渊在泉州。适逢泉州路达鲁花赤偰列篪决定修《泉州志》，他认为泉州为市舶司所在地，聚集了各国人物，应该记录他们所属国的风土人情，于是，就请汪大渊著《岛夷志》部分。费时一年，汪大渊著完《岛夷志》，将他两次航海的各地区见闻、风土人情，以及特产逐一介绍，随后携手稿回南昌，单独刊印，影响广布，成为时人航海贸易的指南，而汪大渊则被西方学者称为“东方马可·波罗”。

15世纪越南青花缠枝牡丹纹细颈瓶，土耳其伊斯坦布尔托普卡帕宫博物馆藏

宋元时期的海上陶瓷之路，国际化程度遍及亚欧，暹罗（泰国）拉玛卡曼国王曾于1294—1300年（元至元三十一年至大德四年）两次访问元大都，并带回陶工传授中国制陶工艺。越南在14世纪后期所仿元代的青花瓷器和白地绘黑花瓷器，无论造型还是花纹（牡丹、莲花、菊花、蕉叶、鱼藻等）均十分酷似，几乎与元末明初之作难以区分，因而后来竟有取代中国瓷器向中东各国输出之势。菲律宾、印度尼西亚、马来西亚、孟加拉、印度等国内也都曾出土过元代青花残片。汪大渊在《岛夷志略》中所列输出品类的真实性在这些地方都得到了具体印证。

蓝地白花麒麟飞雉双凤图菱口大盘，土耳其
伊斯坦布尔托普卡帕宫博物馆藏

元青花瓷，土耳其伊斯坦布尔托普卡帕宫博物馆藏

元青花瓷，土耳其伊斯坦布尔托普卡帕宫博物馆藏藏

珠光青瓷，宋，同安汀溪窑

珠光青瓷，宋，同安汀溪窑

宋元时期，因海上贸易繁荣，泉州也成为南方沿海重要的陶瓷生产基地和最大的外销口岸。同安县汀溪窑出产的青瓷，南宋时风行日本和东南亚一带，后来由于日本高僧珠光喜欢用这种碗做茶具，被称为“珠光碗”或“珠光青瓷”。

菲律宾发现的绿釉军持

绿釉“军持”是穆斯林用来贮水、随身携带以备旅途中做礼拜时净手的壶，在中东和东南亚市场上非常受欢迎。在泉州有很多窑口生产，釉色和造型各异，尤其是晋江磁灶窑生产的绿釉军持，色彩明艳，富有光泽，非常畅销。

特别值得一提的是，宋元时期，浙江、福建泉州一带的各种窑口多为民营或个体制瓷。德化城关的宋元屈斗宫窑址是民窑的代表，1976 年发掘时，出土了 6000 多件瓷器，规模庞大。德化为泉州的瓷都，为马可·波罗盛赞，的确名不虚传。

贸易伙伴共同体

这艘船具有象征意义，阿拉伯人乘坐，印度船员掌舵，行驶在海上丝绸之路的贸易线上。穆斯林商人是当时从地中海穿越印度洋直到中国的最重要的贸易群体。

08

郑和的失落（上）

——思想上少了个地圆说

对于一代王朝来说，中国大航海没有比郑和下西洋更为重要。首先是天朝上国的派头，通过大航海统统都表现出来了。

汉唐盛世，那两个王朝的马上功夫，后世已然不见了，明军北伐，收拾元朝残局，只要过了长城—阴山那一线，也就收拾不动了，说到底，还是马力不行。

马力不行，那就修长城，用长城来表明天朝上国的身份。秦汉以后还没有哪一个王朝像明朝那样修长城，以至于我们今天所见的长城都是明朝修建出来的。但是，修长城的国力是有限的。马力达不到的地方，长城又岂能修到？陆路受阻于刀兵，那就改走海路，马力难及西域，而航运能至，故有郑和七下西洋矣。

元大一统的旧观，大明无能恢复全部，因其马力所限，难以接踵元朝旧蹄，故陆路大半放弃，而于海路进取，耀兵西域，较之陆路远征，成本大大降低。

蒙古人尚武，多在陆路，靠马力征服，其于海路则循南宋惯例，以民间通商为主。而大明则反之，对于民间海商实施海禁，且兵临西洋，宣示威权。故明下西洋，非海通之谓也，此乃肃清海域，为海禁之实施也。若谓汪大渊为海通之民间代表，那么郑和则是海禁之国家代表。而所谓“海禁”者，其欲以秦制治海，以中央集权直辖海域，坐实海疆也。如此帝王抱负，实乃空前之举，一个海洋帝国的宏图，在开国之初如同日出。

然此宏图又与大明秦制格格不入，何也？秦制宜于“书同文，车同轨”的成熟国度，不宜于开疆拓土，故大明之于南洋、西洋，尽管有伟大的战略抱负，但在制度安排方面却明显水土不服，大张旗鼓下西洋，结果如何呢？白白跑了七趟。

开了七朵天朝上国的浪花，却没能结出一个真正的海权之果。究其根源，就在于秦制所限。当时若能并用周秦之制，沿海用秦制——郡县制，海外用周制——分封制，或许会结出不一样的果。

明初，太祖有“片板不许入海”令，但成祖还是让郑和下西洋。此举之缘起，或曰寻建文帝，或曰朝贡贸易，或曰从战略上制衡西域，言非无据，然所见小矣。郑和下西洋之壮举，本不亚于汉唐之通西域，那时东西方同步发展，各有其航海时代，欧人航海发现新大陆，中国人航海使南洋成了“中国海”。没有海权梦想的民族，岂能拥有航海时代？朱棣以帝王而有海权梦想，为“中国海”开张。

朱棣是一个伟大的战略家，能证明这一点的，不是他在王朝争夺战中成了帝王，也不是他万骑竞发，雄视大漠，横扫蒙古高原，这方面，他还比不上汉唐盛世的帝王，但他史无前例，超越汉唐帝王，就因为他有海权梦想。没有海权梦想，哪来郑和下西洋？摆天朝的谱，何必下西洋？汉唐以来，朝贡贸易无数，又何曾“下西洋”？

宋朝向海洋发展，但宋重商，虽重视海外贸易，却不知还有海权。可朱棣要海权，命郑和率两万七千余人的庞大船队下西洋，亦贸亦战。冯承钧撰《中国南洋交通史》说，明以前，称南海、西南海者，明时都已改称为东洋和西洋了。冯著引《明史·列传第二百十一·外国四》云：“婆罗，又名文莱，东洋尽处，西洋所自起也。”因此，婆罗以东称为东洋，以西称为西洋。然而，冯注《瀛涯胜览》又以苏门答腊和爪哇为分界，指出“当时所谓之西洋，盖指印度洋也”，“以爪哇以西之海洋为西洋”，而苏门答腊“乃西洋之总路”。由此可见，郑和下西洋时，东洋已属中国内海，西洋才是新世界。

那时，“下西洋”的起点，不在中国东南沿海，而在苏门答腊岛。苏门答腊和爪哇以东，包括台湾岛和琉球群岛都属于东洋，都在中国海范围内，在此范围内，郑和可以立国王，出了这个范围才是“下西洋”——进入了印度洋。

郑和七下西洋，打了两仗，都在苏门答腊岛。因为下西洋的关键就是控制这个岛，并以此为据点进取西洋，但他本人，还有朝廷，都没想过像汉唐那样，在此地设个西洋都护府，更没想过用周制封邦建国，为开拓海疆者封侯封王。

或曰郑和下西洋乃做赔本生意。此言差矣。赔本的生意最多做一次，哪能一连做七次？郑和沿途赏赐，表面上维持朝贡贸易，实则以贸养战，以贡助战。一支两万七千余人的海军，长年累月游弋海上，需要多少给养？食物和淡水不可能全带来，沿途采办，除了靠支付手段，如瓷器、茶叶等，还要靠制海权。

这是中国历史上第一支真正的航海远征军，开辟了中国海权时代。遗憾的是，郑和率领的中国船队到过红海，却没有进入地中海，沿非洲大陆东岸南下，到了好望角，却未绕过好望角奔向大西洋，其所经之域，皆以宋元海图，毕竟他不是哥伦布。

哥伦布是航海家，郑和不是。哥伦布是新航路的开辟者，郑和则是沿着成熟的航路航行的国家使者。哥伦布可以自由航行，自己做主，郑和不行，他的整个航行必须根据既定的海图，不能偏离亚非大陆，这不但是由于他本人的航海经验不足，更是基于制度，制度规定了他的航行路线和去处，其自由度比汪大渊已不如，更别说哥伦布。

在秦制的安排下，他怎能成为航海家？同样到了好望角，他只能掉头回去，可葡萄牙人达·伽马一拐弯就过来了，从大西洋进入印度洋，终于找到了通往中国的路，用那双征服了“杀人浪”的手，伸向取之不尽的东方财富，从此，风暴角变成了好望角。

此为东西方运会转折点，大明航海时代及其海权思想，从此衰落。尽管如李约瑟《中国之科学与文明》第 11 册之所言，约 1420 年，那时“明代的水师在历史上可能比任何其他亚洲国家的任何时代都出色，甚至较同时代的任何欧洲国家，乃至于所有欧洲国家联合起来，都可说不是他的对手”，但我们还是要说，郑和落伍了。

落伍没有表现在大航海的国力上，据李约瑟言，永乐朝有船 3800 艘，其中属于卫、所的战船有 1350 艘，以南京附近新江口为基地的主力船队有 400 艘大船，以及运粮的漕船 400 艘，此外，另有远洋宝船 250 艘，每艘宝船上的人数，按照不同时期，从 450 人增至 690 余人不等，在最大的船上，则超过 1000 人，另外，尚有 3000 艘商船作为辅助，以及其他作为传令船和警船的小船无数……这样的一个航运体量，对于葡萄牙那样的小国来说，无疑是巨无霸级别的。

对此，李约瑟没以轻重分，没做大小论，认为那是个“中国人的世纪”，也是“葡萄牙人的世纪”。为什么这样说呢？因为一个代表过去，一个代表未来。中国代表过去，代表了东西方千年海通，葡萄牙代表未来，绕过好望角，一定要前往中国。

当郑和率领船队巡弋非洲大陆东海岸时，葡萄牙亨利王子的船队正在非洲大陆西海岸航行，那位亨利王子的船队跟郑和的船队相比，真是微不足道，但他却比郑和多了一样东西，那就是海洋学校。学校是由他捐资办的，为大航海时代的到来预备了一个最早的教育体系，以之来启发和培育葡萄牙人的航海之魂。据说，他有一件威尼斯总督的赠礼，那是一本关于中国的书籍，也就是马可·波罗讲述的故事——《马可·波罗游记》。而郑和就没有这样一个目标，也不知该往何处去，从太平洋到印度洋，那里原来就有个天朝上国的老底子，他要做的就是修补千年老例，重新维系老底子。

历史没有提出新目标，他也就没有新的追求。他在印度洋要解决的问题都是历史遗留，诸如天朝上国的尊严与威严，还有海缘与地缘互动的国际政治，这些都是他要留意的，他的脑袋里无论如何不会冒出这样的问题：地球是圆的还是方的？

然而，正是这个问题深刻地改变了历史。同样来到好望角，有过这问题，同没有过这问题，选择是不一样的。一个问题的差距，决定了后来数百年的历史。

陈延杭《中国与葡萄牙的航海和造船技术交流》一文指出，郑和的宇宙观念还是那个“天圆地方”的老样子，所以来到好望角，就以为是“际天极地”。文中，他还特别引用了明人罗懋登《三宝太监西洋记通俗演义》，其中讲述了郑和船队到达天方国时，那里的国王对他讲，天方国就是西海尽头，前方再无国土。这样的话，我们听了是不是有点耳熟？想当年，安息人对东汉使者甘英不也是这么讲的？现在阿拉伯人又对郑和这么讲了，郑和当然不会相信，令船队继续往南，向西而行，但“只见天连水，水连天”，“阴云惨惨，野雾漫漫”，“朝不见日，暮不见月，不见星宿，不辨方隅，一丈之外，就不见人”，接下来，前哨船就撞在了陡崖上，在大地的尽头，“大小宝船一齐收住”，再往前去，就会从大地的边缘掉下去，那下面就是“阴曹地府”。

这虽然是通俗演义，显得很离奇，但郑和的脑子里肯定也少不了这些东西。类似的东西，欧洲人也有，甚至更为离奇，所谓“黑暗的绿海”“魔鬼之国”等，就在那里等着人去，基督徒一旦进入，出来就会变成黑人，总之不是个人的去处。可欧洲的情形，那时正在发生变化，变化是文艺复兴运动带来的，通过文艺复兴运动，欧洲人重新认识了古希腊。古希腊人的地圆说解决了近代欧洲人大航海的根本问题——全球化。

我们知道，世界上最早证明大地是圆形并提出地球概念的人，是公元前的古希腊人，先是由毕达哥拉斯提出。接着，由亚里士多德做了三点证明：一是北极星证明，他指出，越往北走北极星越高，越往南走北极星越低，这是在球面上观察才能看到的现象；二是航船证明，何以远航的船只先露出桅杆顶，慢慢露出船身，最后才看得到整艘船，这显然是在球面上航行；三是月食证明，月食时地球投到月球上的形状为圆形。

在地圆说的基础上，以亚里士多德为代表的古希腊人，在哲学上形成了地心说，用天圆和地圆的同心圆范式构造了一个以地球为中心的宇宙，后来这个同心圆又被基督教利用，结合神创论，被改造成支撑基督教的宗教信仰的神学宇宙观。

与古希腊人大约同一时期的中国人，也就是那些先秦诸子，他们通过对天地的观察，也曾有过类似古希腊人的地圆说的思想，其中，如慎到就认为，天体为球形，沿着倾斜的极轴而转动，曰“天形如弹丸，半覆地上，半隐地下，其势斜倚”，还有惠施，也提到“天与地卑，山与泽平”。这样的观察方式同亚里士多德相似，但着眼点有所不同：惠施着眼于天地山川，亚里士多德着眼于星辰大海。但他们得出的结论却是一样的，惠施说的“泛爱万物，天地一体”，就把天和地当作同心圆了，既然“天地一体”，那么天圆，地也就圆了，而这样一个天地同心圆，又被后汉张衡的“浑天说”概括成鸡蛋模型，其地圆也就是蛋黄。

但这种地圆说在中国不像在欧洲，没有成为主流，成了主流的是“盖天说”，也就是“天圆地方”。对“天圆地方”，曾子有过疑义，在《大戴礼记》中有“曾子天圆”一篇，学生问他“天圆而地方者，诚有之乎”？他先是这样回答：“天之所生上首，地之所生下首，上首谓之圆，下首谓之方，如诚天圆而地方，则是四角之不揜也。”连四个角都盖不住，看上去有着明显的缺憾，可为什么还要说“天圆地方”呢？那是因为他听孔子讲过“天道曰圆，地道曰方”，由此方圆，而有幽明，明吐幽含，而分内外，吐气者施，含气者化，阳施而阴化，故神灵出，“神灵者，品物之本也，而礼乐仁义之祖也，而善否治乱所由兴作也”，从宇宙论到政治论，一个体系就完成了。

曾子对孔子之教的捍卫，有点罗马教会对于地心说的样子，明明感觉到了哪里不对，比如，天圆地方，看上去似乎有缺点，但也不会因此而改变，不会从“天尊地卑”改到平等主义的“天与地卑，山与泽平”上去，不会使“天圆地方”的等级安排被自然主义的“泛爱万物，天地一体”所替代，更不会让天地绕着倾斜的极轴旋转。

曾子的态度表明，制度恒久远，而观察是暂时的。制度安排不会因观察而改变，反倒是观察方式要顺应制度安排因时而变。这就如同董仲舒说的“天不变，道亦不变”，需要改变的是你的观点，这方面曾子是个榜样。

就这样，从孔子到郑和，脑子里只有个“盖天说”，把思想给盖住了。郑和没能打开思想上的盖子，让思想在“天圆地方”的观念的包袱皮里被严密包裹着，所以，当大航海时代即将到来时，他作为一名先驱，反而裹足不前了。

而地圆说则刚好适应了大航海的需要。思想引导行动，观念决定行程，当郑和在“天圆地方”的思维定式里趋于极限时，西方的后来者们却怀抱着“地圆说”的信念出海了，哥伦布坚信横渡大西洋从相反的方向同样能到达中国，就因为他认定地球是圆的，而麦哲伦就更是用大航海的实际行动来证明地球是圆的。

他们虽说是郑和的后生，但他们都不知道郑和的存在。尽管郑和在东方影响很大，对他们却没有任何影响。那时，东方的归东方，西方的归西方，印度洋和大西洋，被亚欧大陆和非洲大陆隔开，当他们从地中海进入大西洋时，他们的先驱当然就不是郑和，而是与郑和巡航印度洋同一时期探索大西洋未知海域的葡萄牙的亨利王子。

假如他们还像他们的前辈古罗马人那样海陆兼行，从地中海经由红海或波斯湾来到印度洋，再前往中国，他们就会或多或少感受到郑和的存在，而他们本身就会被湮没，成为历史上无名之辈，可是，文艺复兴的时代精神要求他们成为巨人。

他们能成为巨人，是因为立足于一位文艺复兴时代王子开明的肩膀上，这位王子不但是预言大航海时代到来的先知，还是部署了大航海时代到来的先驱。

他就是那位亨利王子——葡萄牙国王若昂一世第三子，生而星占曰：

其安身立命者，征伐与发现也。故其幼习兵艺，博览文艺，讲究工艺，且深谙政术，而终极于信仰。他终身未娶，毕其一生，探索未知地域，并把基督教带到那里。罗马教廷信任他，任命他为托马尔基督会院圣殿骑士团大统领，管理骑士团财产，允其将骑士团收入用于航海和探险，唯一限制是不许动用不动产。

亨利王子的贡献，并非作为船长亲历波涛，身入险境，一如其身后那些光芒四射的航海家，但他却是大航海时代的规划者和设计师。他远离宫廷政治，独自跑到欧洲最西南端的天涯海角——萨格里什，人类历史上第一个航海学校就设立在此。

一个人迹罕至的荒村，因其地理位置特殊而成为大航海地标。他在这里目送船队出海，欢呼航海归来，直至去世。1836 年，此地出土一石碑，上面写着“伟大的亨利王子在此建立了一座宫殿、著名的宇宙学学校、一座天文台和海军兵工厂”。

在他的资助下，葡萄牙人结合中国航海技术和阿拉伯造船技术，对原来在地中海航行的欧洲船只做了改进，造出宜于大西洋探险的船舶——卡拉维尔帆船。这是一款新型帆船，较之当时另一款“卡瑞克帆船”（又译克拉克大帆船），其吨位、体量、火力，当以微缩版视之。论商战合一，卡瑞克帆船是绝对主力，或可与巡航印度洋的郑和船队一较高低，只可惜二者未能相遇；若相遇，中国近代史就不会是这个样子。

克拉克大帆船“圣玛利亚”号，油画，（比利时）Andries van Eertvelt 绘

永乐皇帝朱棣要和他未知的大海建立联系，是寻找他的宿敌，宣示威严，还是经济贸易？也许都有。1405 年，他派郑和率领 6 艘巨型帆船开始探索性远航，适逢人类历史即将走出中世纪之际，天朝的使命感觉醒了，于是有了天朝的试航，启动了世界大航海时代。郑和对爪哇、锡兰等南洋各国进行外交访问和贸易，最远到达了非洲东部。就在非洲最南端，他却没有绕过去，而是停留在印度洋上，再一次失去了与大西洋沿岸的欧洲握手的机会。此后，一直到 1433 年，郑和前后共七次下西洋，都没有绕过好望角。

而欧洲对东方的强烈向往，初始于对香料的需求，诸如东方盛产的辣椒、桂皮、丁香和肉豆蔻等，它们跟药物、香水和染料一样，在欧洲极为稀缺，因而非常昂贵。

那一时期东西方贸易依赖一个非常复杂的交通网络，海路、陆路的贸易路线、港口集散地，以及在近海和各大洋之间航行的大小船只集合。无

卡拉维尔帆船

论陆路还是海上，由于东西方距离遥远，再加上技术所限，自古以来，贸易机会基本为中间商阿拉伯人控制，大部分商机落入穆斯林商人手里。随着伊斯兰教在15世纪传入香料产区，穆斯林商人几乎垄断了贸易机会，香料供应由他们掌控，越来越引起欧洲基督教国家的恐慌，这一切敦促了大航海时代的来临。

就在朱棣、郑和之后，欧洲国家作为赞助者出现了。葡萄牙航海家亨利王子赞助建立航海学校，为葡萄牙培养了航海人才，据说他资助建造的卡拉维尔帆船，较之当时往来东西方贸易的威尼斯“克拉克大帆船”虽然是微缩版，却非常适合当时的远洋探险。葡萄牙人的航海知识水平遥遥领先于世界其他地区，这才有了巴尔托洛梅乌·迪亚士在1487年发现好望角；1498年，葡萄牙人瓦斯科·达·伽马则驶过了好望角登陆印度海岸。而在达·伽马之前，即1492年，意大利人克里斯托弗·哥伦布获得西班牙女王支持，向西穿越大西洋成功。哥伦布预期这次航行会在2400海里左右的里程后到达契丹（中国）和吉潘古（日本），但他最终到达的只是美洲（他坚信是印度）。他的首航证明了通往东方的捷径是存在的，直到1519年葡萄牙人斐迪南·麦哲伦在西班牙国王支持下，才绕过了南美洲尖端，从而建立了一条从西到达亚洲香料群岛（印度尼西亚）的路线。

手握罗盘的迪亚士

贵胄迪亚士，天生的航海家，1486 年，他的航海计划是一路向南绕过非洲大陆的最南端进入印度。事实是，他的船被暴风雨向南劫持了 13 天，然后寻找陆地，上岸修整，再出发再修整，续航返航，反反复复，才绕过了非洲大陆的海角处，从大西洋转向印度洋。他把非洲大陆的最南端命名为“风暴角”，但他的赞助人若昂二世则坚持称其为“好望角”。

09

郑和的失落（中）

——西风带上的天时地利

张箭的《论大航海时代及其四个阶段》一文指出，“从 1405 年郑和首次下西洋到 80 年代末迪亚士船队从大西洋入印度洋，可视为大航海的第一阶段”。他这么一划分，就把郑和作为大航海时代的领航人，同时，又如李约瑟所言，分出了“中国人的世纪”和“葡萄牙人的世纪”。当然，我们也可以用海洋来区分，分出“印度洋的世纪”和“大西洋的世纪”，而迪亚士用来开辟“葡萄牙人的世纪”的航船就是卡拉维尔帆船。为什么不是更能显示欧洲人的大航海实力的卡瑞克帆船？

卡瑞克帆船适用于通商和战争，不适合探险，因为探险是航海家的事业，靠少数人行动，无须那么多商人和军人参与，上千吨位的庞然大物也无助于科研与发现，而卡拉维尔帆船仅百吨左右，充其量不过卡瑞克帆船的十分之一。虽然卡拉维尔帆船吨位小，体量也不大，看来并不显眼，但它却是为探险量身打造的。在郑和的船队里，不乏卡瑞克那样的帆船，专门为探险定制的一艘都没有。以往航海时代，主题都是通商，而大航海时代，虽然还以通商为主题，但在通商之外，确立了新的目的，形成新标志，即“探险”二字。

从世界历史来看，著名的航海时代大概有过三次：第一次是以古希腊和古罗马为代表的地中海时代，第二次是宋元两朝与阿拉伯海通的印度洋与中国海互动时代，而第三次就是以大西洋为中心的全球化大航海时代。

严格来说，郑和不属于第三次大航海第一阶段的代表性人物，其时代属性和文化属性，都使他成为第二次航海时代的最后一位代表。第三次大航海时代第一阶段的第一位代表不应是郑和，而应该是亨利王子。

文艺复兴时代的开明王子们有着极为旺盛的求知欲，他们赋予了大航海一个新视野，明确了大航海的新目的，把思想解放运动与大航海的实践结合在一起，思想的巨人变成了航海家。第一位成功者便是亨利王子，他为大航海时代的到来提出了一个新的主题，那就是探险——去发现未知，由此带来了地理大发现，同时也带来了殖民地，这是在通商之外超越通商取得的新成果，是对为了求知欲而投资所获得的最大回报。

亨利王子之于航海，主要还是个思想者，为那个时代运筹帷幄，将所有动力都集合起来，使通商与战争、探险与发现、传教与殖民等多种力量形成合力。亨利王子不仅拥有葡萄牙王室授权，还拿到了罗马教廷授权。他以政教合一的方式，为大航海制定思想路线，不管是重商主义，还是自由主义，他一以贯之，贯穿两个基本点——一个是海权，一个是教权。从他以后，这两点便成为西方政治权力的核心。

就此而言，我们可以说，他是开辟大航海时代的思想巨人。这样的思想性，我们从郑和身上没有看到，也就是说，跟亨利王子相比，郑和缺了那么点思想性。这不奇怪，因为郑和本来就不是思想者，他是行动者，是王朝中国最后一次大航海的统帅。

那么，作为行动者，郑和比迪亚士又如何呢？迪亚士家族祖孙三代——其祖父和父亲，还有他本人——都是亨利王子的追随者，将亨利王子的海洋思想化为祖孙三代的航海动机与行动方式。相比之下，我们又发现，郑和身上缺了一点动机。

什么动机？当然是探险的动机。郑和是国家使者，不是探险者，他要安全第一，而非探索未知。即便他有很强的求知欲，也不敢拿国家的使命孤注一掷。而迪亚士航海的目的就包含了探险的动机，绕过好望角——他当时称之为“风暴角”。他不需要有国家指示，只要起个念头就可一试，向着未知领域，尽情挥洒他的好奇。

1487 年 8 月，迪亚士驾驶卡拉维尔帆船离开里斯本，沿着非洲西海岸航线向南航行，抵达了位于黄金海岸的米纳堡，那是葡萄牙人设在加纳的一个据点。此前，葡萄牙人戈麦斯航海至此，最先发现这一带有黄金，故称之为“黄金海岸”，被葡萄牙王室赐以“米纳”称号。“米纳”意为矿藏。此地多金矿，故“米纳堡”也就可以说是“黄金堡”了。在黄金海岸上，矗立黄金堡，成了殖民地地标。

选择殖民地有两样东西不可少，那就是黄金和奴隶。从求知出发的探险，结果却收获了殖民地，这世上还有比这更大的生意？那时的世界真大呀！可供发现的地域也真多！当葡萄牙人睁着一双探险的眼睛搜索新的海域，不断发现新世界时，那沿着非洲东海岸航线向南航行的更为庞大更加豪华的郑和宝船又发现了什么呢？从历史的角度来看，他什么都没发现，既没有发现黄金海岸，也没能建立像米纳堡那样的黄金据点。

从米纳堡出发，迪亚士一行带着黄金海岸的梦想继续往南航行。

到了风暴角那边，船队靠近“咆哮西风带”。它位于南纬 40° 到 60° 之间，总是西风劲吹，吹起一个个涡旋状云团，连绵不断，向东飞去，使得星沉月隐，天日失色，一年之中，百日浪高，均在 6 米以上，“风平浪静”时，浪高也在 2 米以上，更有巨浪，高达 15 米，势若山奔，不时撞击船舷，发出阵阵怒吼，那是对探险者的灵魂拷问。

拷问一个接一个。南纬 40° 到 50° 之间，进入“咆哮四十度”，那是狂风的拷问，犹如狮吼；南纬 50° 到 60° 之间，拷问升级，出现“狂暴五十度”的巨浪拷问；南纬 60° 到 70° 之间，海岸消失，一无旁依，面对没遮拦的无边无际的惊涛骇浪，人们失魂落魄，唯有尖叫而已，所以叫作“尖叫六十度”，那是对人的终极拷问，即对灵魂的拷问。

好在迪亚士第一次遇险的那个风暴角地处南纬 35° ，不在咆哮西风带中，只是被西风带扫了那么一下，他的船队就天旋地转，不知身在何处了。幸运的是，虽然被风暴推离了海岸，向南漂移，但是并没有被卷入西风带，而是进入了一个避风港湾。后来，他把那救他一命的港湾叫作“牧人湾”，很有点牧歌风味。

待风暴稍息，他离了港湾，出来一看，便看到了海岸线。他知道自己已绕过非洲大陆南端，还想带着惊魂未定的船员继续前行，但无人响应，死里逃生后，船员都想回家，只要把那个惊天动地的发现带回家，他的使命就已经完成了。返程途中，为了纪念此次历险，他把那个最南端的岬角命名为“风暴角”，后来转向好望角，就不是他的事了。

命运的安排另有其人，那人便是达·伽马。达·伽马闻讯而动，率领他的船队绕过风暴角，进入印度洋，经由非洲穿越伊斯兰世界直奔印度。

当哥伦布还在把他发现的新大陆当作印度时，达·伽马已经在真正的印度立足了。此举不仅是达·伽马打脸了哥伦布，更是葡萄牙打脸了西班牙。西洋战国时代开端，葡萄牙成了第一赢家，亨利王子播下思想的种子，终于在达·伽马手里开出权力之花。

真是国望所归呀！有了达·伽马，风暴角也变了，变成好望角了。

可对于迪亚士来说，一点也没有改变，风暴角还是那个风暴角，那是深深刻在他命根子里的命运的一角。当他再次来到风暴角时，风暴又跟着他一道来临了。不过，这一次命运没有眷顾他，因为他的使命已完成，必须让咆哮的西风对他进行灵魂拷问，让他在“尖叫六十度”里发出最后的声音，让他那颗还在漂泊的心灵成为在天之灵。

应该说，郑和比迪亚士更早地面对了咆哮西风的拷问。当他用“天圆地方”的宇宙观念来回应时，他比迪亚士更为谨慎，在大地的尽头，他终于停止了前进。

西风带上，西风的强劲把无边的洋流也驯服了，使之环绕地球由西向东浪涌，形成西风漂流。让我们设想一下，如果郑和航行到这里，面对迎头赶来的西风，他能怎么办？只好掉头回去。

若从西方来，顺着西风漂流往东方，那天人之际虽有风险，所处的却是上风上水。若风向掌握得好，还能借着西风助推航速；若相反，从东往西去，则不但要面临更大的风险，且逆风扬帆，逆水行舟，那便真是进了难上加难、险上加险的鬼门关。借着西风漂流东渡黄金海岸的西方人，终于在这里唱出了他们的历史最强音——《西风颂》：

把我当作你的竖琴吧，有如树林：
尽管我的叶落了，那有什么关系！
你巨大的合奏所振起的音乐
将染有树林和我的深邃的秋意：
虽忧伤而甜蜜。呵，但愿你给予我
狂暴的精神！奋勇者呵，让我们合一！
请把我枯死的思想向世界吹落，
让它像枯叶一样促成新的生命！
哦，请听从这一篇符咒似的诗歌，
就把我的话语，像是灰烬和火星
从还未熄灭的炉火向人间播散！
让预言的喇叭通过我的嘴唇
把昏睡的大地唤醒吧！西风呵，
如果冬天来了，春天还会远吗？

这是由穆旦所译的雪莱的诗篇，吟诵了一个伟大的历史转折点。

我们将它放到“咆哮西风带”上来读，放到从“风暴角”到“好望角”的历史进程中来读，对着郑和与迪亚士那两个在命运风暴中消失了的历史背影来读，东方与西方会有着怎样不同的文明反应呢？最后那一问，郑和听不懂，他下南洋，下西洋，不都是乘着东风来的吗？为什么要问向西风呢？他当然不知道，东风在西风带上消失。可在迪亚士的心头，那正是一句他想问却还来不及问的一个问题——大西洋的秋风已经把冬天从西风带上召唤来了，那东方的黄金海岸的春天还会远吗？

雪莱的诗表达了一种诗化的历史精神，仿佛吟出迪亚士的心声：请把我的生命当作一把竖琴，让咆哮的西风来弹奏它，就如同西风弹奏深秋的树林，落叶在风中飞速飘零，或似由一片枯叶可知秋意深浅，一个被风暴席卷的思想化为了先驱的预言。

时代的精灵在历史的转折处出现了，吹响了预言的喇叭，除了唤醒人的因素，还要向天时、地利求助，向咆哮西风带求助。那永动的西风吹响了大航海时代的天时的号角，还有那不息的西风漂流，也打出了大航海时代的地利的旗号。

至于人的因素，我们在前面已经提到了两点：一点在思想上，西方人的自古希腊以来的"地圆说"为全球化的大航海时代的到来做了知识的准备；还有一点在行动上，西方人追求财富与知识的永动不息的探险精神，那是他们内心深处的另一个咆哮西风带，那是用梦想推动着大航海时代，被雪莱以诗篇《西风颂》吟诵出来。

郑和受阻于西风带，大西洋就成了他的隔绝之海。他也不可能知道大西洋的存在，只能把印度洋当作他的西洋了，他认为自己已经到了西洋的最南端，而前面就是大地的边缘，唯有转帆而归。有人说他到了好望角附近，也有人说他没去那么远，到了马达加斯加岛就返航了。梁启超在《祖国大航海家郑和传》里，就是这样说的。传中，他对郑和航路做了考察，曰"今略推定其航路线如下"：

（一）航中国南海至印度支那半岛之南端（西贡）。

（二）航暹罗湾（即曼谷湾）之东岸至曼谷（今暹京）。

（三）航暹罗湾西岸循马来半岛南下至新加坡。

（四）绕航苏门答剌岛一周。

（五）绕航爪哇群岛一周。

（六）航孟加拉湾经安达曼群岛至东印度（加拉吉大）。

（七）循孟加拉湾东岸南航至锡兰绕锡兰岛一周。

（八）循阿剌伯海东岸北航至西印度（孟买）。

（九）由孟买循波斯湾东岸北航至泰格里士河河口（今德属小亚细亚）。

（十）循波斯湾西岸南航，复沿阿剌伯海西岸一周至亚丁。

（十一）越亚丁湾循红海东岸北航至麦加。

（十二）循红海西岸南航出亚丁湾，复循亚非利加东部海岸南航经摩森比克海峡（亦作莫三鼻给海峡），掠马达加斯加岛之南端回航。

这十二条航路中，涉及四十个国家，他也一一列举，但没有提到好望角。李约瑟的看法与他相同，也没有提到好望角。可后来新的看法不断出现，有人甚至认为，郑和的船队不仅到了好望角，还绕过好望角到了非洲西海岸。更有甚者，有个名叫孟席斯的英国人，写了一本《1421：中国发现世界》，其中指出，凡是西方人到过的地方，郑和都到了；凡是由西方人通过大航海发现的新世界，郑和早就发现了。他虽然在航海史方面有着与李约瑟在科技史方面同样的抱负，但他的说法显然还不能像李约瑟那样令人信服。

我们采纳的便是梁启超和李约瑟的说法。马达加斯加岛也在印度洋南端，离好望角也不算远，同样能感受到西风带的威力，非洲大陆的一个历史岬角要是能与印度洋的一座文明孤岛相呼应，那会是一个多么生动的东西方对话场景，可惜错过了。

我们只能说，郑和来早了。俗话说得好，来得早不如来得巧。葡萄牙人来得正是时候，正是历史场景替换的时候，不再是东方郑和下西洋，以天朝上国姿态，维持着东西方海通，而是西方的达·伽马来走东洋，不光来发财，还带来了西洋战国时代。

时代变了，任公焉能不知？然豪气横亘于胸，还是忍不住要问：

> 及观郑君，则全世界历史上所号称航海伟人，能与并肩者，何其寡也！郑君之初航海，当哥伦布发见亚美利加以前六十余年，当维哥达嘉马发见印度新航路以前七十余年。顾何以哥氏、维氏之绩，能使全世界划然开一新纪元。而郑君之烈，随郑君之没以俱逝。我国民虽稍食其赐，亦几希焉。则哥伦布以后，有无量数之哥伦布，维哥达嘉马以后，有无量数之维哥达嘉马。而我则郑和以后，竟无第二之郑和，噫嘻，是岂郑君之罪也。

这一问，亦颇似李约瑟问向中国科技史，问到了文明的根底。

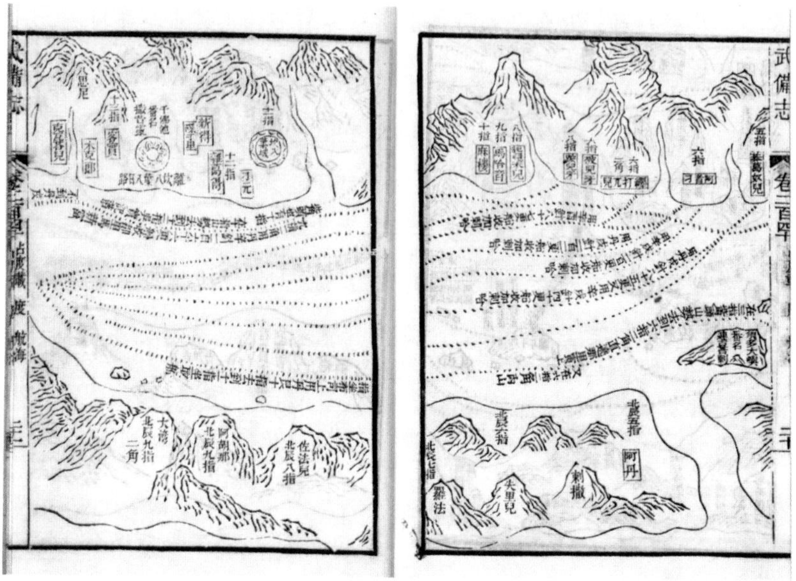

辑录在茅元仪《武备志》中的郑和航海图副本

郑和出生于云南省的一个穆斯林家庭，大概十几岁时被明朝军队掠走，以阉人身份进入朱棣王府，为燕王屡立战功，深得信任。

1405年，在朱棣的支持下，他率领由62艘船、27000多名船员组成的远洋船队，从江苏太仓刘家港（位于今浏河镇）出发，最远到达波斯湾的霍尔木兹海峡和非洲东部海岸的蒙巴萨岛，航线距离长达12000千米。郑和的海上远航活动共有7次，由于他的出使活动既有政治邦交任务，又有经济贸易等目的，因此每次航行都载有大量物资。后来的葡萄牙人和西班牙人的航海规模与郑和的7次航海比起来，确实只能称其为一场个体的远航探险。

遗憾的是，郑和航行的原始地图与海图都没能够保存下来，索性其副本被辑录在后来的《武备志》这部军事著作中，作者为崇祯朝翰林侠士茅元仪（约1594—约1641）。

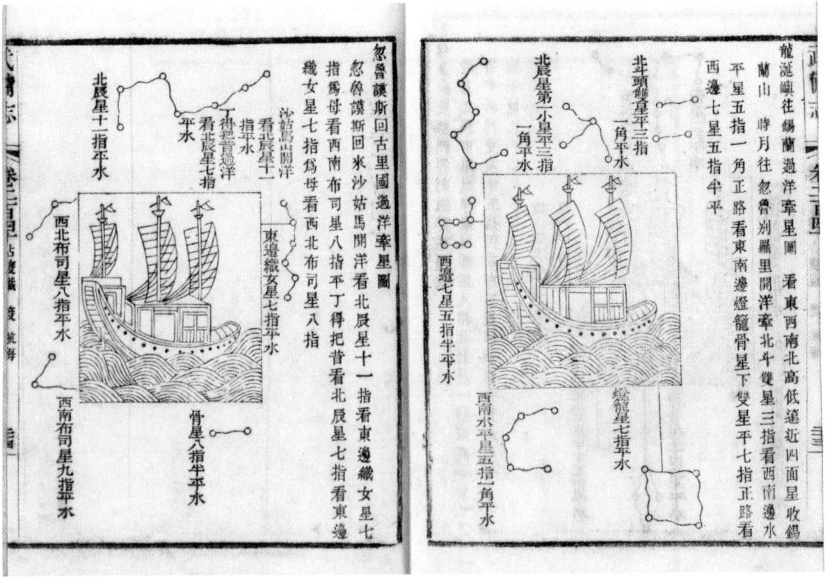

郑和航海图结尾处的过洋牵星图

航海图副本主要记录了郑和于 1431—1433 年间最后一次出海航行的航线，同时也包含一部分之前几次远航所积累下来的数据资料。航海图最初被设计为手卷形式，宽 20 厘米，长达 5.7 米，在《武备志》中，它被截成了 40 页。地图从右到左记录了郑和自南京出发直到非洲终点的航线，图中标出了 530 多处地名。地图的方位及比例尺因为航行所到之处的信息收集和重要程度而有所改变。明朝疆域有 18 页之多，东南亚地区有 15 页，阿拉伯和东非共 6 页。整幅地图中绘有 50 多条海上航线，图中点状线即航线，航线旁还配有文字说明，主要讲述基于罗盘定位的详细航行指南，大量有关港口、海岸线和岛屿的信息，以及海洋的深度与洋流方向等信息。尽管这幅航海图因受限于时代技术而有许多讹误，但它却记录了一次伟大而又容易被忽视的航海活动。

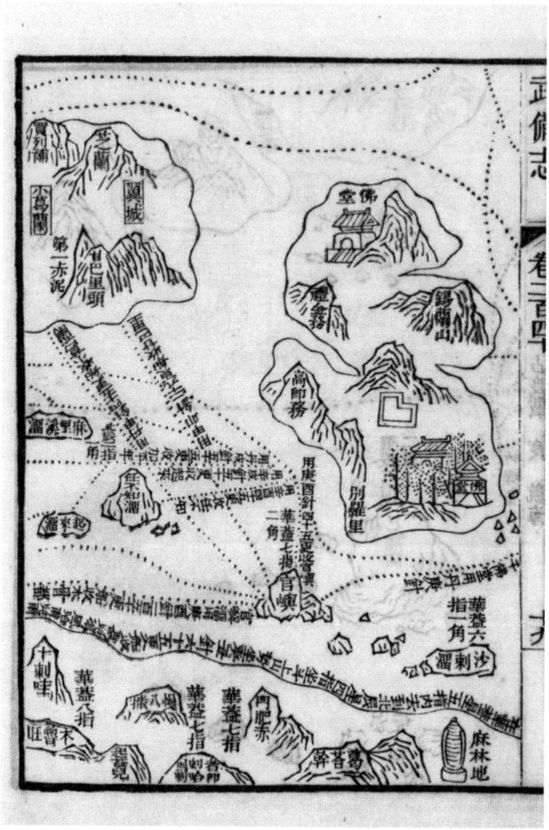

郑和到达东非海岸的航海记录

截取郑和航海图副本中到达东非海岸的记录，仔细观看，发现其中记录了非洲东海岸的航线和港口，如顶端是马尔代夫群岛，右下端大部分是莫桑比克海峡，紧邻海峡的是“慢八撒”，即蒙巴萨，1417年郑和第五次航行时首次到达此地。

苏门答腊岛在郑和航海图中的记录

苏门答腊岛被绘制在许多航线的交汇处，看起来它是个中心。的确，它是中国南方与印度洋之间重要的贸易汇聚点，也是郑和在1412年航行途中停泊战船、存储货物与用品的地方。

10

郑和的失落（下）

——国家蓝图的缺失

有人说，郑和是“中国的达·伽马”，这当然是个本末倒置的说法。这样的说法颠倒了先贤与后生的关系，而且他们不同。不同，不但表现为东西方的地域性差异，还表现在世界历史进程的时代性差异上。这两个差异呈现为截然不同的文明的两种样式，李约瑟对它们做了对比。他认为，东西方各有一个大航海时代：东方大航海时代是“中国人的世纪”，西方大航海时代是“葡萄牙人的世纪”。两个世纪各有其代表，中国人的代表是郑和，而葡萄牙人的代表就是达·伽马了。不是还有哥伦布吗？为什么不提他做代表呢？

这当然是从东西方的历史传统来看的，达·伽马终于将两千年来世界历史被隔绝的东西方两端打通了，就此而言，他是两千年来沿着历史传统前进，进而影响世界历史进程的第一人。哥伦布正相反，他与传统背道而驰，开辟了一条新的历史航路，故此二人正所谓“继往而开来”者也。达·伽马乃“继往”者，哥伦布则是“开来”者。

梁启超说，哥伦布航海为觅印度，印度不达，而开新大陆，是过其希望者，达·伽马航海为觅支那，支那不达，而仅通印度，是不及其希望者，但其初心——“欲求新地以自殖”的殖民地的目的已经达到。于是，他说：“若我国之驰域外观者，其希望之性质安在，则雄主之野心，欲博怀柔远人、万国来同等虚誉，聊以自娱耳”，这就使得“郑和之所成就”有限，仅限于“明成祖既已踌躇满志者”。为此，梁氏喟然而叹曰：“呜呼！此我族之所以久为人下也，吾昔为张博望、班定远传，既言之有余慨矣！”他为郑和未能成为汉代之张骞、班超而惋惜，惜其未能如汉家凿空西域一般凿空西洋，致使汉家之“博望”“定远”，离大明远，反倒离葡萄牙近。君不见迪亚士发现好望角，岂非“博望”乎？达·伽马远征印度洋，岂非“定远”乎？

故郑和并非“中国的达·伽马”，而达·伽马则可谓“西洋班定远”。可以说，哥伦布与郑和没有任何关系，而达·伽马就不同了，只要在印度洋的范围内，郑和到过的地方，他多半也都到过。从东非到印度到波斯湾，他不仅往来频繁，而且干戈不断，文明的冲突从陆地转向海洋，十字军东征亦由骑士转为船炮，原以内陆进取，受阻于波斯、阿拉伯帝国，改由海路深入，则纵横于伊斯兰世界，各个击破。

所以，李约瑟这样说：“从东方来的航海者，中国人，宁静，和平，从未有何天生的仇恨，慷慨（达到某种程度），不威胁他人生计，宽宏大量，助人，虽然全副胄甲，但是没有占领任何殖民地，及建立任何堡垒。”这是对中国大航海的最高赞美，赞美文化中国的远航。对从西方来的航海者，他却用了谴责的口吻，说：“葡萄牙，贸易商的十字军，为从后面攻击世仇而出动，并从不同情的土地上夺取商业立足点。虽没有太重的民族偏见，却仇视一切其他的信仰，热烈地追逐经济力量，及文艺复兴的引进。总而言之，在我们祖先的那段戏剧化的年代中，欧洲人与亚洲人在海上的接触，我们可确定谁是破坏者。”

这样，对郑和下西洋的评价就出现了两种声音：一种是批评的声音，如梁启超对永乐帝的批评，进而为郑和惋惜；还有一种是赞美的声音，那便是李约瑟说的，一支和平主义无敌舰队所表达的文化属性，像一面镜子，照见了西方列强嘴脸。

这样两种批评看似相反，实则相承。何也？梁启超的批评是对王朝中国大航海的批评，批评了帝王的虚荣心，以及被此虚荣心所操纵的中国大航海的命运，他的批评站在了近代民族国家和主权国家的立场，作为对西方列强的国家主义回应。而李约瑟的赞美是对文化中国大航海的赞美，这一点被人忽略。当时，世界各国之人都被“中国制造”所吸引，所以，中国大航海也可以说是“中国制造”大航海，以丝绸、瓷器、茶叶为代表，中国产品具有的民生主义的普世性，向世界展示了一种文化中国的样式。郑和船队就以和平姿态，维护着文化中国样式的国际化存在。这在中国传统政治文化里属于最高境界，修身、齐家、治国、平天下，郑和远洋，就是平天下。平天下，非以征伐，而以文化，以天下观行尧舜之道，这也就是郑和“致君齐尧舜”。

郑和大航海有两面，既有代表王朝中国的王权主义的一面，也有代表文化中国的天下观的一面。梁启超站在国家主义的立场上，批评了郑和所代表的王权主义的那一面。面对西方列强的国家主义，中国的王权主义明显已告失败，这就是郑和再怎么伟大也必然从此不再的原因。郑和之后再无郑和，此非个人之力所能及，乃时代使之然。李约瑟站在国际化的人道主义立场上，不但超越了中国的王权主义，而且超越了西方的国家主义。他发现了郑和大航海的另一面，那本来是梁启超应该发现却未能发现的一面，那是只有身在西方同时却又深谙中国历史与文化，亲历了殖民地时代解体和两次世界大战爆发的李约瑟才能发现的一面，亦即代表了文化中国的天下观的那一面。

在中国传统政治文化里，天下观是最高的观念。它有两个基本点：一是自由迁徙，人类无国界、族群、地缘分别，是一个世界主义的人类大同的世界；二是“天下者人人之天下”，非一人之天下、一家之天下、一国之天下，而是天下人的天下。套用西方人的“天赋人权”的说法，我们可以说，天下观里面包含了中国文化的“天赋人权”。

所以，我们说，郑和远洋，一身二任焉。其一，身负王朝使命。一来实施海禁，肃清张士诚、方国珍之流沿海乱源；二来肃清亡命海外建文帝之余党；三来由海疆进取西域，掣肘帖木儿用兵，欲断其东征后路。此乃王朝雄图远略，实不亚于汉唐。其二，身负天下使命。一来海通天下，维护自由航行；二来商利天下，以“兼相爱，交相利”形成如布罗代尔所说的区域“经济世界”（world-economy）。布罗代尔认为，在16世纪以前，存在着多个共存的经济世界。在《资本主义论丛》中，他特别提到这一点，说“早在欧洲人认识整个世界以前，即在中世纪乃至古代，世界已经分成几个有结构的、有中心的经济区域，也就是说，分成几个共存的‘经济世界’”。在《资本主义的动力》一书中，他针对沃勒斯坦“在从16世纪才建立起来的欧洲经济世界之外，不存在其他的经济世界”的观点，表示“我却认为，远在欧洲人认识这个世界之前，就有好几个经济世界共存”，他认为，正是几个“经济世界”的共存形成的合力催生了资本主义，并进一步提出，“这些经济世界揭示了世界历史的奥秘，这些典型的经济世界曾是欧洲资本主义以及后来的世界资本主义的母型”。

正如卜正民在《挣扎的帝国：元与明》一书中提到的“南海世界经济体”，那便是宋元以前就已形成，明初郑和远洋加以维护和拓展的由伊斯兰世界与中国式天下复合的经济共同体。卜正民指出，由于郑和一次又一次地下西洋，扩大了中国人对这个区域世界经济体的参与。但他同时又指出，这个世界经济体，不是基于国家支持的大航海所能造就的，只有当自由贸易超越朝贡贸易时，才能成就这样一个区域化的世界经济体。

当然，也不排除将朝贡贸易作为这个区域世界经济体的一个选项，但这同样不能表明王朝中国能够主导这个世界经济体，国家的归国家，市场的归市场。

明朝当然想把这个区域化的世界经济体纳入朝贡体系，不惜“厚往薄来”，“疲中国而事外夷，获虚名而受实祸”，但即便如此，也难以使得明朝的王权主义成为这个世界经济体的指导原则。市场大于国家，没有任何国家能成为掌握市场经济的那只手，尤其当这个世界经济体是通过航海形成的，一切行政权力对此只能望洋兴叹。

郑和出海时，一定是带着“中国既安，四夷自服”的信念的。但“四夷”

显然不是冲着中国来的，更不是冲着朝贡来的，而是冲着卜正民说的那个“南海世界经济体”来的。那经济体滥觞于古越时期，到了汉唐时，就同以罗马为代表的地中海世界经济体有过往来，宋元以来，地中海世界受制于阿拉伯帝国和奥斯曼帝国，导致两大世界经济体脱钩，至明代，地中海世界经济体向大西洋转移，形成了新的大西洋世界经济体。所谓“大航海”，其实就是这两大世界经济体重新往来。

在这两大经济体之间，还有印度和伊斯兰世界，它们也在与两大经济体的互动中，提供了资本主义缘起的动力——做交易。布罗代尔说“印度是杰出的交易会之国，印度的交易会集交易与庙会于一身，往往在进香之地举办”，他还说“在伊斯兰世界，交易会也有，但不像印度的那么多、那么大，麦加等几个大交易场所是例外”。

穆斯林城市也异常发达，并有活力，拥有高级交换机制和工具，其可转让票据，与在印度一样流行，和现款一样通用，信贷网把穆斯林城市与远东连在一起。在布罗代尔看来，它们的交易活动也是“资本主义”的全球化动力的一部分，构成“资本主义”世界的一个来源，而最重要的是，它们连接了“资本主义”的另外一个源头——远东。

在《十五至十八世纪的物质文明、经济和资本主义》第三卷《世界的时间》第一章“在欧洲划分空间和时间”中，布罗代尔谈起欧洲“自古以来的经济世界”。

他说，自古以来，至少很久以来，就如同社会、文明、国家乃至帝国一样，经济世界已形成，腓尼基、迦太基之于经济世界，堪称雏形，古希腊、古罗马也勉强够格，类似的，还有伊斯兰世界。到公元 9 世纪，诺曼底人突起，也形成了一个脆弱的经济世界雏形，不久就被其他雏形代替。他认为，欧洲孕育第一个经济世界，要从 11 世纪开始，其他经济世界随后才出现。

在欧洲之外，他特别提到中国、印度，说“中国很早就控制了广大邻近地区，同样是个经济世界”，而印度则“更加早熟，它把从非洲东海岸到南洋群岛的印度洋改造成了供它使用的内海”。此外，还有伊斯兰。他问道：能否说它们程度不同地属于同一个经济世界呢？是的，他认为，它们应该属于“幅员最大的经济世界：远东”。

提起“远东”，那就说到中国头上了。地球最大的经济体——远东经济世界，当然是以中国为主体，并由中国来主导的。这不光因为在地理上，唯中国可称“远东”，还因为在经济体量上，中国不但为“远东”第一，即便以当时整个世界而言，也没有比中国更大的了，更何况在持续性的综合国力方面，阿拉伯与印度皆有所不及。

此三者本来各自成一经济世界。伊斯兰在世界历史上亦曾下过一盘大棋，以红海和波斯湾为其做活的两眼，连着从阿拉伯到中国内陆的外势；印度作为世界地缘经济中心，谁也绕不过去，在其南端，北纬 8°，坐落着印度海角——科摩林角，以此为界，海域三分，东孟加拉湾，西阿拉伯海，汇入南印度洋，形成三色海，为其势力范围。而中国则诚如布罗代尔所言，既是个内陆国家，也是个海洋国家。

作为内陆国家，中国势力已深入亚欧心脏地区，汉唐盛世便是如此，而元已实控于此；作为海洋国家，太平洋之陆缘海及沿海各国都在中国势力范围内。宋元以来，中国海通势头尤盛，辗转航行于印太海域，踩着地缘经济中心的高跷。布罗代尔认为，以印度为中心的地缘经济的跷跷板，不时地向两端起落，其结果便是，时而东方得势，时而西方抬头，以其得天独厚的地利，维持着伊斯兰世界与中国式天下的平衡。

如此平衡，持续约千年。来自红海的阿拉伯商人，来自波斯湾的波斯商人，来自南洋群岛的中国商人，你来我往，此起彼伏，由不同港口竞争，各领其风骚时段，但就总体而言，却没有什么大的进展，直到 15 世纪以前，历史的大格局还根本未变。

15 世纪是个转折点，这个转折是由东西方的两个复兴运动导致的，一个是中国的政治复兴运动，导致元解体，而另一个便是欧洲文艺复兴运动。

元猝然解体，就其文明史的意义而言，当然不及欧洲文艺复兴，但对于地缘政治来说，却是世界历史上最为重要的事情，其意义超越了中国历次改朝换代，这一点自不待言，更为重要的便是一个帝国的衰落，引发了世界历史从中古向近代转变，从以马力骑射主宰的陆权时代向以船坚炮利主宰的海权时代转变。而这一转变，无论陆权，还是海权，这两方面的“第一推动者”都是中国。不但陆权方面，中国以改朝换代的方式终结了元，改变了世界历史的根本格局，而且海权方面，也通过郑和下西洋统一三大经济体，形成跨越印太海域的超级经济世界。

让我们来想象一下，在海权方面，占据了主导地位的郑和是怎样整合这个超级经济世界的。我们先来看他的文化个体性，这里面就包含了这三个世界。他生在穆斯林家庭，又是个佛教徒，而其之于儒道则更是他的本分。很显然，他是那个三位一体的超级经济世界里的国际主义者，他能兼容三个世界的异样文化，能使三个世界达成共识。

能达成共识的那部分，不会是伊斯兰教，也不会是印度教，王朝中国那一套在印太海域的超级经济体里行不通，唯一可行的便是来自中国传统的天下观。请注意，不是来自王朝中国的家天下的天下观，而是来自文化中国的公天下的天下观。

家天下的天下观，要“溥天之下，莫非王土”，这样的王权主义在伊斯兰世界和印度显然做不到，唯一能做到的便是主张“天下为公，人类大同”的天下观。该天下观奉行两个基本原则：一是自由迁徙原则，二是“天下者人人之天下”的天赋人权原则。这样两个原则，但凡在有政府的地方都行不通，唯有那海域尚可行之。

那由三个经济世界互动所形成的超级经济世界，却是靠着人类历史上一条最古老的原则——天下观来维护的。上古之时，国家、民族、阶层尚无分别，人类性居于文化主导，而天下观便是文化人类性的一种最古老的表达。

郑和正是用了天下观这一最为古老的“文化秩序”来维护三个经济世

界的平衡。为什么这样做能行呢？布罗代尔是这样说的：最基本的道理是文化。

若要追溯，文化可以说是起源于一段无穷尽的时间，为人类历史上年龄最高的老人，其时间之长远远超过经济世界那令人惊叹的长寿。布罗代尔指出，经济形态会前后更换，政治体制亦可更迭，社会能新旧交替，但文明继续走自己的路。他说，罗马帝国早已不在，但罗马教会还在，这就正如我们说的“唐朝不在唐诗在”。文明是位老人，是世界史上备受尊敬的长者，这也就是孔子要“祖述尧舜，宪章文武”的原因。

郑和之于印太海域，专制主义的秦制用不上，封建主义的周制不能用，未能像孔子“吾从周”所倡导的那样“宪章文武”，也就是用周制来开疆拓土，封邦建国。本来，搞封建也是近代化的一条路，但在秦制的安排里行不通。秦制严防周制复辟由来已久，从根本上防止了封建制，当然也保留了一点，那就是在家天下里分封同姓王的残余。

试想一下，如果郑和先于欧洲国家行周制于印太天下，那么全球历史会如何改写。但中国历史上，还有一条更美好的道路——尧舜之道。它无须制度安排，仅凭政治理想就可以表达。但凡在制度安排不到的地方，就行尧舜之道，在王朝无法控制的区域，就用文化来扩大影响，称作“致君尧舜上”。

这样，我们就看到了令人费解的现象：一方面是搞海禁，另一方面在天下观里航行，专制主义与自由主义并行不悖。这在西方人看来便是“二律背反”，而在中国人的眼里，则依然是太极，最低的现实与最高的理想拥抱，对立又统一，互为一体。

更何况，明朝海禁有限，只能在沿海一带实施，而自由无边，遍及整个印太海域。于是，我们看到了一个历史的奇迹：一边是严禁闽粤之民出海，而结果却是南洋华侨社会极其出彩。布罗代尔指出，此一时期，该超级经济世界的极点可定位于南洋群岛，那里出现了活跃的城市，如万丹、亚齐、马六甲，还有巴达维亚（即雅加达）以及马尼拉等。这些城市的兴起，并非由于郑和的推动，而是基于华侨社会的努力。

自唐、宋以来，闽、粤之民便已纷纷出海，立定华侨社会根本。当郑和下西洋时，华侨社会之于南洋，根基已固，基业已成，郑和此来，虽有益于华侨社会发展，有助于华人世界兴起，但正如汤锦台在《闽南海上帝国》一书中所言，作为华侨社会主体的闽南人，已先于郑和在南洋群岛站稳了脚跟。他说：海上闽南人，曾经手握历史钥匙，把东亚推向世界历史中心，若无闽南人创建的海外据点，郑和的船队就无法七下西洋，若无闽南人与印度、阿拉伯世界的海上交往，欧洲人就无法进入亚洲。

此说给我们以启示，让我们知道，在中国之外，还有一个海外华侨社会存在，以中国沿海为纽带，不是以国家形态存在，而是以社会形态和文化认同存在。此存在由来已久。古越国时，便有内越与外越存在，越王勾践曾经利用外越复国，经历了一个漫长时期，到了郑和时代，已形成南海经济世界和华侨社会。

永乐大帝最伟大的成就感，并非有多少国来朝贡，而是通过郑和下西洋，他得到了华侨社会的认同，正是这种认同，使他彻底消除了对建文帝复辟的恐惧，使得华侨社会与大明王朝深度融合，从而展现了一个新的大一统的前景——大陆中国与海外中国的统一，明王朝与华侨社会的统一，而郑和下西洋便是追求大一统的一个成果。因此，我们可以说，郑和代表华侨社会，代表王朝中国，是二者的一个结合，其从容繁盛于印太海域，以贸养兵，以商备战，便靠明王朝和华侨社会一起支撑。

我们都知道，兵马未动，粮草先行。一支那么大的船队远离本土，长期在外，若非以战养战，根本难以支撑，但郑和并未掠人之地，更未灭人之国，也未申明其“海权论”主张而称霸海上。在三大经济世界之间，他的船队更像是和平的使者，而非统治者和主宰者。他没向这个世界索取什么，他出现在哪里，哪里就一片和平气象。在他的航行中，王朝中国因为制度安排的缺失，并未取得什么实质性的成果，但却为文化中国的进取预留了天下观的空间，华侨社会的作用以此而凸显。

由于郑和的存在，华侨社会在三大经济世界统一形成的超级经济世界中，得到了充分的发展。但凡郑和船队所至处，侨商无不接踵，其财源滚滚而来自不待言，故其供给郑和船队，可谓底气十足，且动力有加，郑和以之而能不战而胜人之兵。

布罗代尔说，中国帆船远航锡兰、霍尔木兹乃至非洲东海岸，驱赶了或至少扰乱了伊斯兰世界的贸易，东方的嗓门从此比中央或西方更高。显然，“中央”在这里指的是印度，而“西方”则指阿拉伯世界。这样的看法还带着西方文化的地缘政治的痕迹，不离东西方一较高低的指向。其实，当时印度人和阿拉伯人的态度有可能正相反，他们也许对郑和与侨商的到来采取欢迎立场，毕竟是世界最大的经济体以最自由的方式来了。

这是个没有国与国之间的自由贸易协定的超级自由贸易区，是在自由贸易的基础上自发形成的印太世界经济体，这里没有国家主义的较量，没有经济隔离带，没有政治防火墙，唯以市场原则为导向，为全球化资本主义经济世界的到来准备了产床。

对于“资本主义”，布罗代尔这样认为：“资本主义”不是“一时一地”——“近代欧洲”的特产，它是由不同的经济世界以“长时段”，也就是“地理时间”所形成的全球化成果。对于世界历史来说，还有比叫作“东西方”更长的“地理时间”吗？

自古以来，东西方便各有一个经济中心，中国大陆及其沿海一带形成了东方中心，西方以环地中海经济世界形成了另外一个中心。这两个中心虽然相隔万里，但至少从汉、唐与罗马开始就有了联系，作为联系的一条纽带，人们称之为“丝绸之路”，后来出现的“资本主义世界”，就是在这两个中心“长时段”的互动中完成的。

“资本主义”一词渊源很深，但出现很晚，到20世纪初才开始被广泛使用。通常，人们已习惯于将竞争和垄断视为“资本主义”两极，但布罗代尔却把它们看作“经济世界”里对立的两面。他把“垄断”那一面说成“资本主义”。那么，“竞争”那一面呢？当然，也就应该是“自由主义”吧？

布罗代尔强调“一切的垄断皆具政治性”，都是权力支配经济。若非权力作用，焉能限制市场力量，设立非经济性壁垒？要想不让人家涉足经济交易，要想将非分的价格强加于人，要想保证非优先性的采购，不依靠某个政治当局的力量是做不到的。若无国家支持，以为在反对国家的情况下也能成为资本家，那简直就是一个荒诞的想法。

原以为“资本主义”是对权力支配经济的一次解构。不错，历史上，它解构过凌驾于其头上的封建权力和宗教权力，但在民族国家的兴起中，却与国家权力高度结合，先是通过资本对权力的作用操纵权力，再以权力支配经济、垄断经济。

因此，我们也可以说，西方“资本主义”在全世界的胜利，决定性的便是“垄断”，是在全球化的过程中高度运用国家权力，同时通商、战争、传教并用，形成新国家主义——垄断资本主义。帝国主义并非如列宁所言，是“资本主义”发展的最高阶段，布罗代尔与之相对，倒其果为因，指出：在“资本主义”的源头上，帝国主义本来就是“资本主义”世界形成的动力源泉，正是帝国主义与市场经济相结合造就了“资本主义”。

“资本主义”的垄断性非来自市场竞争，如列宁所言，由竞争而集中，由集中而垄断。“资本主义”一开始就由国家权力赋予，就是权力支配经济，不管标榜什么主义，无论是重商主义，还是自由主义，就其本质而言，都是国家主义，但在表现形式上，国家权力却隐蔽在幕后，让资本跑到前面来领衔，故统其名称一言以蔽之曰“资本主义”。

亚洲已经有了三个经济世界，欧洲作为第四个又挤了进来。正是在欧洲对亚洲的挤压中，一个全球化的资本主义世界终于形成了。它不是通过自由贸易，而是通过欧洲人——葡萄牙人、西班牙人、荷兰人、英国人轮番上阵，以船坚炮利逐次展开他们各自的国家蓝图所达成的。而郑和下西洋，虽然统一了亚洲市场，却未提出国家主张，市场就是市场的事，国家能不出场就不出场，欧洲人反之，一上来就带着现代国家的蓝图出场。

郑和乘坐的最大的九桅杆帅船模型，郑和史迹陈列馆藏

明初已经开始实行海禁国策，但还不是很明显，连朱棣都有决心进行国家的航海探险事业。民船制造业在夹缝中求生，官船、漕船与战船的规模也不及宋、元，但明初围绕航海建造海船的技术在当时的国际上还是处于领先地位的，主要成就是打造出世界上最大的木帆船，即郑和航海所乘的宝船。

15世纪，中国制造的九桅杆海船，也是郑和下西洋使用的大船，当时郑和航海用的南京造船场制造的62艘海船，皆被称为“宝船”。

四张帆的海船是郑和航海驾驶的小船。船虽小，但优势明显。四张帆不是正面悬挂，而是并排倾斜悬挂，以便利用风力向前行驶，如此，船尾的帆吃风最多。风从第一张帆传到第二张帆，依次传递下去，这样所有的帆都能充分利用风力。

塞巴斯蒂安绘制的世界地图（图略）

1544年是明朝嘉靖二十三年，郑和之后，大明进入海禁时代，而欧洲新兴国家则继续以其前所未有的热情，描绘远大的航海蓝图。就在这一年，葡萄牙人在航海中发现了台湾岛，西班牙人塞巴斯蒂安绘制了世界地图，可以表达那个时代对航海和贸易世界的认知。塞巴斯蒂安是西班牙总航员、英格兰大水手。1525年，他筹到一笔向西航行的资金，虽然没能成功到达中国，但他的航线远比他父亲乔瓦尼·卡博托更向北靠近了。

塞尔登的中国地图（图略）

21世纪之初，人们在英国牛津大学博德利图书馆地下室发现了《塞尔登的中国地图》。据说该地图的绘制风格和比例尺以及使用的罗盘等完全是欧化的，描绘明朝海上贸易图，包括整个东南亚地区及其海上航线。成图大概在1608—1609年之间，即明朝末年。1654年，英国学者约翰·塞尔登将这幅地图与他的藏书一道遗赠给博德利图书馆。地图制作精良，用墨水在几张大幅纸张上绘制，再将几张纸黏合在一起，构成一整幅，便于挂在墙上。地图的方位采用中国传统制图方位习惯，即上北下南，以明朝疆域为核心，展示了东南亚全貌。地图西起印度洋，东至马鲁古群岛等东部的香料群岛，北起日本，南达爪哇。除了采用欧洲风格的罗盘和比例尺外，绘制者也没有将明朝置于地图的中央，表达“中国”即“中央之王国”之意，而是前所未有地将中国南海置于地图的中央位置。地图的重点以海运贸易航线为主，这些航线利用罗盘方位进行绘制，航线以中国南部海岸线上的广州港为中心向外呈辐射状，航线最远可抵达印度西南部的卡利卡特港。此外，地图还描绘了到达阿拉伯半岛的阿曼以及波斯湾的霍尔木兹海峡的航线。可见，这是一幅海洋图，而非传统的陆地地图。制图者是谁？他是否想暗示明朝人的世界观发生了转变？